단점이 오만가지인 주제에!

뻔뻔한 로마

일러두기
이 책에 등장하는 인명, 지명 등 외래어 표기는 해당 국가(지역)의 발음을 기준으로 하되, <표준국어
대사전>에 따랐습니다. 단, 이미 널리 사용되고 있는 표기가 있는 경우 더 일반적인 것을 따랐습니다.

Welcome to
Rome, but
beware of..

단점이
오만가지인
주제에!

신양란 글
오형권 사진

뻔뻔한 로마

오만가지 단점에도 여행자들을 블랙홀처럼 빨아들이는 매혹적인 도시

북핀

"유럽 여행이 처음인 사람에게 어딜 제일 먼저 가 보라고 추천하고 싶은가?"라는 질문을 받을 때가 있다. 사람마다 여행 취향이 천차만별일 테니 냉큼 대답하기는 어려운 일이지만, 그래도 "로마!"라는 대답이 툭 튀어나오려 한다. 그 도시를 한 번 본 사람이라면 틀림없이 유럽 여행의 매력에 흠뻑 빠지게 될 것이기 때문이다.

그렇지만 나는 인내심을 발휘해 튀어나오려는 대답을 일단 꾹 누른다. 로마를 먼저 보게 되면, 그다음 도시들이 시시해질까 봐 걱정되는 것이다. 여행자들이 많이 찾는 유럽의 도시들 중 볼거리 없는 도시가 어디 있을까만, 로마만큼 흔전만전 널려 있는 도시도 없을 것이다.

'그래도 역시 로마만 한 도시는 없지.' 하는 생각에 로마를 추천하면, 이런 말을 하는 사람이 있다.

"로마는 소매치기가 많아 위험하다던데요."

맞다. 로마의 소매치기는 악명높다. 유럽의 소매치기야 비단 로마만의 문제는 아니지만, 어쨌건 로마는 소매치기를 포함해 치안 문제가 매우 취약한 도시이다.

로마를 흉보자고 들면 어디 소매치기만 문제일까. 거리에는 쓰레기가 나뒹굴고, 벽마다 낙서가 어지럽다. 우리 기준으로 보면 교통질서도 난잡하고, 흡연자들이 내뿜는 연기에 숨이 막힌다. 노숙자와 구걸

하는 사람을 너무 자주 만나는 것도 마음 불편하고.

그럼에도 불구하고 '유럽에서 제일 먼저 봐야 할 도시'로 로마를 추천하는 내 마음은 변함이 없다. 모든 단점을 상쇄하고도 남을 만큼 로마는 볼거리로 꽉 찬 보물창고 같은 도시이기 때문이다.

아담한 규모인 로마를 걸어서 돌아보는 콘셉트의 책을 내고 싶어 초고를 쓰기 시작했다. 머릿속에 떠오르는 생각을 손이 미처 따라가지 못해 안타까울 정도로 정신없이 써 놓고 보니 문제가 생겼다. 원고 분량이 너무 많아 한 권에 다 담을 수 없는 것이다.

할 수 없이 성당 관련 내용을 대부분 덜어냈다. 성당 얘기만 해도 이미 한 권 분량이 되므로, 도저히 함께 묶을 수 없었다. '성당의 도시'라고 해도 지나치지 않을 로마의 크고 작은 성당들이 이 책에서 빠진 이유를 독자들이 이해해 주길 바랄 뿐이다. 로마의 성당들은 별도의 책으로 소개하는 걸 고려하고 있으니 기다려 주셨으면 한다.

로마! 한 권의 책으로 소개하는 것이 어불성설인 도시, 한 번의 여행으로는 도무지 속내를 가늠할 수 없는 불가사의한 도시, 단점이 오만가지인 주제에 블랙홀처럼 여행자를 마구 빨아들이는 뻔뻔한 도시…. 여행작가인 내게 로마는 그런 곳이다.

만약 이 책을 읽고 로마를 여행한 다음 여행 중독에 빠지게 된다면, 그건 이 책의 잘못이 아니다. 오로지 로마가 유죄일 따름이다.

저자 신양란

CONTENTS

로마는 유럽 귀족 젊은이들의 장기 교양 여행인 그랜드 투어의 최종 목적지이자 절정이었다. 단순한 도시를 넘어 서구 문명의 거대한 박물관이자 지적 완성의 성지와도 같았던 로마를 이 책에서는 다음과 같은 여정으로 여행하게 된다.

요한 하인리히 빌헬름 티슈바인, <로마의 괴테>
그랜드 투어 참가차 로마에 온 괴테를 그린 작품이다.

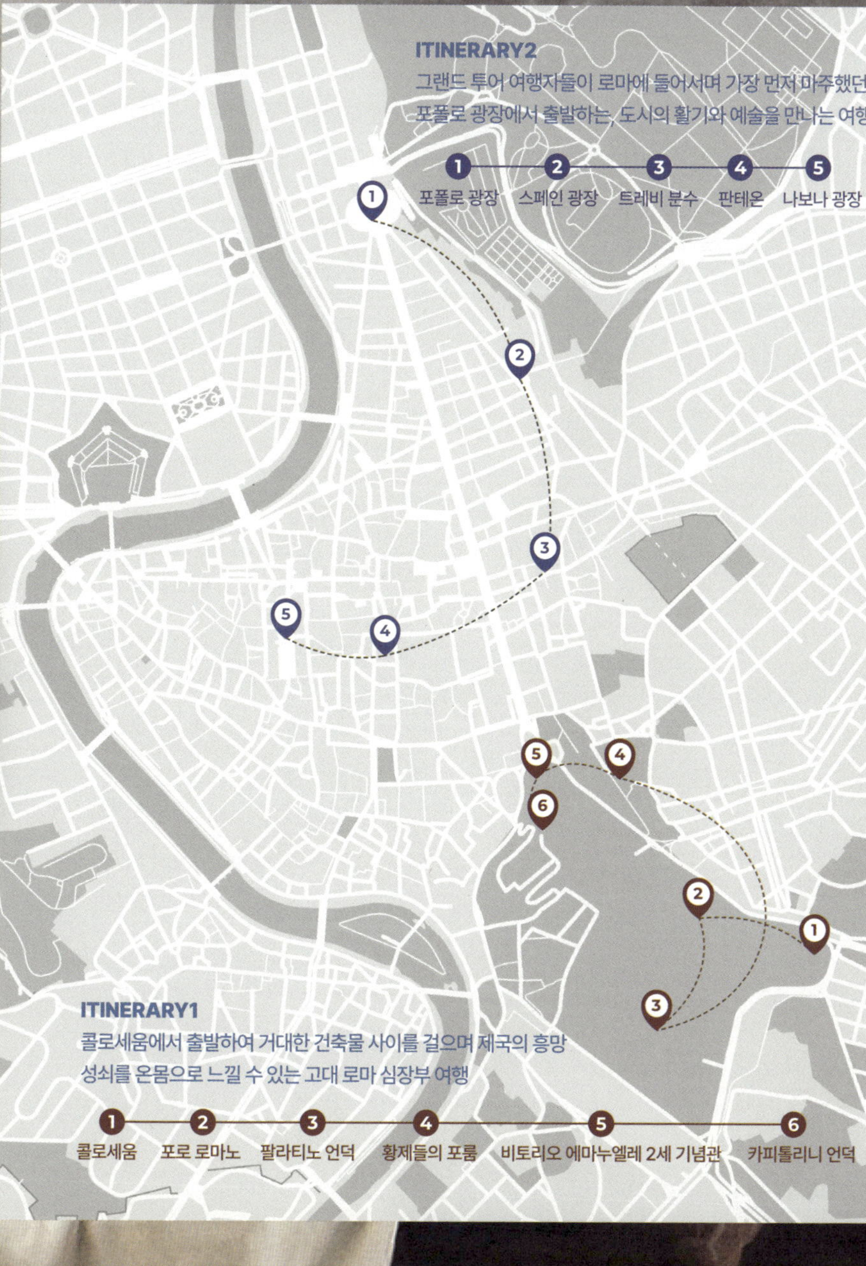

ITINERARY2
그랜드 투어 여행자들이 로마에 들어서며 가장 먼저 마주했던
포폴로 광장에서 출발하는, 도시의 활기와 예술을 만나는 여행
1 포폴로 광장
2 스페인 광장
3 트레비 분수
4 판테온
5 나보나 광장
ITINERARY1
콜로세움에서 출발하여 거대한 건축물 사이를 걸으며 제국의 흥망
성쇠를 온몸으로 느낄 수 있는 고대 로마 심장부 여행
1 콜로세움
2 포로 로마노
3 팔라티노 언덕
4 황제들의 포룸
5 비토리오 에마누엘레 2세 기념관
6 카피톨리니 언덕

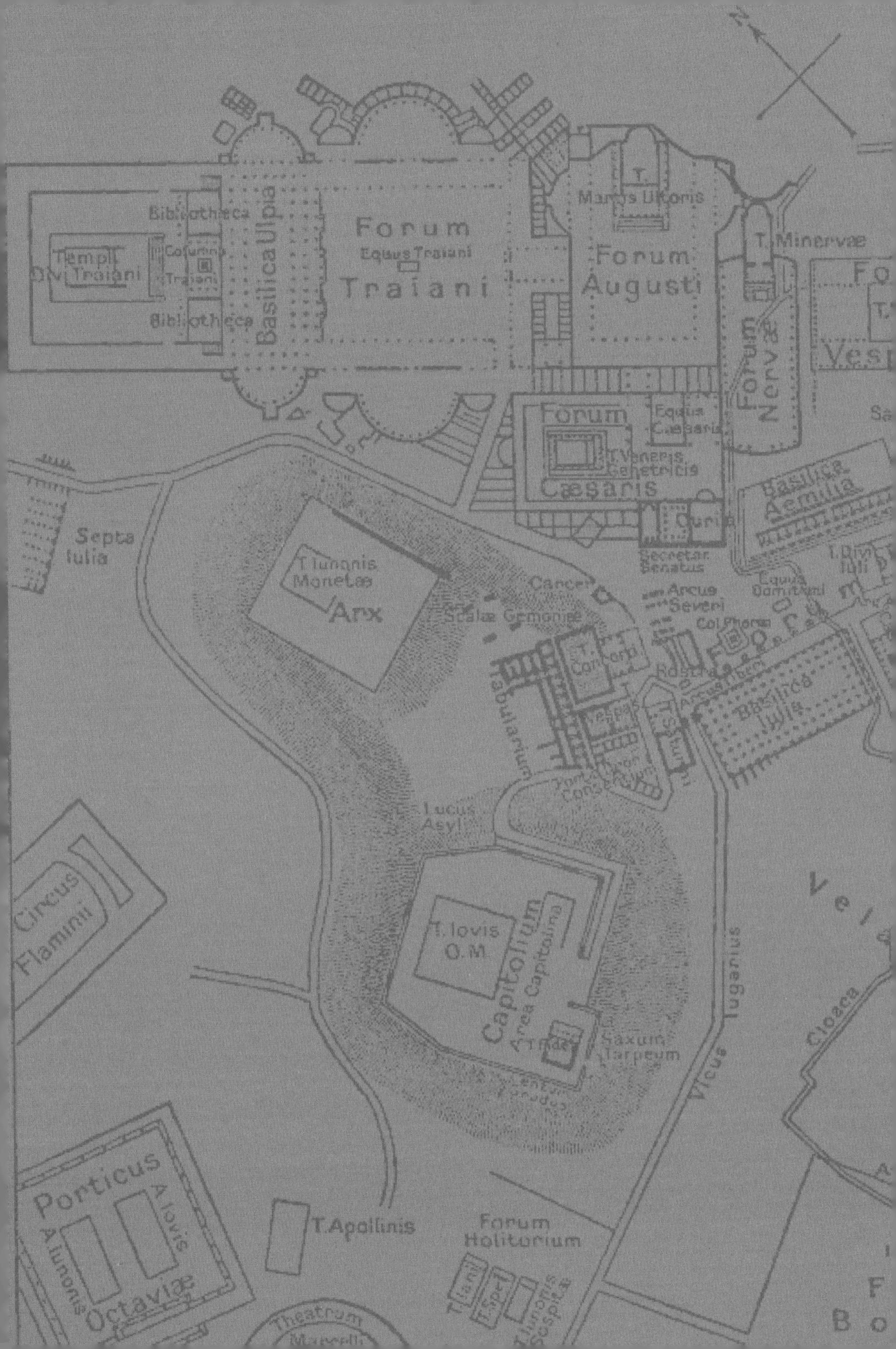

N
Bibliotheca
Templ Divi Traiani
Columna Traiani
Basilica Ulpia
Bibliotheca
Forum Traiani
Equus Traiani
Mars Ultoris
T.
Forum Augusti
T. Minervae
Forum Nervae
Forum Vesp
Equus Caesaris
T. Veneris Genetricis
Forum Caesaris
Basilica Aemilia
Curia
Secretar. Senatus
Septa Iulia
T. Iunonis Monetae
Arx
Scalae Gemoniae
Carcer
Arcus Severi
Col. Phocae
Equus Domitiani
T. Divi Iulii
Rostra
T. Concord
T. Saturni
Basilica Iulia
Lucus Asyl
Umbilicus
Porticus Deor. Consent.
Circus Flaminii
Capitolium
T. Iovis O.M.
Area Capitolina
Vela
Saxum Tarpeum
Vicus Iugarius
Cloaca
Porticus Octaviae
A Iovis
A Iunonis
T. Apollinis
Forum Holitorium
Theatrum Marcelli
T. Iani
T. Spei
T. Iunonis Sospitae
F. B

ITINERARY 1

고대 로마의 중심지

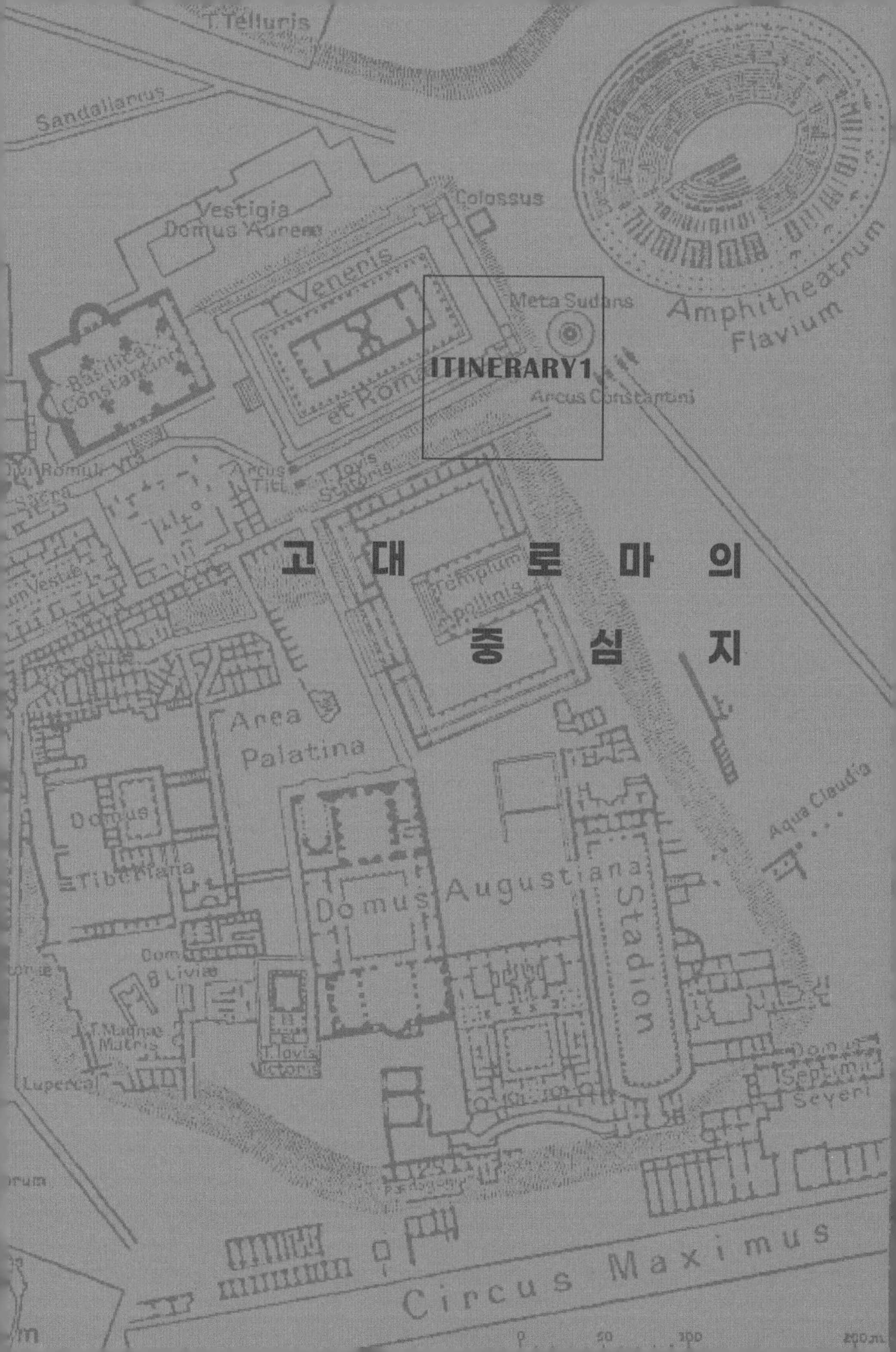

조반니 파올로 파니니, 〈콜로세움 전경〉, 1747

콜로세움

Colosseo

로마 투어를 어디서부터 시작하는 것이 좋을까?

로마는 어디서 시작해도 상관없이 빛나는 도시이긴 하지만, 로마 투어 첫걸음은 기왕이면 '로마' 하면 제일 먼저 떠오르는 그 건축물이 있는 곳에서 떼고 싶다. 바로 '콜로세움Colosseo/Colosseum'이다.

도무스 아우레아

72년, 로마 제국 아홉 번째 황제인 베스파시아누스는 실각한 뒤 자살한 네로 황제의 궁전터에 시민들이 유흥을 즐길 수 있는 거대한 경기장을 짓기 시작한다. 어찌나 큰 규모였던지 그는 완공을 보지 못하고 세상을 떠났고, 그의 아들 티투스 황제 때 비로소 웅장한 자태를 드러낸 건축물이 콜로세움이다. 네로의 궁전 안에 드넓은 인공 연못이 있었는데, 그곳의 일부 부지를 차지하고 들어선 건물이 콜로세움이었다.

"뭐라고? 콜로세움이 인공 연못의 일부에 지어졌다고? 도대체 그 인공 연못은 얼마나 컸던 거야?" 하는 비명이 절로 튀어나온다. 궁전에 딸린 연못이 콜로세움보다 더 넓은 규모라니 말이다. 아니, 그러면 궁전은 또 얼마나 대단한 규모였다는 말인가. 아무래도 콜로세움으로 직행하기 전에 네로 황제의 궁전에 대해 먼저 알아볼 필요가 있겠다.

로마 제국 다섯 번째 황제인 네로가 통치 중이던 64년 7월 19일, 화마가 로마 시내를 휩쓸기 시작한다. '로마 대화재Great Fire of Rome'라고 불리는 이 비극적인 불은, 훗날 네로가 실각하는 빌미가 되었을 정도로 심각한 사건이었다. 어떤 이는 네로가 불타는 로마를 보며 노래를 지어 불렀다는 소문이 퍼지며 여론이 악화되었고, 끝내 황제 자리에서 쫓겨났다고 한다. 뭐, 그럴 수도 있겠다. 그러나 이재민을 쫓아낸 뒤 그 자리에 거대한 궁전을 짓기 시작했으며, 막대한 건축비를 충당하기 위해 애꿎은 사람들을 반역죄로 몰아 재산을 몰수한 일이 더욱 치명적인 요인이 되지 않았을까 싶다.

어쨌거나 네로는 현재의 콜로세움 주변에 진시황의 아방궁과 자웅을 겨룰 만큼 어마어마한 궁전을 지었다. 그곳을 '도무스 아우레아Domus Aurea(황금 궁전)'라고 했는데, 내부를 금박으로 화려하게 장식했기 때문이었다. 그러나 민심을 거스른 네로는 호화스러운 새 궁전에서 안락한 삶을 누릴 수 없었다. 궁전은 건축을 시작한 지 4년 만인 68년에 완공됐지만, 바로 그해에 네로가 죽음을 맞기 때문이다. 주인이 불명예스럽게 죽은 뒤, 궁전은 방치되어 사람들의 기억에서 점차

콜로세움 2층으로 올라가는 계단 근처에서 볼 수 있는 네로의 황금 궁전 상상도
팔라티노 언덕 너머의 대전차 경기장으로 방향을 가늠해 보면, 황제들의 포룸과 베누스-로마 신전
주변, 에스퀼리노 언덕 일부분이 궁전터에 포함되었던 것으로 보인다. 한 사람이 욕심내기엔
지나치게 드넓은 땅이다. 콜로세움은 인공 연못을 메우고 그 위에 세웠다.

잊히게 된다.

그로부터 1,400여 년의 세월이 흐른 뒤인 1480년대에 네로의 궁전터를 발굴하려는 사람들이 나타났다. 르네상스 시대에 해당하는 이 무렵에 많은 예술가들이 발굴 작업에 참여했는데, 그들은 그곳에서 다양한 프레스코화, 치장 벽돌, 대리석 모자이크 등을 발견하였다. 그런데 절제되고 균형 잡힌 아름다움을 추구하던 당시 예술가들이 보기에 그곳에서 발견된 장식 문양들은 괴이하기 짝이 없었다. 물고기 꼬리가 달린 동물과 인간, 현실에서는 볼 수 없는 이상한 식물 문양 등이 보는 이를 당혹하게 한 것이다.

그들은 그것들이 그로토grotto(이탈리아어로 '작은 동굴'을 의미하며,
네로의 궁전이 땅에 묻힌 상태였으므로 발굴된 공간이 작은 동굴처럼 여겨졌다)
에서 발견되었기에 '그로토 장식'이라고 하였는데, 거기에서 '그로테
스크grotesque'란 표현이 나왔다. 원래 이 말은 '기이하면서 환상적인'이
란 뜻인데, 후대에 '우스꽝스럽다', '기괴하다'라는 의미가 추가되었다.

한편, 네로의 궁전터에서 발견된 아름다운 조각상이 나폴리 고
고학박물관에 전시되어 있다. 파르네세 컬렉션 중 하나인 '비너스 칼
리피게Venus Callipyge(엉덩이가 아름다운 비너스)'가 바로 그 작품이다. 그
런가 하면 발굴되자마자 세상을 깜짝 놀라게 한 걸작 '라오콘 군상'이
1506년에 에스퀼리노 언덕에서 나왔는데, 그곳은 네로의 궁전에 속
한(혹은 인접한) 땅이었다. 두 조각 작품의 탁월한 예술성을 고려할 때,
절대로 평범한 사람이 가질 만한 물건이 아니다. 네로는 비록 폭군으
로 몰려 불명예스럽게 죽었지만 문화 예술에 대한 소양이 높았다고
알려져 있으니, 혹시 그의 수집품이 그의 죽음과 함께 땅속에 묻혔다
가 세상 밖으로 나온 것은 아닐까 하는 추측을 해보게 된다.

대화재로 삶의 터전을 잃은 백성들의 고통을 외면하고, 그 자
리에 거대하고 화려한 궁전을 짓기로 한 네로의 결정은 명백히 포악
한 짓이었다. 그러나 그의 어리석음이 낳은 건축물에서 '그로테스
크'라는 단어가 나왔고, 르네상스 예술가들은 거기에서 영감을 얻었
다. 그리고 어쩌면 그가 아꼈던 작품일지도 모르는 조각상들을 보며
우리는 감탄한다. 아이러니한 일이 아닌가. 물론 그렇다고 하여 네로
에게 면죄부를 줄 생각은 없지만 말이다.

네로의 궁전터에서 발견된 그로테스크한 장식 그림

비너스 칼리퍼게

라오콘 군상

콜로세움의 아치들

네로 황제의 황금 궁전에 대한 생각을 대강 갈무리하고, 이제 콜로세움 쪽으로 다가가 보자. 보는 이를 압도하는 웅장한 규모에 새삼스럽게 다시 놀라게 된다. 현대 건축 기술로 이만한 규모의 건물을 못 지을 리야 있을까만, 그것이 2,000년 뒤에도 끄떡없이 서 있을 거라고 장담할 수 있을까? 그런 생각을 하며 바라보면 콜로세움이 더욱 대단하게 여겨진다.

콜로세움 입장권은 현장에서도 판매하지만, 줄 서서 허비하는 시간과 체력을 아끼기 위해 예매하는 쪽을 권한다. 입장권에 표시된 시간에 맞춰 콜로세움에 도착하더라도 들어가기 위해서는 줄을 서야 한다. 워낙 입장하려는 사람이 많은 데다가 보안 검색과 입장권 및 신분증 검사를 하느라 시간이 지체되기 때문이다. 구름처럼 몰려든 사람들의 북새통 속에서 이리저리 치이다 보면 지레 진이 빠지지만, 한편으로는 맘이 설렌다. '그래, 이게 로마지. 이 많은 사람들을 불러 모으는 로마의 매력에 현혹되어 나도 지금 이 자리에 있잖아.'라고 생각하면, 소음도 무질서도 감내할 만하다. 기꺼운 혼돈이다.

어차피 줄 서서 기다려야 하니, 그동안 콜로세움을 통해 로마 건축의 중요한 특징을 생각해 보자.

콜로세움 외관에서 찾아볼 수 있는 가장 큰 특징은 바로 둥근 곡선으로 이루어진 아치arch이다. 콜로세움은 건물 전체가 아치의 집합으로 이루어졌다고 해도 지나친 말이 아니다. 로마 건축의 정수라고 할 수 있는 바로 그 아치는 어떻게 시작되었을까.

수많은 아치로 이루어진 콜로세움

이슈타르의 문에 보이는 아치

로마인이 최초로 건축에 아치를 도입한 것은 아니다. 독일 베를린의 페르가몬 박물관에 BC 6세기에 건축된 '이슈타르의 문Ishtar Gate'이 있다. 바빌론에서 통째로 옮겨온 이 아름다운 성문에 아치가 보인다. 이를 통해 메소포타미아 문명권에서 오래전부터 아치를 활용했다는 걸 짐작할 수 있다. 위에서 내리누르는 힘을 감당하기에는 직선의 들보보다 곡선의 아치가 유리하다는 것을 이미 그 당시 사람들도 알고 있었다는 뜻이다.

그러면 로마인은 언제부터 건축에 아치를 도입했을까? 여러 차례의 화재와 전쟁으로 심하게 파괴되었던 로마 시내에는 그것을 명확히 알 수 있는 건축물이 남아 있지 않다. 다만 BC 4세기 무렵의 건물 유적이 남아 있는 로마 근교의 오스티아 안티카Ostia Antica (테베레 강 하구에 위치한 고대 항구 도시)에 아치의 발달 단계를 유추할 수 있는

1

벽돌을 쌓아 올려 벽을 만들면서 아치를 활용하였다. 이렇게 하는 것이 벽을 보다 더 안정적으로 지탱할 수 있다는 걸 알고 있었던 듯하다.

2

문 위에 들보를 놓는 전통적인 방식을 버리고, 아치로 대신하고 있다. 다만 과감한 원형의 아치로 가기까지는 좀 더 시간이 필요해 보인다.

3

아치에 대한 자신감이 보인다. 로마 건축의 백미인 둥근 아치가 본격적으로 나타나는 단계이다.

4

아치의 연결로 더 크고 튼튼한 건물을 짓기 시작한 단계로, 이러한 발전이 훗날 콜로세움 건설을 가능하게 했을 것이다.

흔적이 다수 남아 있어 흥미롭다.

물론, 아치의 장점을 발견했다고 해도 로마인들이 처음부터 모든 건축에 아치를 활용하지는 않았을 것이다. 공화정 시대에 지어진 포로 로마노의 신전들 대부분이 그리스 신전 양식을 따르고 있는 것으로 보아, 문화적 선진국이었던 그리스로부터 받아들인 것을 선호하는 분위기였던 것으로 보인다. 그러나 공화정 말기인 BC 78년에 완공된 타불라리움Tabularium(포로 로마노에 있던 로마 공화정 당시의 문서 보관소. 현재는 카피톨리니 박물관으로 쓰임)은 건물 전체가 아치로 이루어졌던 것으로 보인다. 그리스 신전 양식으로 지어진 포로 로마노의 신전들과는 달리 타불라리움은 로마 건축의 독창성이 발휘된 건물이었다. 또한 BC 46년에 율리우스 카이사르가 짓기 시작한 바실리카 율리아(98쪽 참조)도 아치가 많이 사용된 건물이었다. 이런 점들로 미루어 볼 때, 공화정 말기부터는 건축에 아치가 점점 더 활발하게 활용되다가 콜로세움에서 정점을 찍은 게 아닌가 싶다.

아치는 건물뿐만 아니라 수도교에도 유용했다. 로마 근교에 4대 황제 클라우디우스 때인 52년에 완공된 수도교(클라우디우스 수도교)가 남아 있고, 로마 식민지였던 스페인 세고비아에도 1세기경에 건설된 수도교가 원형을 유지하고 있는데, 끝없이 이어지는 아치가 장관이다. 만약 아치가 아니었다면 수십 km 밖에서 물을 끌어올 엄두를 내지 못했을 것이다.

아치가 중요하게 활용된 로마 건축으로 개선문을 빼놓을 수 없다. 오죽하면 개선문을 Arco(이탈리아어, 스페인어, 포르투갈어 등),

세 개의 아치가 남아 있는 타불라리움 유적

포로 로마노의 바실리카 율리아 유적

클라우디우스 수도교

세고비아 수도교

리미니의 아우구스투스 개선문

a. 본당 파사드 아치   b. 세례당 외부 아치   c. 종탑 아치   d. 부속 묘지 아치
e. 본당 내부 아치   f. 세례당 내부 아치

Arc(프랑스어), Arch(영어)라고 하겠는가? 이탈리아 리미니에 있는 '아우구스투스 개선문 *Arco di Augusto*'은 BC 27년에 원로원이 아우구스투스에게 헌정한 것으로, 개선문의 원형을 보여주면서 개선문이 왜 아치라고 불리는지를 알게 한다.

이처럼 건물, 수도교, 개선문 등에 활용되기 시작한 아치가 절정에 달한 건축물이 80년에 완공된 콜로세움이다. 하중을 줄여주는 장점을 가진 아치가 아니었다면 이토록 거대한 건축물은 불가능했을 테니, 아치의 영리한 활용은 로마인이 찾아낸 최고의 건축 기술이었던 셈이다.

콜로세움 이후로 더욱 활발하게 응용된 아치는 로마 건축의 백미로 여겨졌고, 중세 시대에 아치를 비롯한 로마 건축의 특징적 구조(볼트, 두꺼운 벽 등)를 적극적으로 활용하면서 '로마네스크 양식'이라는 건축 용어가 나왔다. 로마네스크 양식은 특히 교회 건축에서 많이 볼 수 있는데, 하중을 분산시키는 일이야말로 웅장한 교회 건물에서는 무엇보다 중요한 문제였기 때문이다. 로마네스크 양식으로 지어진 가장 대표적인 교회 건축물이 바로 피사 대성당이다. 본당과 세례당, 종탑, 부속 묘지에서 우리는 헤아릴 수 없을 정도로 많은 아치를 볼 수 있으며, 건축에 아치가 어떤 방식으로 활용되는지를 이해할 수 있다.

콜로세움의 수많은 아치를 보며 로마스러운 건축 양식에 대해 생각해 보는 동안 입장 순서가 되었을 테니, 이제 안으로 들어가도록 하자.

콜로세움의 십자가

콜로세움 입장 후 드넓은 콜로세움 안에서 무엇을 먼저 볼 것인지는 개인의 선택에 달린 일이다. 그러나 사람들은 대부분 십자가가 세워진 곳으로 먼저 간다. 아마도 입구에서 가장 가까운 곳에 있는 볼거리이기 때문일 텐데, 입장하여 몇십 미터쯤 직진하다가 오른쪽에 난 통로를 따라가면 십자가가 보인다.

콜로세움의 십자가를 보는 순간, 로마 제국 초기에 자행된 극심한 그리스도교 박해가 떠오른다. 그리고 원형 경기장을 가득 채운 군중 앞에서 맹수들에게 짓찢기거나 나무 기둥에 묶인 채 불태워져 순교하는 그리스도교도들이 연상되기도 한다. 장 레옹 제롬의 그림은 우리의 그런 선입견을 부추긴다.

그러면서 자연스럽게 떠오르는 인물이 네로 황제이다. 그는 대규모로 그리스도교도를 처형한 최초의 로마 황제이기 때문이다. 그가 그토록 잔인하게 그리스도교도들을 죽음으로 내몬 까닭은, 64년에 발생한 로마 대화재로 여론이 악화되자 자신이 살고자 애꿎은 그리스도교도들을 화살받이로 내세운 것이라고 한다. 여론이 그렇게 무서운 줄 알았으면 화재로 삶의 터전을 잃은 백성들을 보듬어줄 생각을 먼저 할 일이지, 어쩌자고 그들을 내쫓고 그 위에다 황금 궁전을 지을 생각을 했단 말인가. 참으로 어리석은 짓이었다.

그러면 장 레옹 제롬의 그림에서처럼 네로는 콜로세움에서 그리스도교도들을 순교자로 만들었을까? 그건 불가능한 일이었다. 왜냐하면 콜로세움은 네로가 죽은 후 그의 궁전에 딸린 인공 연못 터

관객석(위)과 운동장(아래) 쪽에서 본 콜로세움의 십자가

장 레옹 제롬, <그리스도교 순교자들의 마지막 기도>

에 지은 건축물이기 때문이다. 후대 황제들이 그랬을지는 몰라도, 콜로세움에서의 그리스도교도 처형은 네로와는 무관한 일이다.

네로가 그리스도교도들을 잔인하게 죽인 것은 사실이다. 베드로와 바울이 순교한 것도 네로 치세에서였다. 하지만 베드로의 경우, 현재의 성 베드로 대성당(바티칸시국 소재) 옆에 있던 '네로의 전차경기장'에서 순교한 뒤 그 근처의 바티카누스 언덕에 묻힌 것으로 알려져 있다. 그의 무덤이라고 여겨지는 곳에 세운 것이 바로 성 베드로 대성당이다. 그러므로 네로 당시의 상황은 장 레옹 제롬의 그림보다는 헨리크 시에미라즈키의 <네로의 횃불>이 사실에 더 가까울 것 같다. 여기에서의 '횃불'은 기둥에 묶인 채 산 채로 불태워지는 그리스도교도를 의미한다. 베드로는 십자가형을 당했지만, 다른 신도들은 화형을 당해 인간 횃불이 되었던 듯하니 얼마나 참혹한 일인가.

헨리크 시에미라즈키, <네로의 횃불>

그렇다면 콜로세움에 십자가를 세운 까닭은 무엇일까? 분명 이곳에서 죽어간 순교자들의 넋을 위로하기 위함일 것이다. 장 레옹 제롬의 그림에서처럼 콜로세움이 잔인한 처형의 현장이었던 건 분명하다는 의미이다. 다만 어느 황제 때 콜로세움에서 그런 학살이 벌어졌는지에 대한 구체적인 기록은 찾기 어렵다. 네로 황제(54~68년 재위) 때부터 디오클레티아누스 황제(284~305년 재위) 때까지 박해가 계속되었고, 네로, 도미티아누스, 트라야누스, 하드리아누스, 마르쿠스 아우렐리우스, 셉티미우스 세베루스, 막시미아누스, 데키우스, 발레리아누스, 디오클레티아누스 등 10명의 황제 때 특히 극심했다고 하니, 아마도 그때였을 것으로 추측할 따름이다. 그 당시에는 콜로세움에서 벌어지는 검투사들끼리의 격투나 맹수와의 싸움을 유흥으로 즐기고, 눈앞에서 사람이 죽어 나가는 걸 보며 환호하던 시대이니, 그리스도교도들 또한 그런 프로그램의 일환으로 끌려 나와 목숨을 잃었을 가능성이 있다.

그리스도교가 유럽을 지배한 중세 시대 이후로는 수많은 순교자를 낳은 콜로세움이 성지로 인식되어 순례자들이 찾는 곳이 되었다. 그러면 현재의 십자가는 언제, 누가 그 자리에 설치한 것일까? 1749년 교황 베네딕투스 14세가 콜로세움을 '순교자들이 피 흘린 성지'라고 선포하며 십자가를 설치하였다. 공식적으로 그리스도교의 성지로 인정받은 것이다. 십자가는 그 뒤로 몇 차례 교체되었으며, 현재의 십자가는 20세기 후반에 복원한 것이다.

플라비우스 원형극장

십자가를 본 다음에는 대부분 2층으로 올라간다. 2층으로 올라가면 비로소 콜로세움 내부가 제대로 보인다. 영상이나 사진으로 숱하게 본 장면이 눈 앞에 펼쳐진다. 그러니 딱히 놀랄 것까지야 있을까 싶지만, 맞은편 사람들이 개미만 하게 보이는 것으로 이곳이 얼마나 대단한 규모인지를 짐작하며 입을 딱 벌리고 만다. 한꺼번에 50,000명을 수용할 수 있었다는 공간이다.

콜로세움 가는 사람이 지하철을 이용할 경우, 콜로세오Colosseo 역에서 내린다. 콜로세오는 콜로세움의 이탈리아식 표현이다. 콜로세움colosseum은 '거대한 조각상'을 뜻하는 라틴어 colosseus에 접미사 -um이 붙어 만들어진 단어로, 콜로세움 옆에 30m짜리 네로 조각상(Colossus Neronis, 네로의 황금 궁전에 있던 것을 태양신으로 개조하여 콜로세움 옆에 세웠음)이 있었으므로 그렇게 부르게 된 것으로 보인다.

콜로세움은 로마 시민들에게 '거대한 조각상'이 서 있는 곳이라 콜로세오라고 불렸겠지만, 정식 명칭은 따로 있었다. '플라비우스 원형극장Amphitheatrum Flavium'이다. 플라비우스 왕조 때 건설되었기에 그렇게 부른다.

콜로세움 건설을 시작한 이는 플라비우스 왕조의 첫 번째 황제인 베스파시아누스이다. 그는 로마 제국 아홉 번째 황제로 69년에 추대되어 황위에 올랐다. 그런데 폭군으로 몰려 축출된 네로는 다섯 번째 황제로, 68년에 자살로 생을 마감했다. 네로와 베스파시아누스

2층에서 바라본 콜로세움 내부

황금 궁전의 상상도
연못 위쪽 건물 안뜰에 거대한
네로 조각상이 보인다.

콜로세움 옆에 네로의 거상이
서 있는 모습이 담긴 상상도

사이에 세 명의 황제가 있었고, 그들의 재위 기간을 다 합쳐도 고작 일 년 몇 개월에 불과했다는 뜻이다.

그 짧은 기간 동안 세 명의 황제가 바뀐 것도 비정상적이지만, 그들의 죽음은 더욱 비정상적이다. 여섯 번째 황제인 갈바는 6개월 재위에 친위대에 의한 암살, 일곱 번째 황제인 오토는 3개월 재위에 자살, 여덟 번째 황제인 비텔리우스는 8개월 재위에 암살, 이게 베스파시아누스 직전 황제들의 기록이다. 네로가 나라를 엉망진창으로 만들어놓고 죽은 뒤, 혼란의 도가니에 빠졌다는 뜻으로 해석된다.

그런 상황에서 부하들의 추대를 받아 황위에 오른 베스파시아누스로서는 뭔가 민심을 달래고 자신의 능력을 보여줄 수 있는 참신한 이벤트가 필요했을 것이다. 게다가 그는 황족도 귀족도 아닌, 평민 출신이었다. 자칫하면 그 또한 뜻을 펼치기도 전에 전임 황제들의 전철을 밟을 수 있었다. 어찌 초조하지 않았겠는가.

그래서 그는 네로의 사치스러운 궁전터에 로마 시민들이 유흥을 즐길 수 있는 시설을 엄청난 규모로 건설하기로 한다. 이재민들의 집터에 황금 궁전을 지은 네로에 대한 악감정이 아직 생생할 때이니, 일석이조의 효과를 거둘 수 있는 결정이었다. 폭군 네로가 빼앗은 것을 백성들에게 돌려준다는 멋진 명분을 그는 거머쥔다.

그는 비록 콜로세움의 완공을 보지 못했지만, 10년 동안 황위에 있다가 자연사한다. 3대 황제 칼리굴라가 암살당한 이후 계속된, 자살과 암살로 점철된 불행한 기록을 깨는 쾌거였다고나 할까.

그가 무사히 와석종신臥席終身(자신의 명을 다하고 편하게 죽음)할 수 있었던 데에는 다른 이유도 있겠지만, 로마 시민들이 자신들을 위해 지어지는 거대한 경기장을 보며 기대감과 호감을 가져주었기 때문은 아닐까. 그렇다면 베스파시아누스의 승부수는 성공을 거두었다고 할 수 있다.

명예를 소중히 여겼던 로마 제국 황제로서 자신의 가문 이름을 딴 고유명사 '플라비우스 원형극장'이 지워지고, 대신 콜로세오로 불리는 건 섭섭할지도 모를 일이지만 말이다.

콜로세움에서 불가사의한 것들

콜로세움 건설을 결정했던 베스파시아누스 황제는 로마 제국 역사상 드물게 운 좋은 사람이었다. 평민 출신으로 황제가 된 이가 비단 그뿐만은 아니지만, 어쨌건 네로 사후 어수선한 상황이 아니었다면 감히 그 자리를 꿈꾸지 못했을 것이다. 시대가 그를 황제 자리로 끌어 올려주었다고 할 수 있다.

그리고 그는 그 무렵 황제들 중 드물게 자연사할 수 있었다. 초대 황제 아우구스투스와 2대 황제 티베리우스가 자연사한 이후로 황제들은 한결같이 불행한 최후를 맞았다. 3대 황제 칼리굴라는 부하에게 암살당했고, 4대 황제 클라우디우스는 부인 소 아그리피나에 의해 독살당한 것으로 여겨진다. 그 이후 황제들의 사인死因은 앞에서 알아보았듯이 네로 자살, 갈바 암살, 오토 자살, 비텔리우스 암살 등 제명에 죽은 황제가 없었다. 그런 상황에서 당시로서는 장수했다고 할 수 있는 70세에 평범하게 죽을 수 있었던 베스파시아누스는 운이 좋았다고 할 수 있다.

　　베스파시아누스의 행운은 거기서 그치지 않는다. 그에겐 아들이 둘 있었는데, 두 아들 다 아버지의 뒤를 이어 황제가 된 것이다. 아쉽게도 아들들은 아버지의 행운까지는 물려받지 못했는지, 10대 황제가 된 큰아들 티투스는 재위 2년 3개월 만에 죽고, 11대 황제가 된 작은아들 도미티아누스는 암살당함으로써 플라비우스 왕조의 짧은 영광은 막을 내리게 된다.

　　어쨌거나 베스파시아누스가 죽은 후 황위에 오른 티투스는 아버지의 유업인 콜로세움 건설에 박차를 가해 80년에 완공한다. 72년에 건설을 시작했으니 고작 8년 만의 일이었다. 이게 첫 번째 불가사의한 일이다. 이 정도 규모의 건축물을 8년 만에 완성한다는 것이 당시에 어떻게 가능했을까.

　　두 번째 불가사의한 점은, 인공 연못 터에 건설했다는 건축물이 어떻게 2,000년을 끄떡없이 버틸 수 있었을까 하는 것이다. 물이 고였던 땅은 지반이 약해 무거운 건물일수록 붕괴 우려가 높은 게 상식 아닌가. 물론 당시 사람들도 그 사실을 알았을 테니 지반을 단단하게 만드는 작업을 선행했겠지만, 그 짧은 기간 안에 그것까지 완벽하게 해냈다는 사실이 불가사의한 것이다.

　　그러나 이어지는 다른 불가사의한 점들에 비한다면, 그런 것들은 불가사의하다고 말할 것도 못 된다. 콜로세움은 관객석을 덮는 개폐식 지붕, 즉 천으로 만든 차양막(벨라리움velarium)을 갖추었다고 하는데, 우선 그런 발상을 한 것부터 놀랍다. 작은 집 마당도 아니고, 현

객석에 차양막 시설을 갖춘 콜로세움 상상도

대인이 봐도 입이 떡 벌어지는 규모의 콜로세움에 차양막 시설이라
니…. 비록 콜로세움 전체를 덮는 정도는 아니었다지만, 그래도 그런
배포 큰 발상을 한 것도 놀랍고, 그것을 실제로 구현한 그들의 기술
수준은 더욱 놀랍다. 한마디로 불가사의한 일이다.

그러나 불가사의한 일들 중 압권은 이곳에서 모의 해전(나우마
키아naumachia)이 벌어지기도 했다는 사실이다. 콜로세움에서 실제로
모의 해전이 벌어졌을까에 대해 회의적인 의견도 있지만, 그것을 다
룬 옛 그림들이 있는 것으로 보아 근거 없는 이야기는 아닌 듯하다.
대규모로 자주 있었던 일은 아닐지라도 말이다.

로마인에게 해전은 불리한 방식의 전쟁이었다. 지중해 지역

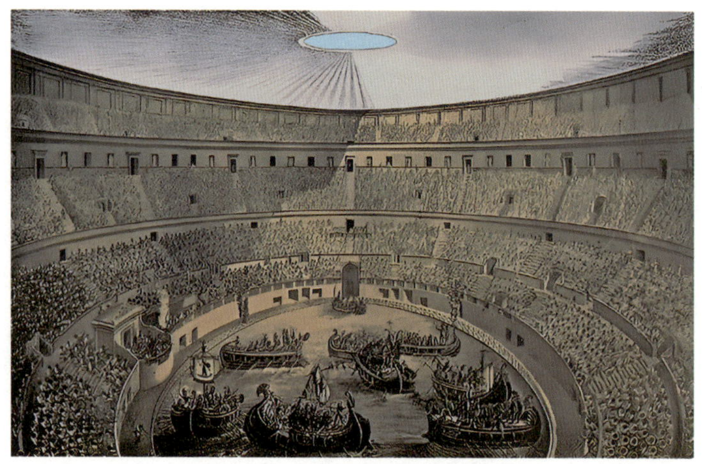

작자 미상, <콜로세움에서의 나우마키아>

패권을 쥐고 있던 카르타고와 벌인 포에니 전쟁(BC 3세기~BC 2세기에 세 차례에 걸쳐 벌어진 전쟁)에서 로마는 고전한다. 바다에서의 싸움에 익숙하지 않았기 때문이다. 그럼에도 불구하고 세 번에 걸친 전쟁을 모두 승리로 이끌며 지중해권 최강자로 등극하는데, 이는 로마인에게 해전의 중요성을 일깨우는 계기가 된다.

BC 1세기에 있었던 악티움 해전 또한 마찬가지였다. 이집트의 클레오파트라가 연인 마르쿠스 안토니우스를 끌어들여 로마를 상대로 전쟁을 시작했는데, 이때 옥타비아누스가 이끄는 로마 함대가 이오니아해의 악티움 곶에서 승리를 거둔다. 이 전쟁으로 인해 이집트는 몰락하게 되고, 승전의 주역인 옥타비아누스는 원로원으로부터 '아우구스투스('존엄한 자'라는 뜻)'로 추대되며 로마 제국 초대 황제가 된다.

이런 역사를 갖고 있는 로마 제국 사람들에게 해전이란 '힘겹지만 피할 수 없는 전쟁', '이길 수만 있다면 커다란 명예와 이익을 얻을 수 있는 전쟁'으로 인식되었다. 모의 해전인 나우마키아는 그런 배경에서 로마인이 즐겼던 유흥이자 군사 훈련이었다. 물론 콜로세움에서만 모의 해전이 벌어진 것은 아니다. 공화정 말기인 카이사르 집권기에도 있었고, 4대 황제 클라우디우스 때는 19,000명이 참여한 대규모 행사로 치러지기도 했다고 한다.

그렇다고 해도 콜로세움에서의 모의 해전은 여러모로 불가사의하기만 하다. 그 넓은 공간에 어떻게 물을 채울 수 있었을까, 모의 해전에 사용된 배들은 어떻게 콜로세움 안으로 들어올 수 있었을까. 그 모든 것이 궁금하기 짝이 없는 일이다.

이런저런 풀리지 않는 수수께끼에 고심하며 바라보는 콜로세움 내부는 여전히 웅장하고 위압적이다.

콜로세움에서의 소풍

콜로세움의 원래 형태를 짐작하는 것은 그리 어렵지 않다. 2,000년 전 건축물이라고는 믿어지지 않을 정도로 잘 보존되어 있기 때문이다. 그러나 콜로세움은 건축 당시의 모습을 많이 잃었다. 현재 남아 있는 부분은 원래의 절반 미만이라고 한다. 그러니 나머지 사라진 부분은 남아 있는 작은 단서들로 미루어 짐작하거나, 그마저도 없는 건 상상력으로 보완하며 보아야 한다.

먼저, 전체적인 형태를 보자. 옛 그림 속 온전한 형태와 현재의 상태를 비교하면 어느 정도 훼손된 것인지 알 수 있다. 절반도 안 되게 남은 거라는 말이 이해된다. 내부도 마찬가지이다. 네 개 층으로 이루어진 객석(그중 3층까지만 계단식임)은 거의 원형을 찾아보기 힘들 정도이다. 옛 그림을 통해 짐작할 수 있을 뿐이다.

콜로세움이 대단한 점은 절반 이상이 사라졌는데도 여전히 놀라울 만큼 웅장하다는 것이고, 더 대단한 점은 사라진 부분이 사람들이 뜯어갔기 때문이지 건축의 취약성으로 무너진 건 결코 아니라는 것이다. 1749년에 베네딕투스 14세가 콜로세움을 그리스도교 성지로 선포하기 전까지, 로마 시민들은 석재가 필요하면 가까운 곳에 있는 콜로세움이나 포로 로마노에서 가져갔다고 한다. 문화재 보호에 대한 인식이 희미하던 시절의 일이니 그들의 무지몽매함을 탄식한들 무슨 소용이 있겠는가. 그나마 교황에 의해 성지로 선포된 이후 무분별한 석재 반출이 중단된 것을 다행스럽게 여길 따름이다.

자, 그러면 이제부터 상상력을 발휘해 콜로세움의 원형을 되찾아보자. 일단 콜로세움은 안팎이 눈부시게 흰 건물이었을 것이다. '뭐라고, 지금 보면 우중충한 검은색이거나 벽돌색투성이인데, 무슨 흰색이라는 말이야?'라는 의문이 들 것이다. 당연한 일이다. 특히 보안 검색대를 통과한 후 2층으로 올라가는 계단에 이르는 공간은 '눈부시게 흰'이란 표현을 도저히 떠올릴 수 없게 한다. 그러나 콜로세움 안팎을 유심히 살펴보면, 군데군데 흰색 대리석을 붙이거나 흰색 석회를 발랐던 흔적을 찾을 수 있다.

페트루스 솅크, 〈영원한 로마〉

현재의 콜로세움

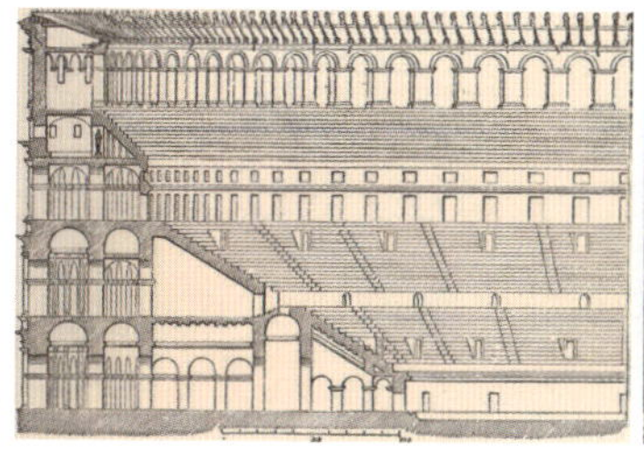

에른스트 굴, 〈콜로세움 내부〉

계단 형태가 거의 사라진 콜로세움 내부

흰색 대리석이나 석회로 마감한 흔적이 남아 있는 콜로세움

그다음으로 상상력을 발휘해 복원해야 할 부분은, 외부 아치 안에 설치되었을 조각상들이다. 현재는 아치마다 텅 비어 있지만, 완공 당시에는 2층과 3층 아치에 조각상이 설치되어 있었을 거라고 본다. 실제로 콜로세움 안 전시 공간에는 조각상이 설치된 상상도와 그곳에 있었던 것으로 추정되는 조각상들이 전시되어 있다.

마지막으로 상상력을 동원할 부분은 이곳에서 소풍을 즐기는 로마인의 모습이다.

콜로세움은 요즘으로 치면 스타디움에 해당한다. 운동장과 관객석을 갖추었다는 점에서 그러하다. 운동장에서 이루어지는 프로그램은 다르지만, 건물의 형태와 용도가 비슷하다. 그러면 객석의 모습도 비슷할까. 현대의 스타디움에서는 주로 운동 경기가 이루어지고, 때로는 콘서트 등의 특별 이벤트도 열린다. 관객은 그것을 보면서 응원하고 열광한다. 술과 안주, 음료수와 주전부리도 허용된다. 짜릿한 흥분을 즐기기 위해, 혹은 팍팍한 일상에서 오는 스트레스를 해소하기 위해 현대인은 스타디움을 찾는다.

콜로세움을 찾은 사람들도 현대인과 비슷한 목적을 가졌을 것이다. 다만, 로마 제국 사람들은 콜로세움에서 현대인보다 더 다양한 행위를 하며 하루를 즐겼던 것으로 보인다. 콜로세움 2층 전시실에 당시의 객석 모습을 상상해 그린 그림이 있는데, 거기에서 인상적인 장면들을 찾아보자.

객석에서 이루어지는 다양한 행위도 흥미롭지만, 더 인상적인 것은 콜로세움이 남녀노소 누구나 찾아와 즐길 수 있는 대중적인

외부 아치 안에 조각상이 설치된 콜로세움 상상도와 아치 안에 설치되었던 것으로 보이는 조각상
(콜로세움 2층 전시실)

콜로세움 객석 모습 상상화

❶ 장사꾼에게 먹을 것을 사는 사람 　❷ 내기 놀이하는 사람과 구경하는 아이들 　❸ 관람석에 낙서하는 사람들 　❹ 화장하는 여인들 　❺ 시비가 붙어 주먹다짐하는 사람들과 말리는 사람 　❻ 술 마시며 고기를 구워 먹는 사람들

콜로세움 2층 전시실의 유물들
a. 구워 먹고 버린 짐승 뼈 b. 놀이용 주사위 c. 낙서 흔적
d. 술병과 술잔 e. 맹수와의 격투를 표현한 모자이크화
f. 맹수들의 뼈

장소였다는 점이다. 일가족이 함께 소풍 삼아 찾는 곳이 콜로세움과 같은 시설이 아니었나 싶다. 황제가 시민에게 베푸는 가장 인기 있는 복지 정책이 목욕탕과 경기장이었다는 말이 과장이 아닌 것이다.

단지 현대인이 상상하여 그린 그림을 가지고 그렇게 단정하는 것은 위험할 수 있다. 그러나 콜로세움에서 발굴된 유물들을 보면 그림의 내용이 마냥 허무맹랑하지는 않다. 콜로세움 2층에 전시관이 있는데, 그곳에서 그림 속 행위를 뒷받침하는 것들을 찾아볼 수 있다. 이 전시실에는 이곳에서 검투사들의 경기, 혹은 맹수들과의 격투가 벌어졌음을 알게 해주는 유물들도 있으므로 시간을 내어 살펴보기를 권한다.

이제 포로 로마노로 가기 위해 콜로세움과 작별해야 한다. 이 위대한 건축물을 구석구석 꼼꼼히 보기에는 하루 온종일도 부족하지만, 로마는 볼거리가 하도 많은 도시라 한군데서 너무 많은 시간을 쓸 수 없다. 포로 로마노에 가면 '콜로세움에서 좀 시간을 아끼는 게 좋았겠어.' 하는 후회가 들지도 모른다. 그러니 이제 그만 이동하자.

카날레토, <로마: 포로 로마노의 폐허, 카피톨리노를 바라보며>, 1740

포로 로마노 Foro Romano

콜로세움 입장권에는 포로 로마노 입장권도 포함되어 있으니 포로 로마노는 당연히 봐야 한다. 혹시 시간이 부족하다면 팔라티노 언덕을 빼놓더라도 포로 로마노는 꼭 둘러봐야 한다. 콜로세움을 건너뛰라는 조언이야 어찌 할 수 있을까만, 로마 여행자가 절대로 빠뜨리지 말아야 할 곳을 꼽자면 단연 포로 로마노가 첫손에 꼽힌다.

참고로, 줄 서는 시간을 아끼고자 한다면 여행자가 몰리는 티투스 개선문 쪽 말고 다른 입구를 이용하길 권한다. 포로 로마노에 들어갈 수 있는 입구는 마메르티눔 근처(캄피돌리오 광장 뒤쪽), 안토니누스와 파우스티나 신전 뒤쪽(평화의 신전 옆), 콘스탄티누스 개선문 뒤쪽(수도교 근처)에도 있는데, 그곳들은 비교적 한산한 편이다.

포로 로마노에 가야 하는 이유

포룸 로마눔Forum Romanum, 혹은 로만 포럼Roman Forum이라고도 하는 이곳에는 신전, 바실리카, 개선문, 원로원, 기념비 등 당시 사람

옛 자료를 참고하여 AI로 그려본 포로 로마노 상상도

들이 중요하게 여긴 시설들이 빽빽하게 들어서 있었다. 시장이 서고, 정치인이 나와 시민들을 상대로 연설하고, 이웃 나라 정복을 위해 출정하는 군대가 여기서 출발하고, 승전한 군대는 이곳으로 개선했다. 시민들은 신전을 찾아가 복을 빌고, 바실리카에서 열리는 재판을 참관하고, 기념비를 보며 존경하는 위인을 기억했다. 이곳은 로마 시민들의 삶의 현장이었던 것이다.

그러나 서로마 제국이 멸망한 뒤 점차 파괴되기 시작한 로마는 1084년과 1527년의 대규모 약탈을 겪으며 회복 불능 상태에 빠지고 만다. 특히 신성로마제국 군대(주로 독일 용병)에 의한 1527년의 대약탈은 로마를 거의 폐허로 만들었다. 로마에 르네상스 시대 이전의 건축물이 거의 남아 있지 않은 중요한 이유가 이때의 방화와 파괴 때문

조반니 파올로 파니니, 〈포로 로마노 전경〉 (1747년)

이다. 포로 로마노 또한 그런 외적의 침탈로 무너져 내렸다. 1747년에 그려진 그림 속 포로 로마노는 옛 영화의 흔적을 전혀 찾을 수 없다. 그 뒤로 콜로세움과 마찬가지로 로마 시민들의 채석장 노릇을 한 포로 로마노는 점점 상황이 나빠지다가 19세기 이후 발굴과 보존 작업이 이루어져 그나마 현재의 모습을 유지할 수 있게 되었다.

로마의 어느 유적인들 안 그럴까만, 포로 로마노는 정말로 마음의 눈으로 보아야만 보이는 곳이다. 그렇지 않으면 깨진 돌조각, 맥락 없이 놓인 주춧돌, 부서지다 만 기둥들을 보며 실망할 것이다. 그러나 하나하나 사연을 알면서 살펴보면 로마에서 이보다 더 중요한 장소는 없다는 말에 동의할 수 있을 테니, 로마의 심장 안으로 들어가 보자.

8 셉티미우스 세베루스 개선문

7 쿠리아 율리아

6 바실리카 아이밀리아

5 안토니누스와 파우스티나 신전

9 콩코르디아 신전 터

10 베스파시아누스와 티투스 신전

11 사투르누스 신전

12 라쿠스 쿠르티우스

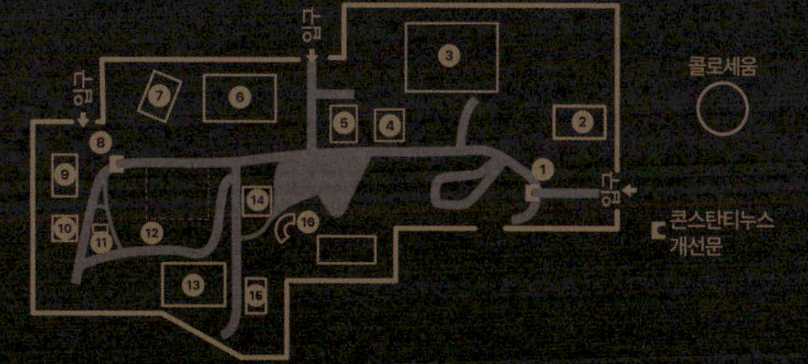

4 로물루스 신전

3 막센티우스의 바실리카

2 베누스와 로마 신전

1 티투스 개선문

13 바실리카 율리아

14 카이사르 신전 터

15 카스토르와 폴룩스 신전

16 베스타 신전

① 티투스 개선문

콜로세움에서 가장 가까운 입구를 통해 포로 로마노 안으로 들어서면 제일 먼저 반기는 것이 '티투스 개선문 Arco di Tito/Arch of Titus'이다. 긴 줄 끝에서 볼 때는 콩알만 하게 보이지만, 막상 그 앞에 서고 보면 웅장한 규모임을 알 수 있다.

티투스는 콜로세움을 설명할 때 몇 번 이름이 나온 인물이다. 플라비우스 왕조를 연 아홉 번째 황제 베스파시아누스의 큰아들로, 아버지의 뒤를 이어 열 번째 황제가 되었다.

그의 아버지가 로마 제국 역사상 유례를 찾기 힘들 정도로 운이 좋았다면, 티투스는 반대로 유례를 찾을 수 없을 정도로 불운했던 황제이다. 그의 불운은 그의 잘못에서 비롯된 것이 아니라, 불행의 여신이 그를 무차별적으로 공격하여 일어난 비극의 소산이었다. 물론 평민 출신 아버지가 황제가 되었고, 그의 아들이라는 이유로 자신도 황제가 될 수 있었으니 운이 좋았다고 볼 수도 있다. 그러나 행운의 여신이 그에게 준 복은 딱 거기까지였다.

티투스는 79년 6월 23일 즈음에 즉위했다. 그리고 그로부터 두 달 뒤인 8월 24일에 베수비오 화산이 폭발했다(혹은 10월 말이라는 주장도 있다). 그다음 해인 80년에는 로마 중심부가 대부분 소실될 정도로 심각한 사흘간의 대화재가 발생했고, 81년에는 역병이 창궐하여 많은 사람이 죽었다. 티투스는 그런 재앙을 수습하기 위해 동분서주하다가 81년 9월 13일(혹은 14일)에 세상을 떠난다. 황위에 오른 지

티투스 개선문

겨우 2년 3개월 만의 일이었다. 야심만만한 동생 도미티아누스가 독살했다는 설도 있고, 역병에 감염되었기 때문이라는 설도 있는데, 거기에 '스트레스로 죽었을 수도 있다.'는 가설을 하나 더 보태고 싶은 심정이다. 한 사람이 평생에 걸쳐 한 번 맞닥뜨릴까 말까 한 불행한 일들이 마치 작정하기라도 한 듯 티투스에게 몰려든 것이다. 만약 그가 포악하거나 무능한 황제였다면 그리 안쓰러울 것도 없겠지만, 그는 훌륭한 황제가 되기 위해 노력한 사람이었다. 어느 정도였냐면, 사랑하는 여인 베르니케와 결혼하고자 했으나 유대 출신인 그녀를 시민들이 반대하자 결혼을 포기할 정도였다. 백성의 신임을 얻지 못하는 자는 좋은 황제가 될 수 없다는 신념 때문에 사랑조차 내려놓은 것이다. 그는 그 뒤로 결혼하지 않았다. 그런 사람이었기에 그의 불운이 더욱 안타깝다.

그 짧은 재위 기간 동안 콜로세움을 완공하여 로마에서 가장 유명한 건축물을 이야기할 때마다 항상 이름이 회자되는 것이 그나마 그에게 위안이 될지도 모르겠다.

티투스 개선문은 그가 71년에 유대를 정복한 것을 기리기 위해 그가 죽은 뒤에 원로원과 시민들이 완성하여 헌정했다고 한다. 도미티아누스 치세인 91년경에 완공된 것으로 보이는데, 뒤늦게 개선문이 세워진 까닭은 당시 사람들도 어진 황제가 되기 위해 노력했던 그의 죽음을 안타까워했기 때문은 아닐까.

티투스 개선문은 현재 로마에 남아 있는 황제를 기리는 개선문으로는 가장 오래된 것이다. 그래서 아치가 하나인 단순한 형태이다. 후대로 갈수록 전공을 과시하고 싶은 욕심이 반영되어 아치가 세 개로 늘고 크기도 더 커지는 경향이 있다. 현재는 아치 안쪽으로의 접근을 막기 때문에 가까이 다가가서 볼 수 없지만, 입구 쪽에서 바라보았을 때 아치 안쪽의 왼쪽 면에는 예루살렘에서 약탈한 전리품을 들고 개선하는 병사들의 모습이, 오른쪽 면에는 승리의 여신 빅토리아가 월계관을 씌워주는 가운데 콰드리가(사두마차)를 타고 개선하는 티투스의 모습이 새겨져 있다. 그리고 아치 위쪽에는 날개를 활짝 펼친 독수리를 안고 있는 티투스가 보인다.

독수리는 로마 제국과 로마 군대의 상징이었으므로, 티투스가

아치 안쪽 왼쪽 면 부조
유대 성전에서 약탈한 전리품
메노라(가지가 일곱 개인 촛대)가 보인다.

아치 안쪽 오른쪽 면 부조
승리의 여신 빅토리아(그리스 신화의 니케)가 씌워
주는 월계관과 사두마차는 개선장군의 상징이었다.

아치 안쪽 윗면의 부조
티투스가 로마 제국과 로마 군대를
상징하는 독수리를 안고 있다.

에드가 섬웨이의 <로마의 하루> 중, 티투스 개선문 주변

로마 군대를 이끌고 나간 정복 전쟁에서 승리했음을 알려준다. 티투스의 유대 정복은 아직 그가 황제가 되기 전의 일로, 아버지 베스파시아누스의 명을 받아 전장에 나갔다고 한다.

기록화를 보면, 티투스 개선문은 현재와 다소 다른 모습이었다. 처음에는 위에 티투스와 네 마리 말을 설치했던 것 같은데, 대부분의 개선문이 그러하므로 이 개선문도 그런 예를 따랐을 것으로 보인다. 콜로세움과 티투스 개선문 사이에 많은 시설이 들어선 것도 현재와 다른 모습이다.

티투스의 유대 정복 이후 나라 잃은 유대인은 2,000년 가까이 떠돌며 가혹한 탄압과 박해를 받아야 했으니, 이 개선문은 유대인에게 가장 뼈아프고 한스러운 기념비였을 것이다.

티투스 개선문 쪽으로 가다 보면, 오른쪽으로 나란히 늘어선 10개의 기둥이 올려다보인다. 이 기둥들은 '베누스와 로마 신전Tempio di Venere e Roma/Temple of Venus and Roma'의 일부로, 이곳은 포로 로마노에서 가장 규모가 큰 신전 유적이다. 콜로세움에서 내려다보아야만 전체가 한 화면에 잡힐 정도이니 말이다.

베누스와 로마 신전은 티투스 개선문 오른쪽에 있는 입구로 들어가 다시 콜로세움 방향으로 되돌아가야 한다. 가서 보면 신전 앞 공터는 운동장만큼 넓고, 신전은 훼손이 너무 심해 원래 어떤 형태였는지를 짐작하기 어렵다. 복원 공사 중에는 출입을 막기 때문에 들어

콜로세움에서 바라본 베누스와 로마 신전 전경

게오르그 렐렌더, <베누스와 로마 신전>
그림에는 베누스와 로마 신전이 티투스 개선문과 붙어 있는 것으로 표현되었고,
콜로세움과 신전 사이에 태양신으로 개조된 네로의 거상이 보인다.

가지 못할 수 있다. 그나마 신전의 옛 모습이 그림으로 남아 있어 규모와 형태를 짐작하게 한다.

하드리아누스 황제의 명으로 지어지기 시작해 안토니누스 피우스 황제 때 완공된 이 신전은 이름에서 알 수 있다시피, 로마 제국이 중요하게 여긴 두 여신 '베누스'와 '로마'에게 봉헌되었다. 신전 공간을 둘로 나눠 콜로세움 방향은 베누스 여신에게, 포로 로마노 방향은 로마 여신에게 바쳤다고 한다. 여기에서의 로마 여신은 로마를 신격화한 것으로, 비토리오 에마누엘레 2세 기념관, 캄피돌리오 광장, 포폴로 광장 등에서 볼 수 있다. 그녀에 관해서는 비토리오 에마누엘레 2세 기념관에서 알아보기로 하고, 여기서는 하드리아누스 황제가 베누스(그리스 신화의 아프로디테)에게 봉헌할 거대한 신전을 지으려 한 까닭에 대해 생각해 보자.

미의 여신 아프로디테는 한때 트로이 왕족인 안키세스를 사랑한 적이 있었다. 그들 사이에서 아들 아이네아스가 태어났는데, 이는 그리스 신화 속에서 희귀한 사례에 속한다. 남신과 인간 여자 사이에서 자식이 태어나는 경우는 많다. 제우스를 보라. 수많은 인간 여자와의 사이에서 자식들을 낳지 않았는가. 그러나 여신이 인간 남자와 사랑을 나누고 자식을 낳는 경우는 드물다. 아이네아스는 그런 희귀한 경우에 속한 존재였다. 여신의 피를 물려받은 아이네아스는 트로이 전쟁이 발발하자 용맹하게 활약해 헥토르(트로이의 왕위 계승권자이자 최고의 장수)에 버금가는 맹장으로 이름을 떨쳤다. 그러나 10년 전쟁 끝에 트로이는 그리스 연합군의 목마 작전에 넘어가 불바다가 되어 역사에서 사라진다. 트로이 성이 불타는 와중에 아이네아스는 늙은 아버지 안키세스와 어린 아들 아스카니오스, 부인 크레우사와 함께 성을 탈출한다. 일부 생존자들도 그의 뒤를 따랐다고 한다.

크레우사는 탈출하던 중 사망하고, 안키세스는 유랑 중에 세상을 떠난다. 나머지 일행은 아이네아스를 지도자 삼아 오랜 시간 지중해 일대를 떠돌아다니다가 결국 라티움(로마 인근 지역)에 정착하게 된다. 아이네아스는 그곳에서 라티움의 공주와 재혼해 장인으로부터 왕위를 물려받았고, 그의 아들 아스카니오스는 새로운 나라 알바롱가를 세운다. 그 후 후손들이 대대로 나라를 다스리던 중 누미토르 왕 때 문제가 생긴다. 누미토르의 동생 아물리우스가 형을 몰아내고 왕위를 찬탈한 것이다.

왕위에 오른 아물리우스는 누미토르의 후손이 태어나면 자신의 자리를 위협할 거라고 생각해 남자 조카는 모두 죽이고, 하나 남은 조카딸 레아 실비아는 베스타 신전의 여사제로 만들어버린다. 신전의 여사제는 결혼할 수 없으므로, 자연스럽게 누미토르의 대가 끊길 거라고 생각했기 때문이다. 그러나 베스타 신전에서 불을 돌보며 살던 레아 실비아를 전쟁의 신 마르스(그리스 신화의 아레스)가 보고 반해 겁탈하였고, 레아 실비아는 쌍둥이 아들을 낳게 된다. 여사제로서 자식을 낳은 사실이 알려지면 큰일이므로 레아 실비아는 갓난아기들을 바구니에 담아 테베레강에 띄웠고, 지나가던 어미 늑대가 아기들을 구해 젖을 먹여 살렸다고 한다. 마르스와 레아 실비아 사이에서 태어난 쌍둥이 아들 로물루스와 레무스가 훗날 로마를 건국하며, 로마라는 이름은 로물루스에게서 나왔다.

이것이 간략하게 정리한 로마의 건국 신화이다. 그러면 이 이야기를 베누스와 로마 신전에서 하는 이유는 무엇일까?

베누스는 결국 '로마의 어머니'이다. 단군 신화 속 웅녀가 우리 민족의 어머니이듯 말이다. 로물루스와 레무스는 레아 실비아의 자식이고, 레아 실비아는 아이네아스의 후손이다. 그리고 아이네아스는 베누스의 아들이니, 족보를 따지자면 베누스는 로마의 조상신인 셈이다. 그래서 로마인은 베누스를 각별히 여겼는데, 그녀가 아름다운 여신이라서가 아니라 조상신이기 때문이었다.

페테르 파울 루벤스, ＜로물루스와 레무스＞
레아 실비아가 버린 쌍둥이 아들은 어미 늑대가 젖을 먹여 키웠다고 하므로
로마를 여행하다 보면 늑대의 젖을 먹고 있는 로물루스와 레무스 이미지를 종종 볼 수 있다.
이 그림 속 노인은 테베레강의 신이며, 그 옆의 여인은 아들들을 버린 뒤 죄책감에 테베레강에
몸을 던져 스스로 목숨을 끊었다는 레아 실비아이다.
로물루스와 레무스는 지나가던 목동이 발견해 데려가 키운다.

하드리아누스는 포로 로마노에 거대한 신전을 지어 베누스에

게 봉헌하려 함으로써 자신들의 뿌리가 어디에 닿아 있는지를 잊지

않으려 한 것으로 보인다.

3　막센티우스의 바실리카

베누스와 로마 신전을 본 다음, 다시 티투스 개선문 쪽으로 돌아 나와 개선문 오른쪽으로 난 길을 따라가 보자. 내리막 돌길을 걷다 보면 오른쪽으로 '막센티우스의 바실리카Basilica di Massenzio/Basilica of Maxentius'로 연결되는 샛길이 보인다. 나무에 가려 잘 안 보일 수 있지만, 커다란 세 개의 아치로 이루어진 진흙 색깔 건물 유적이 바로 막센티우스의 바실리카이다.

어떤 이는 이 건물을 '콘스탄티누스의 바실리카'라고 하기도 한다. 막센티우스(306~312년 재위)가 건설을 시작했다는 점에 초점을 맞추는 사람은 막센티우스의 바실리카라고 부르고, 콘스탄티누스 1세(306~337년 재위)가 완성하고 사용했다는 점을 중시하는 사람은 콘스탄티누스의 바실리카라고 하는 것이다. 공평하게 두 사람 이름을 다 넣어 '막센티우스와 콘스탄티누스의 바실리카Basilica di Massenzio e Costantino/Basilica of Maxentius and Constantine'라고 하는 사람도 있는데, 아마 그것은 두 사람 다 질색하지 않을까 싶다. 처남 매부 사이였던 그 둘은 남보다 못한 관계였으니 말이다. 그들에 대해서는 콜로세움 앞에 서 있는 콘스탄티누스 개선문(152쪽)을 보면서 자세히 이야기할 예정이다.

이 건물은 콜로세움보다는 덜하지만, 로마식 아치가 많이 사용된 전형적인 로마 시대 건축물이다. 로마에 있는 공공건물 성격의 바실리카로는 최후의 건축물이기도 하다. 이곳에서 콘스탄티누스 1

포로 로마노 안에서 본 막센티우스의 바실리카
커다란 세 개의 아치가 압도적이다.

황제들의 포룸 도로에서 본 막센티우스의 바실리카
건물 왼쪽 벽에 로마 제국의 발전 과정을 보여주는 네 개의 지도가 부착되어 있어 눈길을 끈다.

세의 거대한 조각상이 발견되었는데, 현재는 카피톨리니 박물관에 소장되어 있다. 건물 규모에 걸맞게 대단한 크기라서 놀라게 된다. 막센티우스가 짓기 시작한 바실리카에 콘스탄티누스의 조각상이 설치되었다는 것은, 누가 역사의 승자인지를 알려주는 단서이다.

남은 부분만 보아도 굉장히 웅장한 이 건축물은 남아 있는 기록이 거의 없어 원래의 모습을 알 수 없다. 평면도는 전하지만, 평면도를 보고 건물 전체 형태를 정확히 아는 것은 어려운 일이다. 다만, 평면도로 볼 때 직사각형 공간에 늘어선 기둥들이 공간을 구분하던 기존의 바실리카와는 구조가 다른, 당시로서는 꽤 독창적인 건물이었을 것으로 보인다. 그래서인지 막센티우스의 바실리카는 '바실리카 노바Basilica Nova('새로운 바실리카'라는 뜻)'라고도 불렸다. 기존의 바실리카와는 전혀 다른 구조를 가진 건물이라서 그렇게 불린 것으로 보인다. 이 건물은 다른 바실리카들이 대개 그러했듯이, 나중에 교회로 사용되었다고 한다. 교회로 사용되었을 때의 모습을 그린 자료가 있어 그 사실을 알 수 있다.

그러면 이 건물의 진짜 용도는 무엇이었으며, 교회로 사용되었다는 추정은 근거가 있는 것일까? 그 문제를 생각해 보자.

바실리카Basilica란, 로마 공화정 시대부터 공회당, 법정 등으로 이용된 공공건물을 가리키는 말이었다. 아무래도 많은 사람들이 모이는 장소다 보니 건물 규모가 클 수밖에 없었다. 포로 로마노에 바실리카 율리아(98쪽)와 바실리카 아이밀리아(76쪽)의 흔적이 남아 있으며, 막센티우스의 바실리카 또한 그런 용도로 짓기 시작하였을 것이다.

막센티우스의 바실리카에서 수습된 콘스탄티누스 1세의 조각상
여러 부분으로 나뉜 상태로 카피톨리니 박물관에 소장되어 있다.

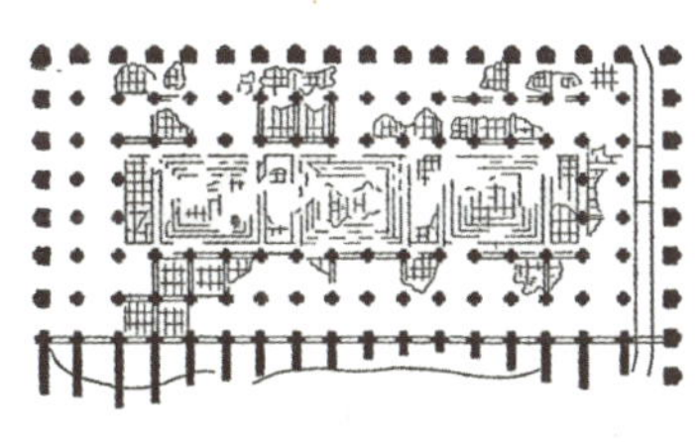

바실리카 율리아 평면도
바실리카의 전형적 구조로, 줄지어
선 기둥들이 지붕을 지탱하며 공간
을 구분하는 방식이다.

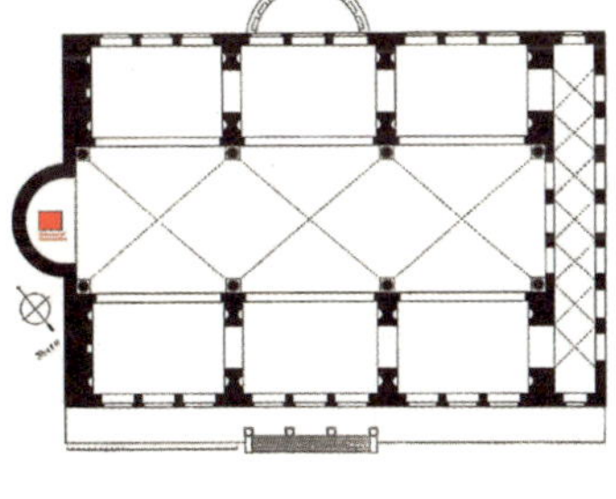

막센티우스의 바실리카 평면도
커다란 아치가 천장을 지탱하며 공간을 구분
하는 방식으로, 빨간색 점으로 표시된 곳에서
콘스탄티누스 1세의 조각상이 발견되었다.

작자 미상, <로마 막센티우스의 바실리카>
막센티우스의 바실리카가 교회로 사용되었을 당
시의 모습을 알 수 있다.

그러다가 4세기 무렵부터 바실리카는 공회당이나 법정 등의 기존 용도가 아닌, 교회로 쓰이는 경우가 생긴다. 콘스탄티누스 1세가 313년에 반포한 밀라노 칙령과 테오도시우스 1세가 380년에 결정한 그리스도교의 국교화로 종교의 자유를 얻은 그리스도교도들이 한데 모여 예배드릴 만한 공간으로 바실리카가 안성맞춤이었기 때문이다. 이때부터 바실리카는 '교회'를 뜻하는 단어로 쓰이기 시작한다.

막센티우스가 본래의 바실리카 용도로 쓰기 위해 짓기 시작한 건물은, 하필 그리스도교에 대한 박해를 중단하고 종교의 자유를 허락한 콘스탄티누스 1세에 의해 완성된다. 그러니 그의 치세(밀라노 칙령 이후의 재위 기간만 24년)에서 교회로 사용되었다고 해도 크게 무리는 없어 보인다. 혹은 그의 후대 황제 시절에 교회로 사용되었을 수도 있다.

그러면 이런 궁금증이 생긴다.

'이 튼튼해 보이는 건물은 왜 이렇게 파괴되었을까?'

콜로세움이나 포로 로마노의 석조 건축물들은 로마 시민들이 돌이 필요할 때마다 가져가는 바람에 파괴가 가속화되었다고 알려져 있다. 그러나 막센티우스의 바실리카는 콘크리트 벽체 겉면에 벽돌을 쌓은 구조이므로, 건축 자재로 재활용하기에 부적절하다. 시민들이 뜯어갔을 수는 있지만, 그들에 의한 대규모 파괴 가능성은 낮아 보이는 것이다.

　이 건물은 기록에 의하면 847년과 1349년의 지진으로 크게 파괴되었다. 현재 남아 있는 부분은 북쪽면 아치인데, 이 부분을 제외하고는 지진으로 인해 무너져 내렸다. 그 두 차례의 강력한 지진은 콜로세움의 외벽을 붕괴시킬 정도였으니, 그보다 작은 건물인 막센티우스의 바실리카는 더욱이 피해를 피할 수 없었다.

　막센티우스의 바실리카의 압도적으로 웅장한 아치를 바라보고 있으면, 그런 세월을 견디고 이만큼이나마 버티고 서 있는 것이 참 대단하다는 생각이 든다. 마치 위대한 로마의 역사를 상처 입은 몸으로 증언하는 강인한 투사 같다고나 할까.

　로마는 뜻하지 않은 곳에서 가슴이 뭉클해지기도 하는 이상한 도시이다.

막센티우스의 바실리카를 본 다음, 다시 원래의 길로 돌아 나와 걷다 보면 출입문이 청동으로 된 원통형 작은 건물이 보인다. 이 건물에서는 이 청동 문이 유명한데, 박물관 출입문으로 쓰다 보니 열려 있을 때가 많아 제대로 감상하기 어려운 게 흠이다. 문에 특별한 문양이 있거나 한 것은 아니지만 아직도 1,700년 전 방식으로 문을 여닫는다니, 로마는 사소한 것으로도 사람을 놀라게 하는 도시가 분명하다.

이곳은 '로물루스 신전Tempio di Romolo/Temple of Romulus'으로, 포로 로마노에서 청동 문을 통해 들어가면 박물관이고, 포로 로마노 밖 황제들의 포룸 도로 쪽에서 들어가면 '성 코스마스와 성 다미아노 성당'이다. 두 건물은 붙어 있지만, 관람객이 박물관과 성당을 넘나들 수 없도록 막혀 있다. 성당은 무료 입장이고, 포로 로마노는 유료 입장인 까닭도 있지 않을까 싶다.

로마를 여행하면서 '로물루스'라는 이름을 듣는다면, 누구나 로마를 건국한 초대 왕 로물루스를 생각할 것이다. 그러니 이 신전도 그에게 봉헌된 것이라고 생각하기 쉽다. 나라를 세운 공을 생각한다면 신전 하나 정도는 지어줄 수도 있는 일이니까.

그러나 이 신전의 주인은 좀 뜻밖의 인물이다. 막센티우스의 바실리카에서 이름을 들었던 막센티우스가 10대 중반에 요절한 아들 발레리우스 로물루스를 위해 지은 신전이라니 말이다. 막센티우

1,700년 된 청동 문이 인상적인
로물루스 신전 외관

현재 박물관으로 쓰이고 있는
로물루스 신전 내부

스는 훗날 밀비우스 다리의 전투에서 매부인 콘스탄티누스 1세에게 패하여 목숨을 잃지만, 한때는 로마 제국의 공동 황제였다. 그러니 신전 하나쯤 세울 힘이 있었겠지만, 그게 10대 소년을 위한 신전이라니 어색하지 않은가.

신전이 무엇인가. 신에게 봉헌하는 신성한 건물이다. 더러 신이 아닌 인간을 위한 신전도 있기는 하지만(포로 로마노에도 여러 채 있지만), 그래도 소년이 주인인 신전은 이상하게 여겨진다. 그러나 그것이 가능했다는 데에서 우리는 로마인의 독특한 의식을 엿볼 수 있다. 그들은 신과 인간은 명확히 분리되는 것이 아니라, 인간도 자격을 갖추면 죽어서 신이 될 수 있다고 믿었다. 그런 믿음이 나중에 그리스도교와 충돌하는 원인이 되고, 그리스도교 초기에 로마 제국으로부터 박해받는 원인이 된다. 그리스도교는 하느님만이 유일한 신이라고 주장하는 반면, 로마인은 인간도 훌륭한 업적을 쌓으면 죽어서 신이 될 수 있다고 믿었으니 두 신앙 체계는 타협의 여지가 없었다.

특히 황제들로서는 몹시 기분 나빴을 것이다. 자신이 죽어서 신이 될 수 있는 가능성을 그리스도교도들이 부인하니 희망이 짓밟히는 기분이 들었겠지. 그래서일까, 로마 제국 역사상 가장 어진 황제로 꼽히는 다섯 명의 황제(오현제五賢帝) 중에서 세 명(트라야누스, 하드리아누스, 마르쿠스 아우렐리우스)이 그리스도교를 심하게 박해한 열 명의 황제에 포함된다. 자신은 훌륭한 황제이므로 신이 될 수 있을 거라고 기대하고 있는데, 그리스도교도들이 "인간은 절대로 신이 될 수 없다."고 하니 분노가 폭발하여 가혹한 탄압을 한 건 혹시 아닐까.

그런 문제와는 별도로, 막센티우스의 아들에게 봉헌된 신전은 아무리 생각해도 어색하기만 하다. 신전 건축보다는 덜하지만, 막센티우스가 죽은 아들을 주인공으로 한 여러 종류의 동전을 주조했다는 점도 놀랍다. 동전 앞면에는 앳된 얼굴의 로물루스가, 뒷면에는 청동 문과 둥근 지붕으로 미루어 볼 때 로물루스 신전이 분명한 건물이 새겨져 있다. 이것은 별다른 공이 없는 소년(아버지의 정치적 입지 강화를 위해 공동 집정관의 허명을 얻기는 했지만)에게는 과분한 처사가 아닐 수 없다.

그렇다면 신전 건축이나 동전 주조를 단순히 죽은 아들에 대한 아버지의 애틋한 사랑으로만 해석할 수는 없을 것 같다. 정치적 의도가 있는 건 아닌지 의심해 볼 수 있는 문제다.

권력욕이 강했던 막센티우스는 강한 군사력을 바탕으로 황위를 차지했지만, 주변 사정은 좋지 않았다. 사두정 체제(로마 제국을 동방과 서방으로 나눈 뒤, 각각 정제와 부제 4명이 나누어 통치하는 체제) 하에서

막센티우스 황제 때 주조된 로물루스 동전

아피아 가도의 발레리우스 로물루스 영묘

서방 정제인 발레리우스 세베루스의 사위가 되어 권력에 접근한 다음 장인을 죽였고, 권력 다툼 끝에 아버지 막시미아누스를 축출했으며, 매부인 콘스탄티누스 1세와 대립했다.

이런 상황에서 막센티우스가 선택한 정치적 승부수는 죽은 아들을 신격화하는 것이었다. 아들이 신이면, 신의 아버지 또한 신성한 존재가 될 테니까. 부디 백성들이 신성한 존재의 과오를 덮어주고 오직 경배만 바치기를 바라면서 말이다. 막센티우스가 죽은 로물루스를 위해 거대한 영묘를 지은 것도 평범한 일은 아니다. 로마 남동쪽 아피아 가도에 자리 잡은 로물루스의 영묘는 규모가 대단해 소년이 묻히기에는 분에 넘친다는 생각이 든다.

그러나 신전을 지은 때로부터 불과 2년 뒤인 312년에 밀비우스 다리의 전투에서 콘스탄티누스 1세에게 패해 익사하였다는 기록을 끝으로 막센티우스는 역사에서 사라진다. 신의 아버지란 유세도 별 효과가 없었던 모양이다. 로물루스 신전에서는 죽은 아들을 이용해 정치적 이득을 얻고자 했던 한 인간의 몸부림을 느낀다.

로물루스 신전을 본 다음, 앞으로 조금만 가면 '안토니누스와 파우스티나 신전Tempio di Antonino e Faustina/Temple of Antoninus and Faustina'이 나온다. 로마 제국 오현제 중 네 번째 황제인 안토니누스 피우스와 그의 부인 파우스티나에게 봉헌된 신전이다.

앞서 로물루스 신전에서 알아보았듯이, 로마인은 인간도 살아생전에 쌓은 공덕에 따라 신이 될 수 있다고 믿었다. 막센티우스의 아들 로물루스는 신전을 봉헌 받을 만한 합당한 이유가 없기에 의아하게 여겼던 것이고, 안토니누스 피우스라면 딱히 이상할 것은 없다. 황제들 중에는 신전을 봉헌 받은 이가 여럿 있으니 말이다.

다만 이 신전은 먼저 세상을 떠난 황후 파우스티나를 위해 지었고, 나중에 황제가 사망하자 합사했다는 점이 다른 황제들의 경우와 다르다고 할 수 있다. 황후로서 신전을 봉헌 받은 예는 별로 없을 텐데, 안토니누스가 아내를 각별히 사랑하였기 때문에 가능한 일이었을 것이다. 정략결혼이 흔하여 부부간에도 모략과 배신이 난무하던 시절에 먼저 세상을 떠난 아내를 위해 신전을 지은 안토니누스 피우스는 참으로 다정한 인물이었던 듯하다. 그의 이름 뒤에 붙는 '피우스'는 '경건한 자'라는 뜻으로 원로원에서 바친 것이라고 한다. 그는 그런 수식어를 받을 만한 자격이 충분한 사람이었다.

황제 부부의 각별한 금슬을 생각하면서 이 신전을 바라보다 보면 뭔가 이상한 점이 발견된다. 건물 앞에 서 있는 여섯 개의 기둥

안토니누스와 파우스티나 신전

안토니누스 피우스가 죽기 전까지 발행했다는 금화
부인을 그리워하는 황제의 애틋한 마음이 깃들어 있다.
앞면에는 파우스티나의 초상이, 뒷면에는 케레스(그리스 신화의 데메테르) 여신이 부조되어 있다.
당시 파우스티나 황후는 유노(그리스 신화의 헤라)나 케레스와 동일시되었다고 한다.

과 그 뒤에 보이는 건물이 영 조화롭지 못한 것이다. 앞의 기둥은 일반적인 신전에서 볼 수 있는 것이다. 포로 로마노 안에도 사투르누스 신전이나 카스토르와 폴룩스 신전에 그런 기둥들이 남아 있다. 그러나 기둥 뒤의 건물은 아무리 봐도 로마 제국 시대의 것이 아니다. 바로크 양식, 즉 17세기 이후에 나타나는 양식의 건물이 신전 안에 들어서 있다. 이건 어떻게 된 일일까.

최초의 안토니누스와 파우스티나 신전은 보편적인 신전 형태였던 것으로 보인다. 1575년에 그려진 그림을 보면 오른쪽에 로물루스 신전이, 왼쪽에 안토니누스와 파우스티나 신전이 보인다. 아마도 제2차 로마 대약탈(1527년)로 포로 로마노가 파괴된 후의 상황을 담은 것으로 보이는데, 지붕이 파괴된 상태이긴 하지만 신전의 기본 형태를 갖추고 있다. 하여간 이 그림 속 신전은 현재의 모습과 확연히 다르다.

1748~1778년에 그려진 그림에는 현재와 같은 신전이 보인다. 이 그림이 그려질 당시에는 원래의 신전 내부가 파괴되고, 그 안에 새로운 건물이 세워졌다는 의미이다. 이때 앞의 기둥을 남겨두어 지금과 같은 기형적인 모습이 된 것이다. 신전 안에 들어선 바로크 양식의 건물은 '산 로렌초 인 미란다 성당Chiesa di San Lorenzo in Miranda'으로, 11세기경에 신전을 교회로 전환하여 사용하였다. 현재와 같은 바로크 양식으로 재건축된 것은 1602년의 일이었다.

성당을 지으며 신전 기둥을 남겨놓은 이유는 알 수 없지만, 굳이 이 자리에 로렌초 성인에게 봉헌된 성당을 지은 까닭은 분명하다.

에티엔 뒤페락, <파괴된 안토니누스와 파우스티나 신전> (1575년)

조반니 바티스타 피라네시, <안토니누스와 파우스티나 신전> (1748~1778년)

바로 이 자리에서 로렌초가 재판 결과 유죄판결을 받았기 때문이다. 로렌초와 관련된 성당이 이곳 말고도 로마에 여러 군데 있는데, 그가 순교할 당시 사용되었다고 믿어지는 석쇠가 '산 로렌초 인 루치나 성당'에 있고, 그때 사용되었다고 전하는 화덕은 '산 로렌초 인 파니스 페르나 성당'에 보관되어 있다. 그리고 그의 무덤 위에 세운 성당이 '성 밖의 산 로렌초 성당'이다.

로렌초(라우렌시오, 225~258년)는 초기 교회 당시 로마의 부제로서 신도들을 이끌었으며, 발레리아누스 황제(253~260년 재위) 때 순교하였다. 발레리아누스는 그리스도교를 가장 가혹하게 탄압한 10명의 황제 중 한 사람으로, 교황 식스투스 2세조차 순교할 정도로 엄혹한 시기였다. 로렌초는 식스투스 2세를 보좌하는 수석 부제였다고 한다. 로렌초는 석쇠 위에서 불에 태워지는 처형 방식으로 순교했는데, 죽어가면서 "이쪽은 다 구워졌으니 뒤집어라."라는 말을 했다고 전한다. 그래서 그의 상징물은 석쇠이다.

안토니누스와 파우스티나 신전 안에 들어선 산 로렌초 인 미란다 성당에는 그의 순교 장면을 그린 성화가 있다고 하는데, 현재는 출입을 막기 때문에 확인할 수 없다. 그의 순교 장면을 그에게 봉헌된 피렌체 산 로렌초 성당의 벽화로 확인해 보자.

안토니누스 피우스는 그리스도교에 우호적인 황제였다. 그의 전임 황제인 트라야누스와 하드리아누스, 그리고 후임 황제인 마르

피렌체 산 로렌초 성당 벽에 그려진 <산 로렌초의 순교>

쿠스 아우렐리우스는 로마 제국 역사상 드물게 어진 정치를 펼쳤다
고 일컬어지지만, 그리스도교에 관한 한 더없이 가혹했다. 그와는 달
리 안토니누스는 그 당시로는 이례적으로 그리스도교도에 대한 박
해를 금지시켰다고 한다. 그러니 자신 부부의 신전에 제국으로부터
박해받아 순교한 산 로렌초를 위한 성당이 들어선 것을 서운하게 생
각하지 않을지도 모른다는 실없는 생각을 해본다.

안토니누스와 파우스티나 신전 왼쪽으로 주춧돌이 줄지어 늘어선 '바실리카 아이밀리아Basilica Aemilia' 터가 있다. BC 179년에 처음 건립된 바실리카 풀비아를, BC 78년에 아이밀리우스 가문이 재건하면서 바실리카 아이밀리아로 불리게 된 이 건물터는 전형적인 바실리카 구조를 보여준다. 포로 로마노의 건축물 중에서도 비교적 이른 시기에 들어선 건물로 바실리카 본연의 기능을 충실히 수행했지만, 410년에 있었던 서고트족의 침략 때 파괴된 후 재건되지 못했다.

바실리카 아이밀리아 유적 끝에 보이는 온전한 건물은 '쿠리아 율리아Curia Julia('율리우스의 회의장'이란 뜻)'로, 율리우스 카이사르가 원로원 회의장으로 짓기 시작했으므로 그렇게 부른다. 그러나 완공되기 전에 그는 암살당했고, 후계자인 아우구스투스가 마무리한 뒤 카이사르를 명예롭게 하기 위해 이름을 쿠리아 율리아로 붙여 현재에 이르고 있다. 지금의 건물은 디오클레티아누스 시대에 재건한 것을 1930년대에 복원하였으므로 포로 로마노에 있는 건물 중에서는 이질적일 만큼 온전한 형태를 갖추고 있다.

쿠리아 율리아 너머로 보이는 개선문이 '셉티미우스 세베루스 개선문Arco di Settimio Severo/Arch of Septimius Severus'이다. 셉티미우스 세베루스 개선문은 195~199년에 로마 군대가 파르티아(이란 북동부 지역을 통치했던 고대 왕국)와의 전쟁에서 승리한 것을 기리기 위해 203년에 세워졌으며, 셉티미우스 세베루스 황제와 그의 두 아들 카라칼라

바실리카 아이밀리아 터

셉티미우스 세베루스 개선문

와 게타에게 봉헌되었다. 개선문 중앙 아치 양쪽에 전쟁 장면을 사실적으로 묘사해 놓은 것은, 그렇게 치열하게 싸워 거둔 승리임을 자랑하기 위함일 것이다.

앞에서 보았던 티투스 개선문과 이 개선문의 가장 큰 차이점은 아치의 숫자다. 티투스 개선문은 아치가 하나이고, 셉티미우스 세베루스 개선문은 세 개이다. 후대로 갈수록 과시적 공명심 때문에 개선문의 크기가 커지고 아치의 수가 늘어나는 경향이 있음을 포로 로마노에 있는 두 개의 개선문만 비교해 보아도 알 수 있다.

티투스 개선문과 마찬가지로 이 개선문도 지금은 꼭대기에 아무것도 남은 것이 없지만, 처음에는 조각상이 설치되어 있었을 것이다. 개선문에는 사두마차를 모는 개선의 주인공을 청동으로 조각해 설치하는 경우가 많았는데, 청동은 귀한 재료이고 다른 무기로 재활용하기 쉬웠으므로 대부분 약탈당해 로마 제국 시절의 개선문에는 남아 있는 것이 없다. 그러므로 셉티미우스 세베루스 개선문에 그런 장식이 사라진 것은 이상할 것이 없다. 다만 기록화로 미루어 볼 때, 이 개선문의 장식은 특이한 점이 있었다. 말이 네 마리가 아니라 여섯 마리이고, 마차를 모는 이가 한 사람이 아니라 두 사람, 혹은 세 사람이라는 점이다. 아마도 두 사람인 경우는 황제의 두 아들 카라칼라와 게타이고, 세 사람인 경우는 황제와 두 아들로 보인다. 어쨌든 이것은 다른 개선문에서 찾아보기 힘든 특징인데, 이 개선문이 황제와 그의 두 아들을 위해 세워진 것과 상관있을 것이다.

그러면 이 개선문에는 왜 이런 특이한 조각상이 설치되었던

중앙 아치 양쪽에 부조로 새겨진 파르티아와의 치열한 전투 장면

셉티미우스 세베루스 개선문 상상도
왼쪽 그림은 말을 모는 이가 두 명이고, 오른쪽 그림은 세 명이다.

것일까? 이 문제에 대한 답은 셉티미우스 세베루스 황제의 가정사에서 찾을 수 있다.

다섯 명의 어진 황제 시대를 끝장낸 것은 마르쿠스 아우렐리우스 황제의 친아들인 콤모두스였다. 그는 폭정을 일삼다가 살해당했고, 그 뒤를 이은 네 명의 황제(페르티낙스 3개월 재위, 디디우스 율리아누스 3개월 재위, 페스켄니우스 니게르 11개월 재위, 클로디우스 알비누스 3년가량 재위)도 모두 암살당했다. 몇 년 동안 혼란이 지속된 것이다. 그다음에 황제가 된 이가 셉티미우스 세베루스였다. 그는 당시로서는 매우 드물게 자연사하는 복을 누렸는데, 그의 뒤를 이은 황제들은 거의 대부분 암살당했고, 전사하거나 자살한 경우는 그나마 명예로운 편이었다. 황제가 자연사(병사 포함)하는 것이 희귀한 사례가 될 정도로, 로마 제국 황제의 자리는 칼날 위에 놓인 형국이었다.

셉티미우스 세베루스가 18년 동안 재위(193~211년)한 뒤 자연사할 수 있었던 것으로 보아 그는 부하들과 시민들의 지지를 받은 황제였던 것으로 보인다. 그런 자신감에서였는지 그는 두 아들 카라칼라와 게타를 공동 후계자로 정한다. 장자 세습이 상식이던 당시에, 이는 평범한 결정이 아니었다. 백성들이 자신의 얼굴을 보아서라도 두 아들 모두를 황제로 받아들여 줄 거라고 생각한 것은 아닐까 싶다. 셉티미우스 세베루스 개선문에 두 아들이 여섯 마리의 말이 끄는 마차를 나란히 타고 있는 특이한 조각상을 설치한 까닭은, 사람들에게 자신의 두 아들이 공동 후계자임을 인식시키고자 함이었을 것이다. 부정 깊은 아버지로서 두 아들 중 하나(아마도 작은아들 게타)가 소외되는 걸 막기 위해서였을 텐데, 그의 그런 결정은 도리어 게타의 불행을 불렀다.

권력은 부자간에도 나눌 수 없다고 한다. 하물며 형제간에 나누는 것이 쉽겠는가. 아버지가 죽은 뒤 카라칼라는 동생 게타를 죽인다. 권력 다툼 끝에 부자간에, 혹은 형제간에 죽고 죽이는 비극이 역사상 드문 일은 아니지만, 카라칼라는 동생 게타를 어머니 줄리아 돔나가 보는 앞에서 살해했다고 하니 잔인한 성정을 엿볼 수 있다.

정치적으로는 다소의 업적을 남겼는지 모르겠지만, 카라칼라는 결국 부하들에게 암살당하며 폭군으로 역사에 이름을 남겼다. 두 아들이 사이좋게 역사에 아름다운 이름을 남기길 바랐을 셉티미우스 세베루스의 바람은 헛된 것이 되어버렸다. 그가 할 수 있는 일은 개선문 위에 두 아들의 모습을 새겨놓는 것까지였다.

셉티미우스 세베루스 황제 가족 초상화
셉티미우스 세베루스 황제 생전에 그려졌을 이 화목한 가족 초상화는 카라칼라가
동생 게타의 얼굴을 지운 것 때문에 도리어 골육상잔의 비극을 증언한다.

섭티미우스 세베루스 개선문과 카피톨리니 언덕 사이에 건물 잔해조차 변변히 남아 있지 않은 신전 터가 있다. 안내판에 따르면, 이곳이 바로 로마 신화 속 조화와 협력의 여신에게 봉헌된 '콩코르디아 신전Tempio della Concordia/Temple of Concordia'이 있던 곳이다.

콩코르디아는 결혼이나 사회에 있어 화합과 일치의 상징이었고, 의미가 확장되어 화합과 일치를 바탕으로 한 평화와 안정을 상징했다. 작게는 부부 및 가족간의 화합을, 크게는 정치 세력이나 나라 사이의 화합을 이끌어주는 여신이니, 유럽 대륙 대부분을 정복하면서 팍스 로마나Pax Romana(로마의 평화)를 추구했던 로마 제국에는 꼭 필요한 존재였다. 그뿐만 아니라 콩코르디아는 풍요의 뿔을 들고 있는 모습으로 표현되곤 했는데, 이는 그녀의 보살핌으로 풍요로운 삶을 누릴 수 있다는 믿음을 반영한다. 풍요로우면서 평화로운 삶은 어느 시대나 소망하는 바가 아닌가.

콩코르디아 신전이 포로 로마노에 처음 세워진 것은 BC 367년의 일이고, 여러 차례 개축된 것으로 보인다. 유적의 면적으로 보나 신전을 묘사한 그림 자료로 보나, 콩코르디아 신전의 규모는 그리 크지 않았던 것 같다. 그러나 콩코르디아를 위한 신전을 짓고, 그녀에게 평화와 풍요를 빌었던 로마인의 마음은 결코 작지 않았을 것이다.

콩코르디아 신전 터

풍요의 뿔을 들고 있는
콩코르디아

주변 건물들 사이에 있는 콩코르디아 신전 상상도

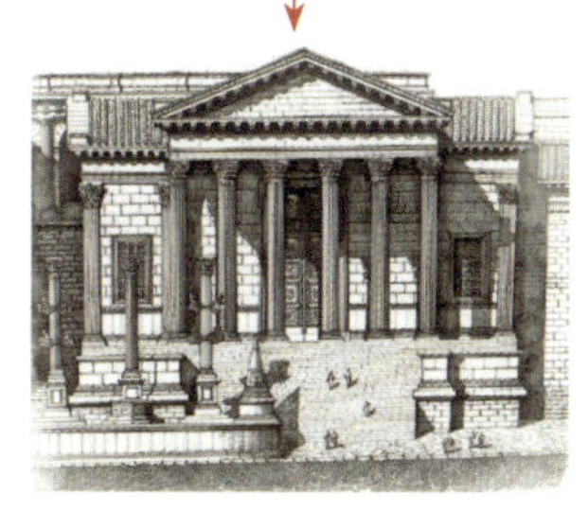

콩코르디아 신전 상상도

콩코르디아 신전 왼쪽으로 코린트 양식의 기둥 세 개가 남아 있는 건물터가 있다. 로마 제국 황제 중 가장 운이 좋았다고 앞에서 말했던 베스파시아누스와 가장 불운했다고 할 수 있는 티투스에게 봉헌된 신전이다. 대개는 '베스파시아누스 신전Tempio di Vespasiano/Temple of Vespasian'이라고 한다.

베스파시아누스는 평민 출신으로 황제가 되었고, 평온하게 자연사했으며, 두 아들이 다 황제가 된 점에서 운이 좋았다고 말했다. 거기에 하나를 추가하자면, 죽어서 신격화된 점도 있다. 신전을 봉헌받는다는 것은 생전의 업적을 인정받아 신으로 대접받는다는 의미이다. 인간이 누릴 수 있는 최고의 영예인 것이다. 게다가 그는 포로 로마노에 있는 신전뿐만 아니라 폼페이와 에페소스에도 신전이 있었다. 에페소스의 신전은 아들 도미티아누스가 생전에 자신을 위한 신전을 자신의 손으로 지었지만, 폭군으로 몰려 암살당한 뒤 아버지 베스파시아누스에게 이름을 빼앗긴 경우라 좀 찜찜하기는 할 것이다. 그래도 어쨌든 당시 사람들이 베스파시아누스에게 신전을 양도하는 걸 거리끼지 않았다는 의미로 해석되니, 그는 두루두루 운이 좋은 사람이었던 셈이다.

포로 로마노의 베스파시아누스 신전은 죽은 아버지를 위해 아들 티투스가 짓기 시작했으나 완공을 보지 못하고 티투스마저 세상을 떠나고 만다. 티투스는 그리 크지 않은 신전 하나를 완공하지

베스파시아누스와 티투스 신전

폼페이의 베스파시아누스 신전

에페소스의 베스파시아누스 신전

못할 정도로 재위 기간이 짧았던 것이다. 결국 이 신전은 티투스의 뒤를 이어 황제가 된 동생 도미티아누스가 완공한 다음 티투스까지 포함해 봉헌했으므로 정식 명칭은 '베스파시아누스와 티투스 신전 Tempio di Vespasiano e Tito/Temple of Vespasian and Titus'이다.

스테파노 델라 벨라, <베스파시아누스 신전>
(기둥이 깊이 묻힌 모습)

작자 미상, <베스파시아누스와 티투스 신전>
(원래의 신전 모습 상상화)

　　서로마 제국이 멸망한 뒤 로마는 옛 영광을 잊고 점차 퇴락해 간다. 특히 포로 로마노는 그런 로마의 서글픈 역사를 증명하는 곳이 된다. 파괴된 포로 로마노를 그린 그림 속에서 베스파시아누스 신전의 기둥이 흙에 깊이 묻힌 것을 원래의 신전 모습과 비교해 보면 세월이 무상함을 새삼 느끼게 된다. 그나마 현재만큼이라도 정비가 되었으니 다행이다.

　　어쨌거나 로마는 온전한 건축물보다 무너지고 깨어진 유적에서 더 깊이 있고 진솔한 역사 이야기를 들을 수 있는 곳이니, 베스파시아누스 신전 터에서는 그런 이야기에 잠깐 귀를 기울이다 떠나는 것이 어떨까.

8 사투르누스 신전

베스파시아누스와 티투스에게 봉헌된 신전 앞에 '사투르누스 신전 Tempio di Saturno/Temple of Saturn'이 있다. 우람한 이오니아식 기둥들이 원래 신전의 규모를 짐작하게 하는 유적이다.

지금까지 본 로물루스 신전, 안토니누스와 파우스티나 신전, 베스파시아누스와 티투스 신전은 인간에게 봉헌된 곳이며, 콩코르디아 신전과 사투르누스 신전은 신에게 봉헌된 진짜 신전이다. 이 신전을 봉헌 받은 사투르누스는 어떤 신인지 궁금하다.

사투르누스 신전

그리스 신화는 태초에 스스로 생겨난 대지의 여신 가이아가 하늘 신 우라노스를 만드는 것으로 시작된다. 두 신은 따지고 보면 어머니와 아들 사이이지만, 천지간에 오직 둘 뿐이었으므로 결혼하였고 그들 사이에서 많은 자식이 태어난다. 크로노스는 그들 부부의 막내아들로, 우라노스의 폭정에 불만을 품은 가이아의 요청으로 우라노스를 거세한다. 그후 우라노스는 신화에서 사라지고, 우라노스가 비운 자리에는 크로노스가 올라선다.

크로노스는 남매 사이인 레아 여신과 결혼하는데, 부인이 임신할 때마다 불안해한다. 자신이 아버지를 축출했듯이, 자신 또한 자식들에게 쫓겨날까 봐 두려웠기 때문이다. 그리하여 크로노스는 부인이 자식을 낳으면 삼켜버린다. 어쩌면 자기 자리를 위협할지 모르는 자식을 뱃속에 가둠으로써 문제가 생길 여지를 원천 봉쇄해 버린 것이다. 레아가 낳은 포세이돈, 하데스, 데메테르, 헤라, 헤스티아는 그렇게 태어나자마자 아버지 뱃속으로 들어가는 신세가 된다. 그러자 레아는 불만을 갖게 되었고, 여섯 번째 아이가 태어났을 때는 남편을 속이고 뒤로 빼돌린다. 갓난아기 크기의 돌을 천에 감싸 남편에게 주며 그게 새로 태어난 아기라고 거짓말한 것이다. 크로노스는 늘 그랬듯이 레아가 주는 아기(라고 믿은 돌)를 삼켜버린다.

어머니 레아 덕분에 아버지 뱃속으로 들어가는 신세를 면한 크로노스의 여섯째 자식이 바로 제우스이다. 아버지의 눈길이 닿지 않는 곳에서 청년으로 자란 제우스는 신분을 속이고 아버지의 시종이 되어 토하게 하는 성분이 섞인 음료수를 계속 권한다. 워낙 미량

페테르 파울 루벤스, <사투르누스>
크로노스(로마 신화의 사투르누스)는 갓 태어난 자식을 삼켜버린다.

이라 눈치채지 못하고 제우스가 주는 음료수를 마신 크로노스는 결국 그동안 먹은 것을 다 토해내게 된다. 그가 토해낸 것 중에는 다섯 명의 자식도 있었다.

자식에게 쫓겨날까 봐 두려워했던 크로노스의 예감은 맞았다. 제우스가 세상 밖으로 나온 형제들과 힘을 합쳐 크로노스를 축출하고 하늘 신 자리를 차지했기 때문이다. 그리스 신화 속에서 크로노스는 그렇게 자취를 감춘다.

그런데 그리스 신화를 받아들인 로마 신화에서 크로노스는 사투르누스란 새로운 이름으로 다시 등장한다. 그것도 '농경의 신'이란 비중 있는 역할을 맡아서 말이다. 농경 국가였던 로마에서 농경의 신은 매우 중요하므로, 매년 수확이 끝나면 제일 먼저 곡물을 봉헌 받는 영광을 누렸다고 한다. 크로노스가 농경의 신 사투르누스로 신분 세탁을 할 수 있었던 까닭은, 그의 상징물이 낫이란 점이 결정적이었을 것이다. 크로노스는 아버지를 거세할 때 쓴 커다란 낫을 상징물로 가졌는데, 로마인들은 그 낫을 농작물을 수확할 때 쓰는 낫으로 이해한 것이다.

● 야콥 빙크, 〈자식을 삼키는 사투르누스〉
●● 야콥 마섬, 〈사투르누스〉
자식을 삼키는 크로노스가 커다란 낫을 들고 있는데, 이는 우라노스를 거세할 때 사용한 것으로 그의 상징물이다.

사투르누스가 로마인에게 사랑받고, 중요한 신으로 대접받았다는 사실은 신전의 웅장한 규모만 보아도 알 수 있다. 게다가 이곳 지하에는 국고(에라리움aerarium)가 보관되어 있었다고 한다. 우리로 치면 한국은행에 해당하는 셈이다. 중요한 신전이니 국고를 보관했을 테고, 국고가 보관된 곳이니 더욱 중요하게 여겨졌을 것이다.

웅장한 신전을 봉헌 받은 것으로 사투르누스의 위세는 끝난 게 아니다. 토요일을 뜻하는 영어 단어 'Saturday'와 토성의 영어식 표현인 'Saturn'이 다 그의 이름에서 비롯되었다. 우리나라에서 Saturday에 해당하는 날을 '토요일(土曜日)'이라고 하고, Saturn에 해당하는 행성을 '토성(土星)'이라고 하는 것은, 사투르누스가 농경의 신인 것과 관련 있는 듯해 절묘하다. 농경이라는 것은 흙(土)에서 이루어지는 일이니 말이다.

아무튼 로마로 와서 이런 후한 대접을 받았으니, 사투르누스에게는 그리스 신화에서 쫓겨난 것이 오히려 전화위복이 된 셈이다.

사투르누스 신전을 본 다음 티투스 개선문이 있는 방향으로 가다 보면 오른쪽으로 열주 흔적이 남아 있는 바실리카 율리아가 있고, 그 맞은편에 말 탄 병사가 부조된 흰색 돌판이 보인다. 이곳은 '라쿠스 쿠르티우스Lacus Curtius'로, 마르쿠스 쿠르티우스가 자신을 희생해 로마를 구했다는 이야기가 전하는 곳이다.

BC 4세기경의 어느 날, 로마에 심한 번개가 치더니 현재의 라쿠스 쿠르티우스 자리에 갑자기 깊고 커다란 구덩이가 생겨났다. 그것을 불길하게 여긴 사람들이 흙을 퍼다가 메우려 노력했지만, 전혀 효과가 없었다. 불안해진 사람들은 신전으로 달려가 신탁을 청했고, 그 결과 나온 것이 '로마에서 가장 귀중한 것을 넣어야만 구덩이가 메워질 것'이라는 말이었다. 사람들은 모여서 신탁을 해석하기 시작했다. 과연 로마에서 가장 귀중한 것은 무엇일까. 금은보화가 답이라고 확신하는 사람들이 먼저 패물을 모아 구덩이 안으로 던졌다. 그러나 구덩이는 메워지지 않았다. 다급해진 사람들은 각자 귀중하다고 생각되는 것들을 들고나와 구덩이에 던졌지만, 아무 소용 없었다. 그러자 사람들 사이의 불안감은 더욱 커졌고, 민심은 흉흉해지기만 했다.

그때 마르쿠스 쿠르티우스란 청년은 다른 각도에서 생각했다. '로마에서 가장 귀중한 것이 과연 물질일까? 로마를 지키고, 로마의 미래를 밝힐 수 있는 것이야말로 귀중한 것이 아닐까?' 그는 로마에

라쿠스 쿠르티우스
말 탄 병사가 부조된 흰색 돌판이 세워져 있다. 원본은 카피톨리니 박물관에 있다.

가장 필요하고 귀중한 것은, 로마를 지킬 수 있는 무기와 로마를 위해 희생할 수 있는 젊은이의 용기라고 판단했다. 자신이 그런 역할을 하겠다고 결심한 그는 무장武裝을 갖춘 후 백마를 타고 구덩이 속으로 뛰어들었다. 그러자 구덩이는 흔적 없이 사라지고, 그곳에 물이 고이기 시작했다.

사람들은 그곳을 마르쿠스 쿠르티우스의 이름을 따서 라쿠스 쿠르티우스라고 불렀다. '쿠르티우스의 호수'라는 뜻이었다. 그 뒤로 마르쿠스 쿠르티우스의 희생정신을 기리는 의미로 사람들은 그곳에 동전을 던지기 시작했다고 전한다. 이상의 이야기가 라쿠스 크루티우스와 관련된 전승 중에서 제일 흥미로운 것이다.

세바스티아노 리치, <사비니 여인의 납치>

다른 버전의 이야기도 있다.

로물루스가 로마를 건국하고 얼마 되지 않아, 사비니 여인들을 신부로 맞기 위해 납치해 온 일이 있었다. 나라가 번성하기 위해서는 인구가 늘어나야 하는데, 당시 로마에는 남자들만 많아 인구 증가에 어려움이 있었기 때문이다. 여인들을 빼앗긴 사비니족이 가만있을 리 없으니 당연히 두 종족 간에 전쟁이 일어났다. 그 전쟁에서 마지막 전투가 벌어진 곳이 바로 현재의 포로 로마노 자리였다고 전한다. 사비니족의 전력이 더 강해 로마군이 열세에 놓였는데, 그때 로물루스가 유피테르(그리스 신화의 제우스)에게 맹세하기를 "우리가 승리할 수 있도록 도와주신다면 반드시 신전을 바쳐 감사의 뜻을 표하겠습니다." 하였다. 유피테르의 도움이 있었는지 로마군이 승리를 거두었고, 사비니족의 장수 메티우스 쿠르티우스는 말을 탄 채 그곳에 있던 연못에 빠졌는데, 그곳을 사람들은 라쿠스 쿠르티우스라고 하였다.

두 번째 이야기도 흥미롭기는 하지만, 로마인에게는 아무래도 첫 번째 버전이 더 의미 있게 느껴졌을 것이다. 그렇기 때문에 로마 제국의 후예들이 그린 그림에는 대부분 마르쿠스 크루티우스가 말을 탄 채 구덩이 속으로 뛰어드는 모습으로 표현되었다.

피에르 조셉 세레스틴 프랑수아, 〈마르쿠스 쿠르티우스의 죽음〉

그렇다면 라쿠스 쿠르티우스에 설치된 부조 속 젊은이는 마르쿠스 쿠르티우스일 것이다. 부조 속 말의 고개가 숙여진 것은 구덩이 속으로 뛰어들고 있다는 의미로 해석된다. 참고로, 이 부조 원본은 카피톨리니 박물관에 보관되어 있다.

사족 하나를 덧붙이자면, 포로 로마노에 접한 카피톨리니 언덕에는 로마 왕정 당시인 BC 509년에 세워진 웅장한 '유피테르 옵티무스 막시무스 카피톨리누스 신전Tempio di Giove Ottimo Massimo'이 있었다고 전한다. 그게 혹시 두 번째 버전에 나오는 로물루스의 약속에 따라 지어진 것은 아니었을까 하는 궁금증이 문득 생긴다. 로물루스가 완공하지는 못했더라도 유피테르와의 약속을 지켜야 한다는 그의 뜻이 반영된 신전일 수 있지 않을까.

카피톨리니 박물관에 소장된 <구덩이 속으로 뛰어드는 마르쿠스 쿠르티우스> 부조 원본

카피톨리니 언덕에 세워진 유피테르 신전 상상도

BC 170년경에 티베리우스 셈프로니우스 그라쿠스가 지은 공회당 건물(바실리카 셈프로니아)이 있던 자리에 BC 54년에 율리우스 카이사르가 새로운 건물을 짓기 시작했다. 그러나 그는 건물이 완공되기 전인 BC 44년에 암살당했으므로 그의 후계자인 아우구스투스가 마무리한 뒤 율리우스 카이사르에게 헌정했다. 그래서 이 건물의 이름은 바실리카 율리아Basilica Giulia/Basilica Jiulia(율리우스 카이사르의 바실리카)가 되었다. 라쿠스 쿠르티우스 맞은편에 '바실리카 율리아' 유적이 있다.

포로 로마노에는 세 개의 바실리카 유적이 있다. 앞에서 살펴보았던 막센티우스의 바실리카와 안토니누스와 파우스티나 신전 옆에 있는 바실리카 아이밀리아, 그리고 지금 살펴보는 바실리카 율리아가 그것이다. 그중 그나마 건물 형태가 많이 보존된 것은 후대에 지어진 막센티우스의 바실리카이고, 바실리카 아이밀리아와 바실리카 율리아는 변변히 남은 기둥조차 없는 지경이다.

그러나 바실리카 율리아의 경우, 옛 그림이나 현대 기술로 복원한 이미지로 미루어 볼 때 2층으로 지어진 웅장한 건물이었던 것 같다. 로마식 아치가 많이 사용되었던 것으로 보인다는 이야기는 앞에서 로마네스크 양식을 설명할 때 언급했다.

바실리카 율리아 유적

바실리카 율리아 상상도
●주변 건물 속의 바실리카 율리아
●●3D 기술로 복원한 바실리카 율
리아 이미지

문득 '이렇게 웅장한 건물을 짓기 시작한 카이사르를 바라보는 로마 시민들의 시선은 어땠을까?' 하는 생각이 든다. 그것도 하필 바실리카 셈프로니아를 철거하고, 그 자리에 자신의 권세를 과시하는 건물을 지었으니 말이다.

바실리카 셈프로니아를 지었던 티베리우스 셈프로니우스 그라쿠스(BC 217년경~BC 154년경)는 공화정 당시의 군인이자 정치인이었다. 두 번이나 집정관에 임명되었고, 군인으로서도 여러 차례 승리를 거둔 유능한 인물이었다. 그의 부인은 제2차 포에니 전쟁을 승리로 이끈 스키피오 아프리카누스의 딸 코르넬리아 아프리카나였으며, 당시 로마인은 그녀를 현모양처의 대명사로 생각했다고 한다. 그런 그들 부부를 로마 시민들이 사랑하고 존경한 것은 당연한 일이 아닐까. 더구나 그들 부부의 두 아들 티베리우스 그라쿠스와 가이우스 그라쿠스는 흔히 '그라쿠스 형제'로 일컬어지는 이들로, 사회적 약자를 위한 개혁을 추진한 개혁가들이었다. 비록 기득권 세력인 귀족들의 저항에 막혀 죽임을 당하고 개혁은 실패로 돌아갔지만, 그들의 올곧은 인품과 약자를 보호하려는 선한 의지는 훗날 '고결한 로마의 양심'으로 여겨졌다.

바실리카 율리아를 짓던 당시는 그라쿠스 가문의 대가 끊긴 상태였다지만, 그래도 그런 고귀한 가문의 바실리카를 허물고 그 자리에 카이사르가 자신을 내세우기 위한 새로운 바실리카를 거대하게 짓는 것을 보면서 반감을 가진 사람들도 있지 않았을까.

안젤리카 카우프만, <그라쿠스 형제의 어머니, 코르넬리아>.
이웃집 부인이 보석을 자랑하면서 "당신은 어떤 보석을 갖고 있느냐?"라고 물었을 때, 그라쿠스
형제의 어머니인 코르넬리아는 자신의 자식들을 자랑스럽게 가리켰다고 한다.
이런 일화의 전승은 그라쿠스 가문에 대한 로마 시민의 우호적인 시각을 보여준다.

무소불위의 권력을 손에 쥔 그가 왕이 되려 한다는 오해를 사
공화정 지지자들에게 암살당한 것은 바실리카 율리아와 직접적인
관련이 없을 수 있다. 하지만 작은 빌미는 되지 않았을까 하는 생각
이 든다.

바실리카 율리아를 오른쪽으로 끼고 걸어가면 중요한 신전 터 세 곳이 나온다. 카이사르 신전 터, 카스토르와 폴룩스 신전 터, 베스타 신전 터가 그것이다. 오른쪽으로 우람한 기둥 세 개가 남은 곳이 카스토르와 폴룩스 신전 터이고, 그 앞쪽으로 보이는 자그마한 흰색 원형 건물 유적이 베스타 신전 터이며, 왼쪽에 신전 기단부만 남은 곳이 카이사르 신전 터이다.

그중에서 먼저 '카이사르 신전Tempio del Divo Giulio/Temple of Caesar' 터를 살펴보자. 이곳에는 부서진 기둥이나 주춧돌조차 남아 있지 않아 신전 터라는 걸 알아보기 어렵다. 신전 터에 세워진 표지판을 참고하여 짐작할 따름이다. 다만 카이사르를 화장한 곳이 신전 터에 접해 있어 사람들이 많이 찾는데, 그 뒤쪽의 벽돌 무더기처럼 보이는 곳이 카이사르를 위해 세운 신전이 있던 곳이다.

로마 공화정 말기의 최고 권력자였던 율리우스 카이사르는 BC 44년 3월 15일에 있은 원로원 회의 중 공화정 지지자들에게 암살당했다. 카이사르가 원로원 회의 중에 암살당했다고 하므로 포로 로마노에 있는 쿠리아 율리아에서 목숨을 잃은 것으로 생각할 수도 있지만, 그가 죽던 날 원로원 회의는 폼페이우스 극장에서 열렸으므로 쿠리아 율리아는 암살 현장이 아니다. 더구나 쿠리아 율리아는 아우구스투스 때 완공되므로 더더욱 카이사르 암살과는 상관이 없다. 폼페이우스 극장은 현재의 아르헨티나 광장에 있었는데, 굉장한 규

포로 로마노에서도 중요한 의미를 갖는 신전 세 곳이 모여 있는 곳

카이사르 신전 터

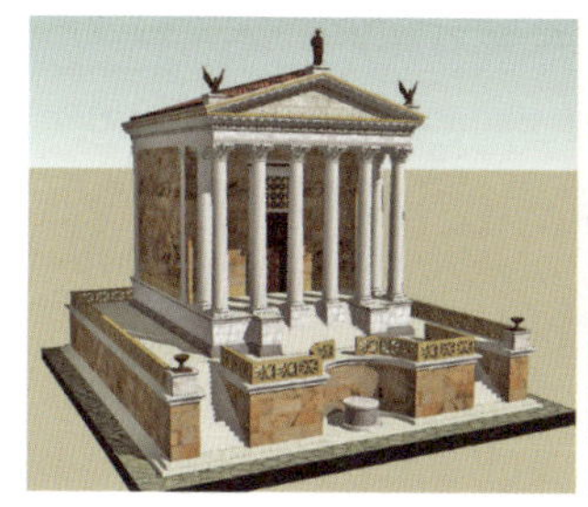

카이사르 신전 상상도

카이사르를 화장한 곳

모였다고 한다.

그러면 당시 최고 권력자였던 카이사르는 왜 암살당했을까? 그를 죽인 사람 중 하나인 마르쿠스 브루투스가 했다는 말, "나는 카이사르를 사랑했다. 그러나 로마를 더 사랑했다. 나는 그를 존경했지만, 그가 야심을 품었기에 죽일 수밖에 없었다."는 말은 무슨 의미였을까? 카이사르를 화장한 곳, 그리고 그를 위해 로마 시민들이 봉헌한 신전이 있던 곳에서 그의 죽음에 대해 생각해 보자.

로마 공화정 말기에 제1차 삼두정치가 등장한다. 세 명의 지도자를 내세워 서로를 견제하게 함으로써 한 사람이 권력을 독점하지 못하게 하려는 취지의 제도였다. 그러나 크라수스, 폼페이우스, 카이사르가 나눠 가졌던 권력은 점차 카이사르에게로 모이게 되었다. 그가 실질적인 최고 권력자가 되자 사람들은 그가 왕이 됨으로써 공화정이 무너지는 것은 아닌가 하는 의심을 하게 되었다.

공화정은 로마 역사에서 왕정의 폐단을 없애기 위해 찾아낸 선진적인 정치 제도였으므로, 카이사르가 공화정을 무너뜨리고 왕정으로 회귀하여 절대 권력을 행사하는 걸 받아들일 수 없었다. 카이사르의 총애를 받았던 마르쿠스 브루투스가 '은인을 죽인 배신자'라는 오명을 벗기 위해 내세운 논리는 "카이사르가 왕이 되려는 야심을 품었기에, 공화정을 지키기 위해 그를 죽일 수밖에 없었다. 나의 선택은 로마를 사랑하기 때문이었다."라는 것이었다.

로마인이 공화정이 무너지고 왕정으로 돌아가는 것을 꺼렸던 이유에 대해서는 카스토르와 폴룩스 신전에서 알아보기로 하고, 여기서는 카이사르의 죽음 뒤 로마는 어떻게 되었나를 살펴보자.

로마 시민들 앞에서 진심을 담아 외친 마르쿠스 브루투스의 연설은 먹혀드는 듯했다. 그러나 마르쿠스 안토니우스가 카이사르의 유언장을 공개하면서 분위기는 돌변한다. 카이사르가 유언장에 자신의 재산을 시민들에게 나눠주겠다고 적은 사실을 밝히고, 카이사르의 공적을 기리는 연설을 하자 여론이 암살자들을 배척하는 쪽으로 돌아선 것이다.

포로 로마노에 카이사르 신전이 들어선 것이 그런 분위기를 증명한다. 만약 암살자들의 주장이 받아들여졌다면, 카이사르는 권력욕에 눈이 멀어 공화정을 파괴하려 한 죄인으로 역사에 기록되었을 것이다. 그러나 그가 시민들로부터 신전을 봉헌 받았다는 것은 신으로 대접받아도 될 만큼 위대한 인물로 인정받았다는 뜻이다. 특히 카이사르가 유언장에 후계자로 적시한 옥타비아누스가 새로운 권력자로 떠오름으로써 카이사르는 '의롭지 못한 세력에게 억울하게 죽은 위대한 인물'로 인식될 수 있었다.

다만, 왕정으로 회귀하는 것이 두려워 공화정을 지키고자 카이사르를 암살했는데, 그의 후계자인 옥타비아누스는 훗날 황제로 등극해 로마 제정을 연다. 늑대가 무서워 쫓아냈는데 호랑이가 그 자리를 차지한 격이랄까. 이래서 역사의 흐름은 누구도 예측할 수 없는 것이다.

카이사르 신전 터를 등지고 앞을 보면 코린트 양식의 기둥 세 개가 우뚝 서 있는 게 보인다. 비록 남은 건 기둥 세 개뿐이지만, 원래의 건물이 얼마나 웅장했을지 짐작하기에 부족함이 없다. 그 정도로 존재감 있는 이곳은 '카스토르와 폴룩스 신전Tempio dei Dioscuri/Temple of Castor and Pollux'이 있던 유적이다.

카스토르와 폴룩스는 제우스의 쌍둥이 아들이다. 그래서 그들을 '디오스쿠리(제우스의 아들들)'라고도 한다. 제우스와 스파르타의 왕비 레다 사이에서 태어났는데, 그들의 탄생도 그리스 신화에서는 흥미로운 부분이다.

레다를 보고 한눈에 반한 제우스는 그녀에게 접근하는데, 그는 인간 여자에게 다가갈 때는 벼락 신 본래의 모습을 드러낼 수 없었다. 제우스의 본래 모습을 본다는 것은 인간 입장에서는 '벼락을 맞은 것'이 되기 때문이다. 제우스는 레다를 만날 때 백조로 몸을 바꾸었다. 그 장면을 예술가들이 흥미롭게 생각해 많은 작품을 남겼는데, 그림은 대개 백조와 젊은 여인이 함께 있는 모습으로, 조각은 젊은 여인이 백조를 품에 안고 옷자락으로 가리는 모습으로 표현했다. 그런 작품들에는 공통적으로 '레다와 백조Leda and the Swan'란 제목이 붙어 있다.

카스토르와 폴룩스 신전 터에 남은 세 개의 기둥
왼쪽 흰색 건물은 베스타 신전 유적이다.

지암베티노 시그나롤리, 〈레다와 백조〉

레다와 백조

백조로 변한 제우스와 사랑을 나눈 레다는 커다란 알 두 개를 낳았다. 거기서 아들 쌍둥이와 딸 쌍둥이가 태어나는데, 아들 쌍둥이가 바로 카스토르와 폴룩스이다. 딸 쌍둥이는 아들 쌍둥이보다 더 요란한 이야기를 남기는데, 트로이 전쟁의 원인이 되는 절세미인 헬레네와 그 전쟁에서 그리스 연합군 총사령관을 맡은 아가멤논의 부인인 클리타임네스트라가 그들이다.

헬레네와 클리타임네스트라에 대한 이야기는 다음을 기약하고, 여기서는 포로 로마노에 신전을 봉헌 받은 카스토르와 폴룩스에 대해 알아보자. 로마 시민들은 왜 그들에게 신전을 지어 바쳤을까? 제우스의 아들이니까? 천만에, 그럴 리가…. 제우스의 아들이란 이유만으로 신전을 지어주자면 로마 땅이 부족할지도 모른다. 제우스에게 아들이 좀 많아야지.

로마 시민들은 카스토르와 폴룩스에게 큰 은혜를 입었기에 감사의 뜻으로 신전을 지어준 것이다. 커다란 은혜였기에 신전도 웅장하게 지어준 것으로 보인다. 그러면 로마 시민들이 그들로부터 입었다는 큰 은혜는 어떤 것일까?

초대 왕 로물루스가 일곱 개의 언덕 사이에 나라를 세움으로써 로마 역사가 시작된다. 그렇게 왕정이 유지되다가 일곱 번째 왕 때 불미스러운 일이 발생한다. '거만한 왕'이라는 별칭을 가졌던 로마의 7대 왕 루키우스 타르퀴니우스 수페르부스는 인간성에 문제가 있었다. 아들이 없는 6대 왕 세르비우스 툴리우스의 장녀와 결혼하여 후계자가 된 다음에 처제와 눈이 맞아 부인을 버렸다. 그리고 장인을 죽인 다음 왕위를 차지했다. 더 큰 사고는 그의 셋째아들 섹스투스가 저지른다. 정숙하기로 이름 높았던 유부녀 루크레티아를 겁탈하는 만행을 저지른 것이다.

루크레티아는 일의 전말을 적은 유서를 남기고 자결하였고, 공개된 유서를 통해 루크레티아를 겁탈한 것이 왕의 아들이라는 걸 알게 된 로마 시민들은 분연히 일어나 왕을 축출한다. 아들이 그런 추악한 행동을 하여 백성들로부터 추방당했으면 부끄럽게 생각할 만도 하련만, 루키우스 타르퀴니우스 수페르부스는 백성들이 감히 왕을 몰아냈다는 사실을 받아들일 수 없었다. 그래서 에트루리아의 왕이었던 사위에게 군대를 빌려 로마로 진격한다.

로마 사람들은 왕을 미워하여 쫓아내기는 했지만, 이웃 나라의 강한 군대가 쳐들어오자 겁을 먹는다. 로마 시민군과 왕의 용병 군대는 레길루스 호숫가에서 전투를 벌였는데, 그때 백마를 탄 두 젊은이가 나타나 로마 시민군 편을 들어 용맹하게 싸워주었다. 그들 덕에 시민군은 승리를 거둘 수 있었다. 전투가 끝난 뒤 두 젊은이는 쏜살같이 포로 로마노로 달려가 초조해하고 있는 시민들에게 승전보를 전했다. 나중에 그 젊은이들이 제우스의 쌍둥이 아들이라는 사실을 알게 된 로마 시민들은 그들이 기쁜 소식을 전해주었던 자리에 장엄한 신전을 지어 봉헌함으로써 은혜를 갚았다.

아무튼 그런 일이 있은 후, 로마 시민들은 왕정을 폐지한다. 어질지 못한 왕은 나라의 재앙이 된다고 생각했기 때문이다. 그보다는 현명한 다수의 의견을 모아 국사를 결정하는 것이 낫다고 여겨 공화정을 채택했는데, 공화정 말기 카이사르가 절대 권력을 손에 쥐자 다시 왕정으로 돌아갈까 봐 두려워 카이사르를 암살한 것이다.

　　로마에서 카스토르와 폴룩스를 만날 수 있는 대표적인 곳으로 캄피돌리오 광장 입구와 퀴리날레 언덕의 대통령 궁 앞을 들 수 있다. 그들은 레길루스 호수의 전투에서 흰말을 타고 활약했으므로, 말과 함께 표현된다. 또한 로마 시대 동전에도 그들이 종종 등장하는데, 두 형제의 두상을 새기는 경우와 말을 타고 있는 모습을 새기는 경우가 있다. 어떤 모습이 동전에 나타나든지, 로마 사람들이 그들의 도움을 잊지 않고 감사해하는 마음을 담았다는 점에서는 공통된다고 할 수 있다.

　　그런데 위와 같은 설명을 들으면 문득 이런 생각이 들지 않는가. 백조로 변한 제우스의 사랑을 받은 레다가 낳은 알에서 카스토르와 폴룩스가 태어났다는 건 명백한 허구의 이야기(신화)이다. 그리고 로마 왕정의 붕괴와 관련된 일련의 사건은 기록이 명확하지 않은 모호한 역사이다. 거기에 난데없이 제우스의 쌍둥이 아들이 끼어듦으로써 사실보다는 허구에 가깝게 느껴지는데, 카스토르와 폴룩스에게 봉헌된 신전이 버젓이 존재하니 도무지 갈피를 잡을 수 없다.

　　'이 이야기는 과연 신화인가, 아니면 역사인가?'

　　로마는 우리에게 그런 혼란을 주고는 시치미를 딱 떼고 있다. 뻔뻔한 로마이다.

로마에서 만날 수 있는
카스토르와 폴룩스
● 캄피돌리오 광장 입구
●● 퀴리날레 언덕 대통령 궁 앞

로마 공화정 시대의 동전

앞면에는 상업의 수호신 메르쿠리우스(그리스 신화의 헤르메스)가, 뒷면에는 로마의 은인 카스토르와 폴룩스가 새겨져 있다.

앞면에는 제우스의 쌍둥이 아들인 카스토르와 폴룩스가, 뒷면에는 해전에서의 승리를 기념하는 배가 새겨져 있다.

카이사르 신전 터를 왼쪽에 두고, 카스토르와 폴룩스 신전 터를 오른쪽에 둔 상태에서 앞을 바라보면 흰색 작은 건물 유적이 보인다. '베스타 신전Tempio di Vesta/Temple of Vesta'이다. 포로 로마노에 세워진 건물 중에서는 작은 편에 속하는데, 건물 형태도 독특하다. 로물루스 신전도 원형 건물이기는 하지만 투박한 데 비해, 이 건물은 남은 부분만 보아도 우아하고 여성적인 형태임을 알 수 있다. 아마도 여신 베스타에게 봉헌한 신전이기 때문에 그런 것으로 보이며, 로마 근교 도시 티볼리에도 같은 형태의 베스타 신전이 있는 것으로 보아 베스타 신전은 비슷한 형태로 지어지지 않았나 싶다.

앞서 사투르누스 신전에서 그리스 신화의 크로노스가 로마 신화로 와서 중요한 신으로 위상이 높아졌다고 했는데, 베스타 또한 비슷한 경우이다. 베스타 여신은 그리스 신화 속 헤스티아에 해당한다. 그녀는 제우스의 누나로, 가정의 불을 돌보는 역할을 맡았다.

요즘처럼 불붙이기가 쉬운 시절에는 별것 아닌 것 같지만, 옛날에는 불을 지키는 일이 매우 중요했다. 한번 꺼뜨리면 다시 붙이기가 쉽지 않았기 때문이다. 그러므로 화로나 아궁이, 등잔의 불을 지키는 역할이 대수롭지 않은 건 결코 아니었다. 그러나 다른 형제들이 하늘 세계를 지배하고(제우스), 세상의 모든 물을 지배하고(포세이돈), 저승 세계를 지배하고(하데스), 대지에서 생산되는 모든 것을 관장하고(데메테르), 세상 모든 가정의 가치를 수호하는(헤라) 것에 비한다면

베스타 신전(앞의 흰색 건물 유적)과 베스탈 숙소 터(뒤에 보이는 곳)

티볼리의 베스타 신전 유적

헤스티아가 맡은 역할은 미미하다고 할 수 있다. 그렇기 때문에 그리스 신화에는 헤스티아의 활약이 거의 언급되지 않는다.

그러나 로마 신화로 와서 이름을 베스타로 바꾼 다음에는 사정이 달라진다. 그녀는 로마의 운명을 상징하는 불을 수호하는 역할을 맡은 것이다. 그녀에게 봉헌된 신전에는 불이 보관되어 있었는데, 그것이 꺼지면 로마의 운명도 끝난다고 사람들은 생각했다. 그리하여 신분이 고결하고 몸이 순결한 처녀들을 뽑아 여사제로 임명한 다음, 불을 지키도록 했다. 그 역할은 너무나 중요했기 때문에 당시로서는 파격적인 대우를 받았지만, 혹여라도 실수할 경우에는 목숨을 내놓아야 하는 막중한 임무였다. 이것은 그리스 신화에서는 별 볼 일 없는 존재였던 헤스티아가 로마 신화로 넘어와 매우 중요한 대접을 받았다는 뜻이니, 그녀 역시 전화위복이 된 셈이다.

그런데 뜻밖에도 순결을 지켜야 하는 베스타 신전의 여사제에게서 로마를 건국하는 영웅이 태어난다. 그 사연은 베누스와 로마 신전에서 이미 이야기했으니 생략하기로 한다. 다만, 베스타 신전의 여사제 레아 실비아가 낳은 쌍둥이 아들 중 큰아들인 로물루스에게서 '로마'라는 이름이 나왔다는 점을 기억하자.

그러면 레아 실비아는 포로 로마노에 있는 베스타 신전에서 일했을까? 그녀에 관한 이야기는 건국 신화에 해당하니, 실증적 역사의 잣대를 들이대면 안 된다. 왜냐하면 그녀가 낳은 아들이 자라 로마를 건국하고, 로마가 건국된 다음에야 그리스 신화가 전해지고, 포로 로마노가 생기고, 거기에 신전이 지어졌으니 말이다. 신화는 그

헤스티아와 베스타가 같은 역할을 맡은 신임을 알려주는 옛 그림
그녀는 손에 불을 담는 등잔을 들고 있으며, 손에 든 창은 불을 꺼뜨리려는 존재로부터 불을 지키는 수단일 것이다.

장 라우, <베스타 신전의 여사제들>
순결한 여사제들이 로마의 운명을 상징하는 막중한 불을 지키고 있다.

저 신화로만 이해하면 될 것이다. 역사가 제대로 기록되기 시작한 것은 그보다 훨씬 뒤의 일이다.

로마인들이 베스타를 얼마나 중요하게 여겼는지는 신전 뒤편에 자리 잡은 베스탈(베스타 신전의 여사제들) 숙소에서 짐작할 수 있다. 여사제들의 숙소 터가 드넓을 뿐만 아니라, 계단이 남아 있는 것으로 보아 2층 이상의 건물이었을 것이기 때문이다. 이는 베스탈에 대한 대우가 그 정도로 특별했다는 뜻이고, 그녀들이 맡은 임무가 그만큼 신성하고 중요하게 여겨졌다는 뜻일 테니 말이다. 베스탈 숙소의 원래 모습을 상상하여 그린 그림과 현재의 모습을 비교해 보면 숙소 건물이 베스타 신전보다 몇 배나 큰 것을 알 수 있다.

베스타 신전과 베스탈 숙소에 대해 알아보는 것을 끝으로 포로 로마노 투어를 끝내고, 이제 팔라티노 언덕으로 이동하려 한다. 콜로세움과 포로 로마노, 팔라티노 언덕을 하루에 돌아보는 건 사실 시간이 빠듯한 일이다. 그래서 꼼꼼히 다 살펴보지 못하는 것이 아쉽지만, 로마라는 도시가 여행자의 시간을 무한정 빼앗는 곳이니 어쩌겠는가.

팔라티노 언덕으로 들어가는 입구는 티투스 개선문 쪽에 있으니 그리로 가자.

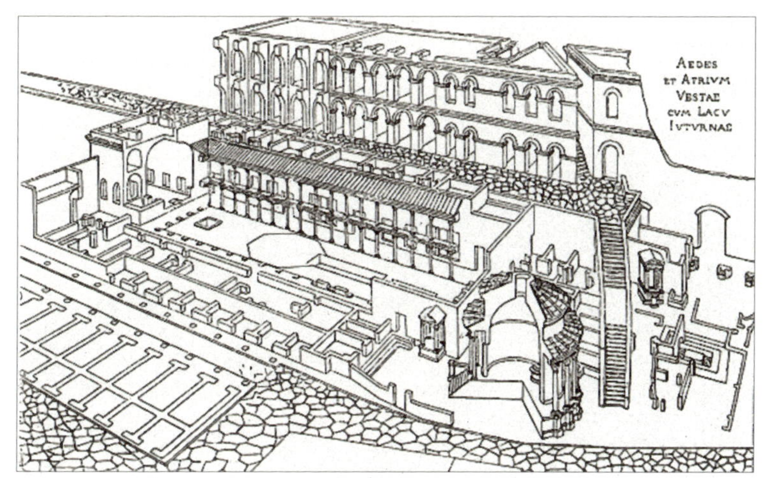

베스탈 숙소 상상도

팔라티노 언덕에서 내려다본 베스타 신전과 베스탈 숙소 유적
왼쪽의 둥근 건물 유적이 베스타 신전이고, 녹색 안뜰 주변 건물터가 베스탈 숙소 자리이다.

페테르 파울 루벤스, <로마 팔라티노의 유적이 있는 풍경>, 1615년경

팔라티노 언덕　　　Palatino

로마의 출발점

로마의 초대 왕인 로물루스는 테베레강 근처의 팔라티노 언덕에 자리잡은 후, 주변 언덕으로 영역을 넓히며 나라의 기반을 닦았다. 그래서 로마를 일곱 개의 언덕(팔라티노, 카피톨리니, 퀴리날레, 비미날레, 에스퀼리노, 첼리오, 아벤티노)에서 출발한 나라라고 표현한다.

BC 6세기경에 세르비우스 톨리우스 왕이 그곳을 성벽으로 둘러쌓았다고 하며(세르비우스 성벽), 갈리아인의 로마 약탈(BC 390년) 이후 재건된 성벽의 흔적이 현재도 일부 남아 있다.

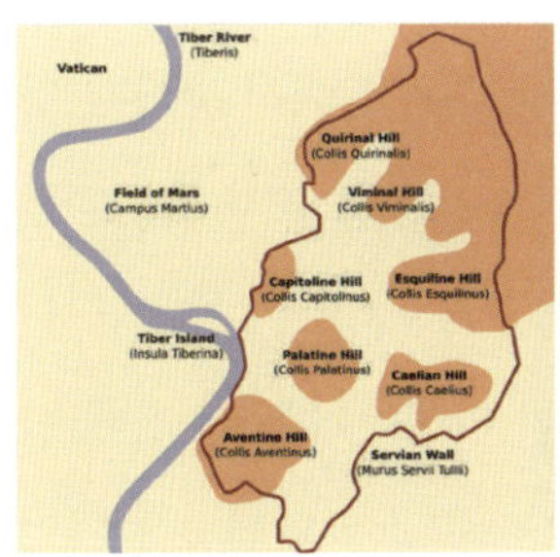

고대 로마 일곱 개의 언덕과
세르비우스 성벽이 표시된 지도

테르미니역 뒤편(택시 승강장 쪽)에 남아 있는
세르비우스 성벽

그런데 현대의 관점으로 보면 그곳에 세워진 것을 과연 '나라'라고 볼 수 있을까 하는 의문이 든다. 최초의 나라이니 처음부터 넓은 영토를 차지하지는 못했으리라고 생각하지만, 그래도 일곱 개의 언덕이 현재의 콜로세움 주변에 옹기종기 모여 있으므로 그 면적이 나라라는 말을 쓰기에 아무래도 부족하다고 생각되는 것이다. 물론 '나라'라는 용어가 근대적 의미의 '국가'와는 다르다는 점을 감안한다고 하더라도 말이다. 아마도 일곱 개의 언덕 주변이 로마 왕국의 핵심 영역이었다는 뜻이 아닐까 한다.

그러나 현대인이 어떻게 생각하든 로마 역사가 그렇게 시작되는 것은 사실이다. 그리고 일곱 개의 언덕 중에서 고대 로마의 모습이 가장 잘 남아 있는 곳은 팔라티노 언덕이다. 다른 언덕들은 이미 사람들의 삶의 터전으로 변해버려 옛 모습을 짐작하기 어렵다.

팔라티노 언덕은 로물루스가 나라를 세운 현장으로 전해진다. 그러니까 최초의 궁전이 들어선 곳이라고 할 수 있다. BC 8세기의 건물을 궁전이라고 할 수 있다면 말이다. 그냥 '왕의 거주 공간'이라는 의미의 궁전이라고 생각하자. 그곳에 궁전다운 궁전이 들어서기 시작한 것은 로마 제국 시대의 일이다. 왕정 뒤에 들어선 공화정 당시야 왕이 없었으니, 귀족들의 저택은 있었을지언정 궁전이라고 부를 만한 건축물은 없었다.

초대 황제 아우구스투스와 그의 부인 리비아가 살던 집이 팔라티노 언덕에 있었고, 이후의 황제들도 그곳에 궁전과 별궁을 지었다. 그래서 나온 단어가 '궁전'을 가리키는 이탈리아어 팔라초palazzo,

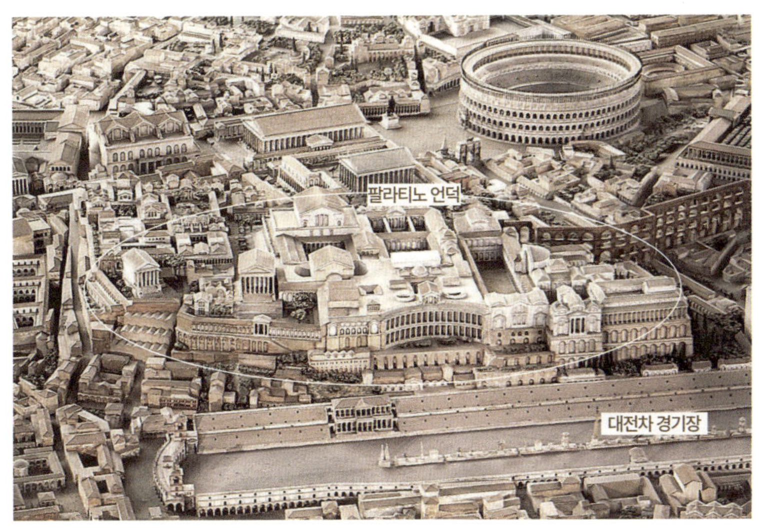

팔라티노 언덕에 자리 잡은 여러 궁전들의 상상도
(대전차 경기장 위쪽이 팔라티노 언덕이다.)

스페인어 팔라시오palacio, 프랑스어 팔레palais, 독일어 팔라스트palast, 영어 팰리스palace로, 다 팔라티노에 기원을 두는 표현들이다.

로물루스가 팔라티노 언덕에 자리를 잡았다면, 그의 동생 레무스는 어디에 터를 잡았을까. 레무스는 아벤티노 언덕에 자리를 잡고 형과 경쟁했는데, 그가 패해 역사에서 사라졌다고 한다. 어떤 이는 팔라티노 언덕과 아벤티노 언덕 사이에 울타리를 세우고 서로 침범하지 않기로 약속했는데, 레무스가 어기고 넘어왔으므로 로물루스가 동생을 쳤다고 한다. 또 다른 이는 하늘의 뜻을 전한다고 여겨지는 새를 많이 발견하는 사람이 나라를 갖기로 했는데, 로물루스가

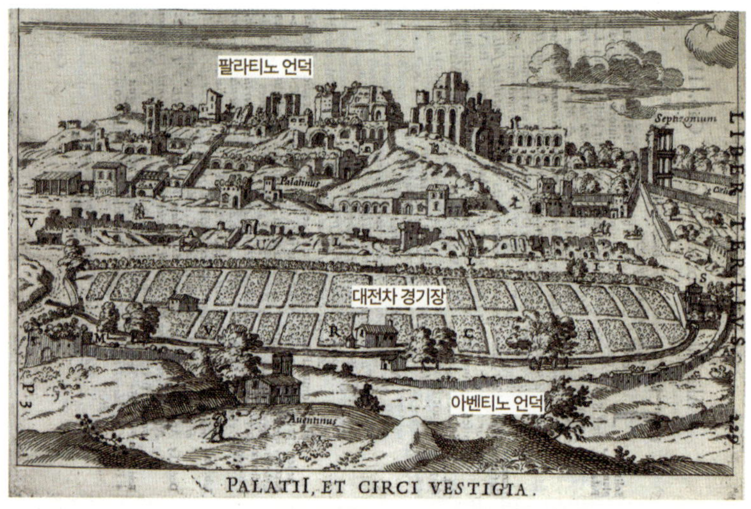

팔라티노 언덕 주변 그림
그림 아래 산자락 같은 곳은 아벤티노 언덕, 가운데 밭처럼 보이는 곳은 대전차 경기장,
위 건물 유적이 있는 곳은 팔라티노 언덕이다.

더 많이 발견하였기에 로마를 차지했다고 한다.

어떤 의견이 맞는지는 모르겠지만, 형제가 나라를 세웠다는
두 언덕은 대전차 경기장의 양쪽에 있다. 그러니 아마도 울타리는 현
재의 대전차 경기장에 있었을 것이다. 대전차 경기장에 서서 양쪽을
바라보면 두 언덕이 너무 가까워 그곳에 각각의 나라가 세워졌었다
는 이야기가 재미있는 옛날얘기처럼 느껴진다.

포로 로마노 투어를 마쳤다면, 티투스 개선문 쪽 입구를 통해 팔라티노 언덕으로 올라가 보자. 일곱 개의 언덕 중 옛 모습을 고스란히 간직한 것은 팔라티노 언덕이 유일하다고 했는데, 이 말은 거꾸로 생각하면 이곳에는 온전히 남아 있는 옛 건물이 없다는 의미이다. 2,000여 년의 세월을 버틴다는 건 로마 제국의 단단한 건축물로도 쉬운 일이 아니니까. 우리는 무너져버린 건물터를 보면서 옛 모습을 상상해야 한다.

① 도무스 티베리아나

카피톨리니 언덕이나 포로 로마노에서 팔라티노 언덕을 바라보면, 규모가 매우 큰 건물 유적이 먼저 눈에 띈다. 2대 황제 티베리우스의 이름이 들어간 '도무스 티베리아나Domus Tiberiana(티베리우스의 궁전)'로, 도무스란 표현이 아깝지 않을 정도로 웅장한 규모이다.

먼저 압도적 위용을 자랑하는 그곳부터 가 보기로 하자. 팔라티노 언덕 입구에서 볼 때 가장 오른쪽에 있는 유적이다. 이 건물터는 오래전부터 도무스 티베리아나라는 이름으로 불렸기 때문에, 2대 황제인 티베리우스가 사용한 궁전 유적으로 여겨졌다. 그러나 고고학자들의 연구에 따르면 이곳에 있던 건물은 5대 황제 네로가 사용했을 것이라고 한다. 아마도 티베리우스 황제가 살았던 조촐한 건물터에 네로가 자신의 위엄을 보여줄 목적으로 큰 궁전을 짓지 않았을까 싶다.

네로는 도무스 아우레아(황금 궁전)에서도 보았듯이 쓸데없이 스케일이 큰 인물이었다. 그의 어머니인 소 아그리피나가 선황제인 클라우디우스를 독살했다는 풍문이 자자했으므로, 정통성과 황제의 위엄을 과시하기 위해 큰 건축물에 집착한 건 아니었나 하는 생각이 든다.

현재 보이는 건물 유적이 티베리우스보다는 네로와 관련이 있다고 하지만, 이름은 티베리우스에서 가져왔으니 그에 대해 알아보자.

티베리우스는 리비아 드루실라가 전남편과의 사이에서 낳은 큰아들이다. 그녀가 남편과 이혼하고 옥타비아누스(아우구스투스)와

포로 로마노에서 바라본 도무스 티베리아나

도무스 티베리아나 내부의 웅장한 모습

재혼하였으므로 티베리우스는 초대 황제 아우구스투스의 의붓아들이 되는 셈이다. 그렇다면 그가 2대 황제가 될 수 있었던 것은 단지 황제의 의붓아들이었기 때문일까? 거기에는 좀 더 복잡한 사연이 있다.

옥타비아누스는 세 번 결혼했다. 첫 번째 부인에 대해서는 클로디아 풀크라라는 이름만 전할 뿐 별다른 기록이 없다. 두 번째 부인은 딸 율리아를 낳은 다음 이혼당해 쫓겨난 스크리보니아이고, 세 번째 부인이 리비아 드루실라였다.

그녀는 전남편과의 사이에서 두 아들을 낳았다. 옥타비아누스는 두 번째 부인과의 사이에서 딸을 낳았고, 리비아는 전남편과의 사이에서 두 아들을 낳았으니 둘 다 임신이 가능한 사람들이었는데, 어찌 된 일인지 두 사람 사이에서는 자식이 태어나지 않았다. 황제란 세습이 원칙이므로 황제가 된 아우구스투스는 후계자를 생각할 수밖에 없었다. 아들이 있다면 당연히 아들을 후계자로 삼겠지만, 그에게는 유일한 혈육이 딸 율리아뿐이었다. 그래서 율리아의 남편이자 자신의 유일한 사위인 마르켈루스를 후계자로 점찍고 있었는데, 사위가 장인보다 먼저 세상을 떠나버렸다. 두 사람 사이에 자녀가 생기기 전의 사별이었다.

율리아는 아버지 아우구스투스의 뜻에 따라 재혼하는데, 두 번째 남편이 우리의 상상을 초월한다. 아버지의 친구이자 오른팔인 마르쿠스 빕사니우스 아그리파였기 때문이다. 그녀보다 무려 24살이나 많은 데다가 아그리파는 당시 부인이 있는 몸이었다. 지엄한 황제의 명을 거역할 수 없었는지, 혹은 아그리파에게 권력에 대한 야망

이 있었기 때문인지는 모르겠지만 둘은 결혼한다. 율리아로서는 아버지뻘 되는 남자와의 재혼이었다. 만약 아그리파가 아우구스투스보다 오래 살았다면 그가 로마 제국의 2대 황제가 될 수도 있었을 텐데, 아그리파 또한 장인보다 먼저 세상을 떠나는 바람에 그렇게 되지를 못했다.

이때 아우구스투스에게는 외손자에게 황위를 물려주는 선택지가 있었지만, 그마저도 물거품이 된다. 아그리파와 율리아 사이에서 아들들(즉, 아우구스투스의 외손자들)이 태어나기는 했지만, 가이우스 카이사르와 루키우스 카이사르가 외할아버지보다 먼저 죽는 바람에 다시 아우구스투스는 후계자를 잃게 된다. 절대 권력을 쥔 황제였지만 후계자를 갖는 건 그에게 그렇게나 어려운 일이었다.

두 번째 사위를 통해서도 후계자를 얻는 데 실패한 아우구스투스는 율리아를 다시 결혼시킨다. 이번에 맞은 사위는 티베리우스였다. 티베리우스가 누구인가. 리비아가 전남편과의 사이에서 낳은 큰아들로, 아우구스투스에게는 의붓아들이었다. 의붓아들을 친딸과 결혼시켜 사위로 삼은 것이니, 현대인의 관점으로는 이해하기 어려운 혼사이다. 문제는 그뿐이 아니었다. 티베리우스는 아그리파의 딸 빕사니아 아그리피나와 결혼해 금슬 좋게 살고 있는 상황이었다. 그런데 그들을 이혼시키고 율리아와 강제로 결혼시킨 것이다. 티베리우스 부부의 강제 이혼만 문제인가. 율리아에게 아그리파는 남편이었다. 빕사니아 아그리피나가 율리아의 친딸은 아니지만, 그래도 티베리우스는 율리아에게 사위인 셈이었다. 율리아는 의붓오빠이면서 사위였던 남자와의 결혼을 강요당한 것이다. 정치적으로는 많은 업적을 남긴 아우구스투스였지만, 가정사에서만큼은 이해하기 어려운 만행을 저질렀다고 할 수 있다.

아우구스투스에 의해 깨진 가정을 한번 꼽아 보자. 먼저, 자신이 리비아와 결혼하기 위해 두 번째 부인을 쫓아냈고, 자식 낳고 잘 살고 있던 리비아를 강제 이혼시켰다. 잘 살고 있던 아그리파를 이혼시키고 율리아와 결혼하게 했으며, 아그리파의 딸과 사위도 이혼시켰다.

그렇게 억지 결혼한 율리아와 티베리우스의 사이가 좋을 리 없었다. 결국 율리아는 좋지 못한 행실로 사람들의 입방아에 오르내리게 되었고, 분노한 아우구스투스의 명령으로 티베리우스와 이혼한 뒤 유배당하고 그곳에서 세상을 떠나고 만다. 아무리 노력해도 자신의 피가 섞인 후계자를 얻지 못한 아우구스투스는 할 수 없이 피한 방울 안 섞인 의붓아들이자 세 번째 사위였던 티베리우스에게 황위를 넘기고 세상을 떠난다.

그런 우여곡절 끝에 로마 제국 2대 황제가 된 티베리우스는 과연 행복했을까? 아마도 더없이 불편하고 불행했을 것이다. 그러나 가장 불행했을 사람은 율리아가 아닐까. 가정을 지키지 못했다는 비난을 다른 사람도 아닌 아버지 아우구스투스로부터 듣고 추방당해 쓸쓸히 죽은 그녀는 가족묘에도 묻히지 못하고 철저히 버려진다.

포폴로 광장 근처에 있는 아우구스투스 영묘에는 아우구스투스(율리아의 아버지), 리비아(율리아의 계모), 마르켈루스(율리아의 첫 번째

아우구스투스 가문 사람들이 묻힌 아우구스투스 영묘
아우구스투스의 외동딸 율리아는 가정을 지키지 못한 죄로 이곳에 묻히지 못했다. 아우구스투스 영묘는 포폴로 광장에서 나보나 광장 쪽으로 가다 보면 만날 수 있다.

남편), 아그리파(율리아의 두 번째 남편), 티베리우스(율리아의 세 번째 남편), 드루수스(율리아의 의붓동생이자 시동생), 가이우스 카이사르와 루키우스 카이사르(율리아의 아들들) 등, 다 율리아와 관련 있는 인물들이 묻혔다. 후대 황제와 황제 가족들도 들어간 그곳에 오직 율리아만 묻히지 못한 것이다. 가정을 지키지 못했기 때문에….

딸을 도저히 가정을 지킬 수 없는 상황으로 몰아넣고, 그것을 트집 잡아 천하의 죄인으로 만든 이가 아우구스투스였다. 정치적 업적과는 별개로 가정적으로는 참 비정하고 몰염치한 사람이었다.

티베리우스의 궁전터에서 한없이 불행했을 티베리우스와 율리아의 안쓰러운 삶을 생각해 본다.

도무스 티베리아나 옥상은 '파르네세 정원Giardini Farnese/Farnese Gardens'으로 연결된다. 이곳은 16세기 중엽에 알레산드로 파르네세 추기경(교황 바오로 3세의 손자)이 조성한 정원으로, 당시는 부유한 귀족들이 별장을 짓고 정원을 가꾸는 것으로 부유함과 교양을 과시하곤 했다. 교황을 배출한 파르네세 가문 또한 그런 분위기 속에서 팔라티노 언덕에 넓은 정원을 조성했는데, 고대의 영광과 자연의 아름다움을 조화시킨다는 명분을 내세웠다. 아닌 게 아니라 지금도 뒤편에서는 포로 로마노를 내려다볼 수 있고, 앞쪽에서는 아름다운 정원을 감상할 수 있어 색다른 정감을 주는 장소이다.

파르네세 정원에는 두 채의 작지만 단아한 건물이 있는데, 파르네세 가문이 수집한 유물들이 전시되고 있다. 규모가 작고 조출한 전시실이긴 하지만, 정원 쪽에서 보았을 때 왼쪽 건물에 흥미로운 유물들이 있으므로 시간이 되면 찾아보기를 권한다.

파르네세 정원
왼쪽에 보이는 흰색 건물과 사람들이 포로 로마노를 내려다보는 발코니 일대가
파르네세 정원이다.

파르네세 정원 내 건물
파르네세 가문이 수집한 유물들이
전시되고 있다.

2 　아우구스투스와 리비아의 집

팔라티노 언덕이 훗날 '궁전'을 뜻하는 단어들의 어원이 된 까닭은, 유럽에서 궁전이라고 할 만한 건축물이 처음 들어선 곳이 이곳이었기 때문이다. 그렇다고 처음부터 우리가 생각하는 으리으리한 궁전이 세워진 것은 아닐 게다. 그래서인지 팔라티노 언덕의 건물 유적 표지판에는 '도무스Domus(궁전)'와 '카사Casa(집)'가 섞여 쓰이고 있다. 카사보다는 도무스가 규모가 더 큰 건물이라고 생각하면 된다.

　'아우구스투스의 집Casa di Augusto/House of Augustus'은 후대 황제들의 집보다 규모가 작기 때문인지 '카사'로 표기되어 있다. 그리고 아우구스투스의 집에서 가까운 곳에 있는 '리비아의 집Casa di Livia/House of Livia'도 카사로 분류된다. 부부가 왜 다른 집에서 살았는지는 모르겠지만, 로마 시대에는 그게 일반적이었다고 한다. 하여간 두 사람의 집은 따로 있다.

　도무스 티베리아나에서 이동한다고 할 때, 동선상 리비아의 집을 먼저 본 다음 아우구스투스의 집으로 가게 된다. 이들의 집은 외벽을 세워 내부를 보호하고 있으며, 내부 벽에는 프레스코화가 가득 그려져 있다. 오랜 세월이 지나면서 회벽이 떨어져 나간 부분이 많지만, 그 당시에 다양한 색채의 염료로 집 전체를 치장했음을 알 수 있다.

리비아의 집 외부와 내부

아우구스투스의 집 외부와 내부

이곳에서는 아우구스투스의 어처구니없는 가정사를 알아보자. 도무스 티베리아나에서 언급한 이야기를 다시금 꺼내는 까닭은, 아무리 생각해도 아우구스투스의 선택에 이해하기 어려운 부분이 있기 때문이다.

아우구스투스 자신은 매우 행복한 일생을 살았다고 할 수 있을 것이다. 로마 제국의 황제로서 더없는 권세를 누렸고, 사랑해 마지않는 여인과 백년해로하였으니 말이다. 그러나 그들의 행복을 위해 주변 사람은 모두 불행해졌으니, 그들의 사랑을 옹호해 주기 어렵다.

카이사르가 암살당한 후, 로마 정계는 요동치다가 제2차 삼두정치가 시작된다. 카이사르의 후계자인 옥타비아누스, 카이사르의 친구이자 부관이었던 마르쿠스 안토니우스(카이사르의 장례식에서 유언장을 공개하고 감동적인 연설을 하여 카이사르를 옹호하는 여론을 이끌어 냈던 이), 카이사르의 부하였던 레피두스가 로마 권력의 핵심으로 떠오른다. 물론 이들이 진짜로 서로를 신뢰하여 손을 잡은 것은 아니었다. 자신의 세력을 공고히 하기 전까지 숨을 고르기 위한 전략적 연대였다.

그들 중에서 제일 유력한 이는 마르쿠스 안토니우스였다. 카이사르와 함께 전장을 누빈 백전노장이었으므로 따르는 세력도 많았다. 그에 비해 카이사르의 유언장에 이름이 올랐을 뿐인 옥타비아누스는 18세의 애송이에 불과했다.

그때 티베리우스 클라우디우스 네로라는 남자는 마르쿠스 안토니우스를 지지했는데, 당시 사정으로 보면 현명한 선택이었다. 그러나 세상은 예상대로만 흘러가지는 않는 법. BC 41년에 옥타비아누스가 안토니우스와의 경쟁에서 우위를 차지하자 티베리우스 네로는 입장이 난처해진다. 결국 그는 가족을 이끌고 그리스로 망명하게 된다.

BC 40년, 옥타비아누스는 자신을 적대했던 인물들에 대한 사면령을 내린다. 그로부터 3년 뒤 티베리우스 네로는 가족을 이끌고 고국으로 돌아오는데, 여기서 문제가 생긴다. 티베리우스 네로의 부인 리비아 드루실라를 연회에서 보고 한눈에 반한 옥타비아누스가 티베리우스 네로에게 이혼을 강요한 것이다. 그때 옥타비아누스는 만삭의 아내가 있었고, 리비아는 둘째를 임신한 상태였다.

이미 옥타비아누스에게 굴복한 상태인 티베리우스 네로는 자신의 부인을 지킬 힘이 없었다. 결국 그는 강제 이혼당하고 몇 년 뒤 세상을 떠난다. 어쩌면 화병火病으로 죽었는지도 모른다.

날벼락을 맞은 사람은 또 있었다. 옥타비아누스의 아이를 임신한 스크리보니아는 딸 율리아를 낳은 직후 쫓겨나는 신세가 된다. 정략결혼으로 맺어진 사이라 정이 없었다고는 하지만, 그래도 남의 아내를 빼앗아 결혼하기 위해 자신의 자식을 낳은 부인을 내친 옥타비아누스의 처사는 비정하다는 비난을 피할 수 없을 것이다.

그러나 아우구스투스와 리비아의 결혼은 그들의 전 부인과 전 남편에게 비정한 것으로 끝나지 않았다. 그들의 자식인 율리아와 티베리우스는 더욱 어처구니없는 결혼을 강요당했는데, 그 가엾은 이야기는 도무스 티베리아나에서 한 바와 같다.

팔라티노 언덕은 로마가 출발한 곳이다. 로물루스가 이곳에 자리 잡고 나라를 세웠다고 전하니 말이다. 그러면 현재의 팔라티노 언덕에서 로물루스의 흔적을 찾을 수 있을까. 있다. 로물루스의 집이 있던 곳이라고 여겨지는 건물터가 남아 있는 것이다. 표지판에는 'Villaggio Di Capanne(오두막 마을)'이라고 적혀 있고, 설명에 '로마의 건국자인 로물루스가 살던 곳'이라고 되어 있다.

로물루스의 집터는 아우구스투스의 집과 붙어 있는데, 아우구스투스가 건국자의 집터 옆에 의도적으로 자신의 집을 지은 것이 아닐까 싶다. BC 8세기의 집터가 이만큼이나 남아 있다는 것이 신기할 정도이다. 로물루스의 집터를 본 김에 로물루스가 로마를 건국하던 즈음에 어떤 일들이 있었는지를 간략하게나마 알아보고 가자. 로마를 여행하는 사람에게 로마의 건국은 아무래도 중요한 사건이기 때문이다.

누미토르의 동생 아물리우스가 형의 왕위를 찬탈하고, 조카딸 레아 실비아는 베스타 신전의 여사제로 만들어버렸으며, 전쟁의 신 마르스에게 겁탈당해 쌍둥이를 낳은 레아 실비아는 갓난아기들을 바구니에 담아 테베레강에 버렸고, 지나가던 어미 늑대가 아기들을 구해 젖을 먹여 키웠다는 이야기를 앞에서 했다. (57-58쪽)

그렇다고 하여 그들이 청년이 될 때까지 늑대와 함께 지낸 것

로물루스의 집터

은 아니다. 아기들이 늑대와 함께 있는 것을 지나가던 목동 파우스툴루스가 발견했는데, 그는 늑대가 아기들을 해치려는 것으로 오해했다. 그래서 아기들을 빼앗아 집으로 데려가 키웠다고 한다.

파우스툴루스 부부의 보살핌을 받으며 자라 청년이 된 로물루스와 레무스는 우연한 기회에 자신들의 출생의 비밀을 알게 된다. 이미 어머니는 세상을 떠난 뒤였지만, 외할아버지 누미토르가 생존해 있는 것을 알고 부당하게 빼앗긴 그의 왕위를 되찾아주기로 결심한다.

로물루스와 레무스는 아물리우스를 찾아가 신분을 밝히고 자신들의 요구사항을 말했지만, 왕이 순순히 왕위를 내어줄 리 없었다.

그리하여 로물루스와 레무스는 아물리우스에게 반감을 가진 사람들을 모아 반란을 일으켰고, 아물리우스는 쫓겨난다.

알바롱가의 왕위를 누미토르에게 돌려준 로물루스와 레무스는 외할아버지로부터 나라를 상속받을 때까지 기다리는 대신(누미토르의 자손은 그들뿐이었으므로, 왕이 죽으면 그들이 상속받을 수 있었다), 자신들의 힘으로 새로운 나라를 세우기로 결의한다. 그리하여 알바롱가에서 멀지 않은 현재의 로마 지역으로 와 일곱 개의 언덕 주변에 새로운 터를 잡는다. 그때 로물루스는 팔라티노 언덕을, 레무스는 아벤티노 언덕을 선택했고, 형제간의 갈등 끝에 로물루스가 승리하고 로마를 건국했다는 이야기를 앞에서 했다.

로물루스는 어미 늑대가 자신들을 구조해 키웠던 곳 근처에 집을 짓고 나라를 다스리기 시작했는데, 그곳이 '오두막 마을Villaggio di Capanne', 혹은 '로물루스의 움막집Capanne di Romolo'이라고 불리는 현재의 집터이다. 그러니 팔라티노 언덕은 로마 전체를 놓고 보아도 가장 오랜 역사를 가진 지역이다. 비록 남아 있는 것이라고는 무너진 건물터뿐이지만, 로마를 여행하면서 팔라티노 언덕을 빼놓으면 안 되는 이유가 거기에 있다.

로물루스의 집터 주변에는 아우구스투스의 집과 리비아의 집뿐만
아니라, 중요한 신전들이 있었다. 아폴로 신전, 빅토리아 신전, 마그
나 마테르 신전 등이 그것이다. 현재는 터만 남아 있어 원래의 모습
을 짐작하기 어렵고, 표지판을 통해 위치를 확인할 수 있을 따름이
다. 그러나 나라를 세운 초대 왕의 집 근처에 들어섰던 신전들은 나
름대로 중요한 의미가 있으므로 그 자리를 차지했다고 볼 수 있다.
그 신전들에 대해 간략하게나마 알아보고 이동하기로 하자.

리비아의 집 서쪽으로 약간 이동하면 BC 2세기 후반에 세워
졌던 마그나 마테르 신전 터Tempio Della Magna Mater가 있다. 마그나 마테

고대 로마 팔라티노 언덕 복원 모형도
현재의 모형도에는 빅토리아 신전은 나타나 있지 않다.

르는 로마 신화에서 '위대한 대지의 여신', '위대한 어머니 신'을 의
미하므로, 나라 차원에서 숭배를 장려했을 것이다. 더러 이 신전을
'키벨레 신전'이라고 하는 경우가 있는데, 그 둘은 이름만 다를 뿐 같
은 존재이므로 이상한 일은 아니다. 다만 로마에 세워진 신전이니 로
마 신화 속 이름을 따 마그나 마테르 신전이라고 하는 게 더 옳을 것
이다.

로물루스의 집 근처에 세워진 빅토리아 신전은 승리의 여신
으로 언제나 사랑받았던 빅토리아의 위상을 생각할 때, 당연히 세워
질 만한 신전이었다. BC 3세기 말에 집정관 루키우스 포스투미우스
메겔루스가 세운 것으로 전해지며, 정복 전쟁을 통해 영토를 확장해
나가던 공화정 당시 군사적 승리와 국가의 영광을 기원하며 빅토리
아를 숭배했던 증거이다.

아우구스투스의 집 옆에 자리 잡은 아폴로 신전은 아우구스
투스가 BC 36년에 정적 섹스투스 폼페이우스를 격파하고 승리한
후, 아폴로에게 공을 돌리며 세운 신전이다. 이를 통해 아우구스투스
는 자신이 아폴로의 보호를 받는 존재임을 드러내고자 했다. 아폴로
신전을 굳이 자신의 집 옆에 세운 것도 그런 의도에서였을 것이다.

아우구스투스의 집 주변은 중요하지만 규모는 크지 않은 유
적들이 모여 있다. 그래서 무심히 지나칠 수 있지만, 그곳들의 의미
를 생각한다면 발걸음을 멈추고 그것들이 들려주는 이야기에 귀를
기울일 필요가 있다.

마그나 마테르 신전 터

빅토리아 신전 터

아폴로 신전 터

⑤ 황제의 궁전들

이제 규모가 훨씬 큰 유적들이 있는 곳으로 이동하자. 앞서의 장소가 왕정 시대, 공화정 시대, 제정 초기에 지어진 것들이라 아기자기했다면, 로마 제국이 힘을 떨치기 시작한 시대의 증거물들이 있는 곳은 규모부터가 확연히 다르다. 도무스 플라비아(플라비우스 왕조의 궁전). 도무스 아우구스타나(황제들의 공관), 도무스 세베리아나(셉티미우스 세베루스 황제의 궁전) 등, 이름에서부터 '카사'를 버리고 '도무스'로 불리고 있다.

　　'도무스 아우구스타나Domus Augustana'는 얼핏 초대 황제 아우구스투스가 살았던 궁전으로 생각하기 쉬운데, 실제로는 그와 상관이 없다. 아우구스투스는 Casa라는 표현이 어울리는 아담한 '아우구스투스의 집'에서 살았고, 도무스 아우구스타나는 11대 황제인 도미티아누스의 명으로 지어졌기 때문이다. 이름에 들어간 아우구스타나는 로마 황제를 뜻하는 보통명사 Augustus에서 비롯되었으며, 황제의 사적인 거주 공간으로 쓰였다고 한다. 도무스 아우구스타나는 후대의 트라야누스, 하드리아누스 황제가 개축하고 확장하여 규모가 더 커졌으며, 비잔틴 시대 이후에는 수도원이나 귀족 저택으로 이용되기도 했다고 한다.

　　도무스 아우구스타나에 인접한 '도무스 플라비아Domus Flavia' 또한 도미티아누스의 명으로 지어졌는데, 이곳은 공적인 업무 공간이었던 것으로 보인다. '도무스 플라비아'라는 이름은 플라비우스

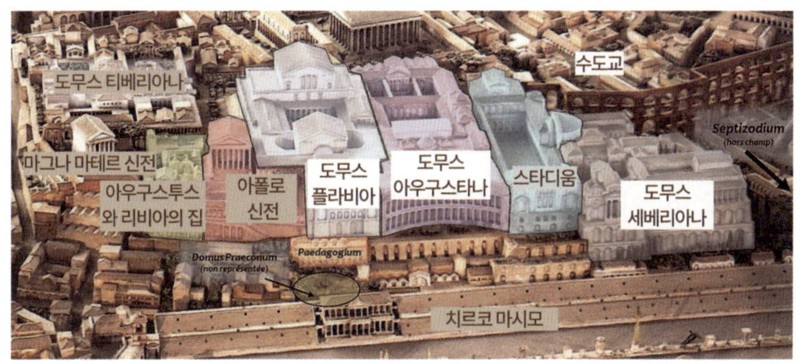

팔라티노 언덕의 주요 궁전들
스타디움 오른쪽으로 팔라티노 언덕에 물을 공급하던 클라우디우스 수도교가 보인다.

도무스 아우구스타나

도무스 플라비아

왕조의 황제였던 도미티아누스가 건설한 궁전이라서 그렇게 부른다. 플라비우스 왕조는 베스파시아누스와 그의 두 아들 티투스, 도미티아누스가 속하는데, 도미티아누스가 암살당함으로써 맥이 끊기고 만다. 도미티아누스는 81년에 즉위하였는데, 92년에 도무스 플라비아를 완공했다고 한다. 아버지(베스파시아누스)와 형(티투스)이 콜로세움이라는 시민들을 위한 건축에 힘을 쏟은 데 반해, 그는 자신의 집을 짓는 데 열중한 것이다.

도무스 플라비아의 규모는 엄청나, '궁전'이란 단어의 어원이 된 팔라티노의 진면목을 보여준다. 상상도 속 아담한 안뜰(아트리움)이 실제로는 드넓은 것을 보면 전체 건물 규모를 짐작할 수 있다.

그래서일까, 도미티아누스는 형을 독살했다는 풍문이 떠돌았고, 권위적이고 독재적인 성격으로 원로원과 자주 충돌했으며, 자신을 하느님에 견주는 우상화를 추진하다가 반대하는 그리스도교 신자들을 잔혹하게 처형했다. 그는 네로 다음으로 그리스도교 박해를 심하게 한 황제로 기록되었다. 갈수록 민심이 나빠져 반란이 일어나자 그것을 잔인하게 진압함으로써 민심은 더욱 나빠졌다. 결국 그는 아내와 근위대장, 궁정 관리들의 손에 암살당하고, 황제에게 가장 치욕적이라고 여겨지는 기록 말살형에 처해졌다. 그것도 네로와 같은 처분이었다.

황제의 위엄은 웅장한 궁전이 아니라 아랫사람들의 사랑과 신뢰에서 나오는 것임을 그가 알았다면, 플라비우스 왕조는 더 오래 유지되었을지 모르는데 안타까운 일이다.

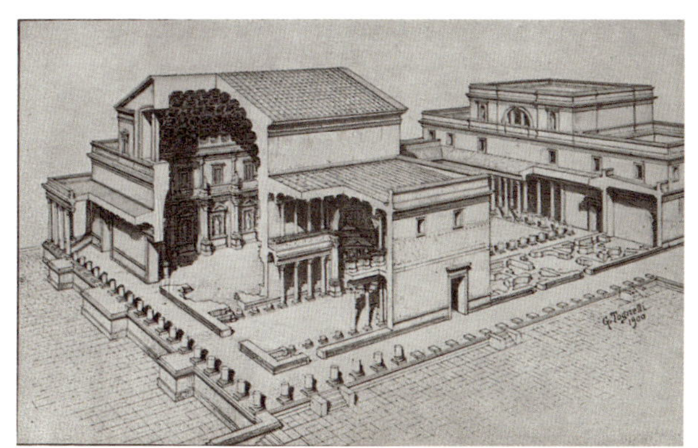

도무스 플라비아 상상도

도무스 플라비아의 안뜰

도무스 플라비아 주변에서는 스타디움을 눈여겨 볼 필요가 있고, 팔라티노 언덕에 물을 공급하던 물 저장소도 관심을 가질 만하다. 스타디움은 팔라티노 언덕 아래의 치르코 마시모(대전차 경기장)와는 규모면에서 견줄 바가 아니지만, 황제들의 사사로운 거주 영역에 조성된 것치고는 꽤 규모가 커서 눈길을 끈다.

그리고 스타디움 근처에 있는 물 저장소는 황궁 영역에 필요한 물을 공급하던 시설로, 수도교를 통해 물을 받아 저장한 다음 각 시설로 보낸 것으로 보인다. 콘스탄티누스 개선문 근처에 흔적이 남아 있는 클라우디우스 수도교와 함께 로마 제국의 물 공급 방식을 알 수 있는 귀한 시설이므로 소개한다.

도무스 세베리아나의 주인인 셉티미우스 세베루스 황제에 관해서는 포로 로마노의 셉티미우스 세베루스 개선문에서 알아보았으니 여기서는 생략한다.

스타디움

스타디움 근처의 물 저장소

팔라티노 언덕에 물을 공급하던
클라우디우스 수도교

도무스 세베리아나

팔라티노 언덕에서 아벤티노 언덕 쪽을 바라보면 아래쪽에 마치 활주로처럼 보이는 드넓은 공간이 있다. '치르코 마시모Circo Massimo/Circus Maximus'라고 불리는 대전차 경기장 유적이다. 로마 건국 전에 로물루스는 팔라티노 언덕에, 레무스는 아벤티노 언덕에 자리 잡았다고 하니, 이곳이 그 당시의 경계였던 셈이다. 그렇게 의미 깊은 장소를 팔라티노 언덕에서 내려다보며 살펴보자.

치르코Circo는 그리스어 kirkos에서 나온 말로, 둥근 원을 말한다. 사람들이 둥글게 모인 자리에서 재주를 부리던 것에서 '곡예'를 뜻하는 말 '서커스circus'가 나왔다. 마시모Massimo는 '크다, 위대하다'는 의미니까, 치르코 마시모는 '가장 큰 원형 건축물'을 가리키는 말이다. 로마에서는 대전차 경기장을 일컫는 말로 쓰인다. 치르코 마시모와 비슷한 경기장이 로마에 여러 군데 있었지만, 이곳이 제일 오래되고, 규모가 제일 크기 때문에 '마시모'라는 표현이 붙었다.

그런데 단어 뜻만 놓고 보면 콜로세움이야말로 치르코 마시모가 아닐까 하는 생각이 든다. 로마에서 가장 큰 원형 건축물이기 때문이다. 그러나 콜로세움은 원형극장Amphitheatre이라고 한다.

콜로세움과 대전차 경기장의 공통점은 많은 관중들 앞에서 무언가를 보여주기 위한 거대한 시설이라는 점이다. 차이점은 콜로세움은 둥근 원에 가까운 형태이고, 대전차 경기장은 긴 타원형이라는 점이다. 그리고 또 다른 차이점은 운동장 한가운데에 중앙분리대

산타 마리아 인 코스메딘 성당 방향에서 바라본 대전차 경기장
왼쪽에 팔라티노 언덕이, 오른쪽에 아벤티노 언덕이 있다.

대전차 경기장 주변 모형도
원형에 가까운 콜로세움과 긴 타원형 형태인 치르코 마시모.
치르코 마시모에는 운동장 한가운데에 중앙분리대가 있었다.

가 있느냐 없느냐 하는 것이다. 중앙분리대가 없는 콜로세움이 검투사 경기나 모의 해전에 알맞은 시설이었다면, 중앙분리대가 있는 대전차 경기장은 전차 경주를 위해 특화된 시설이었다. 영화 <벤허>의 전차 경주 장면이 이곳에서 촬영된 것은 아니지만, 틀림없이 이곳에서 영감을 얻어 연출했을 것이다.

처음 이 장소에 경기장을 세운 것은 에트루리아인이었지만 규모를 크게 키운 것은 율리우스 카이사르로, BC 50년에 27,000명을 수용할 수 있는 규모로 확장했다고 한다. 549년에 마지막 전차 경주가 열렸다고 하며, 그 뒤로는 농경지로 쓰인 듯한 그림이 전한다.

중앙분리대에 세워졌던 오벨리스크 두 개는 현재 포폴로 광장과 라테라노의 산 조반니 광장에 서 있다.

팔라티노 언덕에서는 이 정도로 살펴보고, 이제 황제들의 포룸 쪽으로 이동하자.

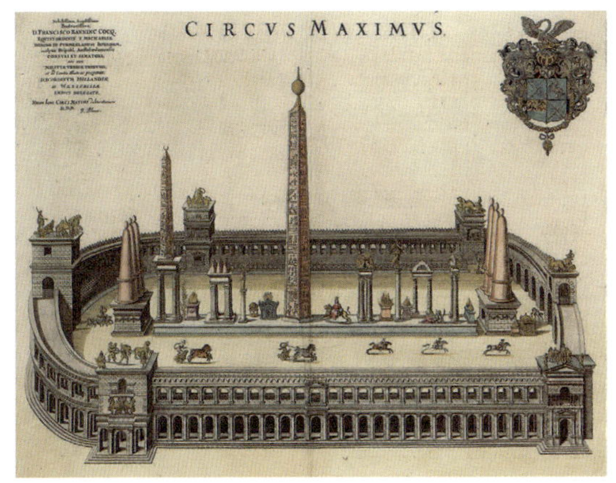

조안 블라우, <치르코 마시모>
대전차 경기장의 원래 모습을 짐작할 수 있는 그림으로, 중앙분리대에 놓인 이집트에서 가져온 오벨리스크 두 개가 눈길을 끈다.

농경지로 쓰인 듯한 치르코 마시모의 옛 그림
폐허가 된 팔라티노 언덕을 배경으로, 치르코 마시모는 농경지로 변했다.

● 포폴로 광장에 서 있는 오벨리스크

●● 라테라노의 산 조반니 광장에 서 있는 오벨리스크

7 콘스탄티누스 개선문

팔라티노 언덕을 나와 황제들의 포룸으로 이동하기 전에 콜로세움 앞에 서 있는 개선문을 더 보고 가자. 지금은 포로 로마노와 분리되어 콜로세움 앞 광장에 혼자 서 있지만, 로마 제국 시절에는 비록 외곽이기는 하지만 이곳도 포로 로마노의 영역에 속했다. 포로 로마노에 세워졌던 많은 개선문 중에 현재는 세 개만 남아 있는데, 이 '콘스탄티누스 개선문Arco di Costantino/Arch of Constantine'이 가장 늦게 세워진 것이다.

312년 10월 28일, 로마 북부 테베레강에 놓인 밀비우스 다리 주변에서 로마 제국의 역사를 바꾸는 중요한 전투가 벌어졌다. 사람들은 그 사건을 '밀비우스 다리의 전투'라고 부른다. 이 전투는 콘스탄티누스 1세와 막센티우스 사이에 벌어졌다. 그들의 이름은 포로 로마노의 막센티우스의 바실리카(60쪽)에서 언급되었다. 이 전투의 승자는 콘스탄티누스 1세로, 콘스탄티누스 개선문은 바로 그 전승을 기리기 위해 세운 것이다. 그에게 밀비우스 다리에서 정적 막센티우스를 꺾은 일은 도저히 그냥 넘어갈 수 없을 정도로 중요하면서도 짜릿한 사건이었다. 이후 그는 마지막 라이벌 리키니우스를 꺾은 다음 사두정 체제를 마무리하고 단독 황제가 되어 로마 제국의 수도를 비잔티움으로 옮긴다. '콘스탄티누스의 도시'라는 뜻의 새로운 수도 콘스탄티노플로, 현재의 튀르키예 이스탄불이 바로 그곳이다.

콘스탄티누스 개선문

로마 제국의 역사를 바꾼 밀비우스 다리의 전투가 있었던 현장
현재의 밀비우스 다리는 19세기에 개축한 것이다.

그러면 콘스탄티누스와 막센티우스는 왜 운명을 건 결전을 벌여야 했을까.

콘스탄티누스는 콘스탄티우스와 헬레나 사이에서 태어났다. 자식 낳고 잘 살던 이 부부는 막시미아누스 1세의 종용에 따라 이혼한다. 자신의 의붓딸 테오도라와 결혼하라는 것이었다. 황제의 명이라 거역할 수 없어서였는지, 혹은 정치적 야망 때문이었는지는 모르지만, 콘스탄티우스는 조강지처를 버리고 황제의 사위가 된다. 그리고 장인의 뒷배 덕에 사두정 체제에서 서로마의 부제가 되었다가 정제가 된 후 사망한다. 그의 아들 콘스탄티누스는 황제였던 아버지의 정치 기반을 물려받아 서로마의 부제가 된다. 콘스탄티누스는 그 전에 미네르비나란 여인과 결혼하여 아들 크리스푸스를 낳았다. 그런데 이번에도 막시미아누스 1세가 이 가정을 깨는 제안을 한다. 부인과 이혼한 후 자신의 딸 파우스타와 재혼하라는 것이었다.

자신의 어머니가 아버지로부터 버림받고 쓸쓸하게 사는 걸 보았으니 콘스탄티누스는 그 제안을 단호하게 뿌리쳤을 것 같은데, 유감스럽게도 그러지를 않는다. 그는 부인과 이혼하고 파우스타와 재혼한다. 아버지와 아들이 같은 사람의 사위가 된 것이니 현대인으로서는 이해하기 어려운 족보이다.

막센티우스는 막시미아누스 1세의 아들이자 파우스타의 오라비였다. 즉, 콘스탄티누스와 막센티우스는 처남 매부 사이였던 것이다. 사이좋은 처남 매부가 아니라, 정치적 이익을 두고 목숨 걸고 싸우는 관계인 게 문제였지만. 결국 밀비우스 다리의 전투에서 콘스탄티누스가 승리하고 막센티우스가 죽으면서 가족간의 악연은 끝나는 듯 보였다.

그러나 가장 큰 문제는 콘스탄티누스의 집 안에 있었다. 파우스타가 의붓아들 크리스푸스에게 흑심을 품고 접근했다가 거절당해 앙심을 품게 되었다고 한다. 혹은 의붓아들이 후계자가 되면 자신이 낳은 아들들은 찬밥 신세가 될 터이므로 크리스푸스를 모함했다는 설도 있다. 아무튼 파우스타는 남편에게 크리스푸스가 자신을 욕보이려 했다고 모략한다. 이때 콘스탄티누스는 전후 사정을 살피지도 않고 다짜고짜 아들을 죽이고 만다. 그리고는 나중에야 아들이 억울한 누명을 썼음을 알고 부인 파우스타를 죽인다. 정략결혼은 그렇게 맵고 쓴 결말로 끝났다.

그래도 파우스타는 전처소생의 후계자를 없앤 덕분에 자신의 세 아들(콘스탄티누스 2세, 콘스탄티우스 2세, 콘스탄스)이 로마 제국의 공동 황제가 되었으니 여한은 없을지 모르지만….

가정적으로는 그런 불행이 있었지만, 콘스탄티누스 1세는 로마 제국의 황제로서 중요한 결단을 내린다. 밀비우스 다리의 전투에서 승리하고 1년 뒤인 313년에 그리스도교에 대한 관용 정책을 리키니우스와 함께 밀라노에서 결정했는데, 이를 '밀라노 칙령'이라고 부른다. 그리하여 그리스도교도들은 목숨 걸고 신앙을 지켜야 하는 위험에서 벗어났고, 테오도시우스 1세가 그리스도교를 국교로 삼은 후 유럽 대륙은 적어도 종교적 측면에서는 하나로 통일되어 오늘에 이르게 되었다.

콘스탄티누스가 오랜 세월 동안 박해받았던 그리스도교에 우호적인 정책을 취한 이유는 여러 가지로 짐작해 볼 수 있다. 우선, 수많은 순교자를 내면서도 그리스도교가 수그러들지 않았다는 점을 꼽을 수 있다. 황제로서 무한정 백성을 죽일 수는 없다고 판단했을 것이다. 차라리 그들을 자신의 편으로 끌어들이는 것이 정치적으로 이득이라고 생각해 결정했을 가능성이 높다.

그의 어머니 헬레나가 독실한 그리스도교 신앙을 가졌다는 점도 이유가 되었을 수 있다. 헬레나는 남편에게 버림받은 후 신앙의 힘으로 버텼다고 한다. 효심이 지극했던 콘스탄티누스는 어머니를 위해 그리스도교에 자유를 주었을 수도 있다.

다른 이야기로는 밀비우스 다리의 전투가 있기 전날 밤 꿈에 십자가를 보았는데, 다음 날 크게 승리한 것이 중요한 계기가 되었을 거라고 한다. 밀비우스 다리의 전투는 그의 정치 인생에서 가장 중요한 분수령이었는데, 십자가 덕분에 승리했다면 그 고마움을 말로 다 표현하기 힘들었을 것이다. 그래서 그리스도교를 종교로 인정했다는 설이 있다. 어쨌거나 그리스도교 측에서는 그보다 더 고마울 수 없는 일이라 그를 '대제'라고 높여 부르고, 그의 어머니 헬레나는 성인으로 공경한다.

콘스탄티누스 개선문은 그런저런 사정을 알고 보면 더 의미 있게 다가온다.

라파엘로와 줄리오 로마노, <십자가의 현시>
밀비우스 다리의 전투가 있기 전날 밤, 콘스탄티누스가 꿈에 십자가를 보았다는
전승을 그린 것이다.

줄리오 로마노, <밀비우스 다리의 전투>
밀비우스 다리의 전투가 벌어진 상황을 그린 이 그림을 보면 병사들이 십자가를 들고 있고,
하늘에서는 천사들이 콘스탄티누스 군대 편을 들고 있다.
화면 오른쪽 하단의 왕관을 쓴 막센티우스는 물에 빠진 모습인데, 그는 익사했다고 한다.

　　이 개선문은 포로 로마노 안의 셉티미우스 세베루스 개선문처럼 아치가 세 개이며, 새로 제작한 것이 아니라 다른 곳에서 가져온 것들을 재활용했다고 한다. 개선문의 부조는 치열한 전투 장면, 승전 후 개선하는 장면들로 구성되어 있다. 다만, 다른 황제들의 기념비에서 가져온 것들이 있기 때문에 모든 부조가 다 밀비우스 다리의 전투를 표현한 것은 아니다. 나폴레옹이 로마를 점령했을 때, 이 개선문을 욕심내 파리로 가져가려 했지만 실패했다는 이야기가 전한다.

　　콜로세움을 바라보는 방향에서 보았을 때 오른쪽 아치 위에 보이는 프리즈에 부조된 것이 밀비우스 다리의 전투 장면이다. 멀리서는 잘 구분되지 않지만, 부조 속 물결무늬는 테베레강을 표현한 것이다. 막센티우스의 군대는 모두 강에 빠진 상태이고, 콘스탄티누스의 군대가 그들을 제압하고 있다. 프리즈 위 두 개의 메달리온은 하드리아누스의 기념비에서 가져온 것이다.

　　포로 로마노를 바라보는 방향에서 개선문 측면에 있는 프리즈에는 콘스탄티누스의 군대가 개선하는 장면이 묘사되어 있다. 그리고 프리즈 위의 메달리온에는 사두마차를 타고 개선하는 콘스탄티누스, 그의 승리를 증명하는 빅토리아, 물결 위에 비스듬히 앉아 있는 노인의 모습으로 표현된, 테베레강(콘스탄티누스가 승리를 거둔 곳)을 다스리는 신이 있다.

콜로세움을 바라보는 방향에서 보았을 때 오른쪽 아치 위에 보이는 메달리온과 프리즈

포로 로마노를 바라보는 방향에서 보았을 때 개선문 측면에 보이는 메달리온과 프리즈

메타 수단

황제들의 포룸으로 가기 전에 잠깐 시간을 내어 콘스탄티누스 개선문 앞의 낮은 철책으로 보호되는 잔디밭을 살펴보자. 가까이에서 볼 때는 잔디밭으로밖에 안 보이지만, 콜로세움에서 내려다보면 어떤 유적의 흔적이 보인다. 둥근 부분은 '메타 수단meta sudans'이라는 분수대가 있던 곳이고, 그 밖의 기단부는 네로 황제 당시의 건물 유적이라고 한다.

현재는 분수대가 사라지고 없지만, 1900년대 초까지는 기능을 잃은 분수대가 형태를 유지하고 있었다. 그런데 자료 그림을 보면 분수대 생김새가 원뿔형임을 알 수 있다. 분수대치고는 형태가 특이한 것이다.

부서진 상태로나마 남아 있던 메타 수단은 1936년에 베니토 무솔리니가 콜로세움 주변을 정리할 때 철거하여 현재와 같은 모습으로 남게 되었

메타 수단 유적

메타 수단 상상도   토랄드 라에소, <콜로세움에서 포로 로마노를 바라보는 전망>

다. 군대의 행렬을 방해하는 시설이라서 없앤 것으로 보인다. 메타 수단은 89~96년 사이에 건설되었다고 하는데, 이때는 도미티아누스의 치세 당시였다. 콜로세움이 도미티아누스의 형인 티투스 황제 때 완공되었으니, 이 분수는 콜로세움에 모여드는 시민들을 위해 만든 것으로 볼 수 있다. 몇만 명을 수용할 수 있는 건축물 앞에 물 공급 시설이 들어선 것은 당연한 일이다.

그러면 메타 수단이라는 말은 무슨 뜻일까. 라틴어로 meta는 '목적지, 목표', sudans는 '땀을 흘리다'라는 의미이다. 원뿔형으로 된 분수대가 경기장의 목적지를 표시해 주는 표주標柱(목표로 삼아 세우는 기둥)와 비슷하게 생겼고, 분수대 꼭대기에서 아래로 물이 흘러내리는 모습이 마치 땀을 흘리는 것처럼 보여 그런 이름을 붙였다고 한다. 그런데 한편으로는 이런 생각도 든다. 메타 수단은 티투스 개선문을 바라보는 위치에 세워졌는데, 정복 전쟁에서 승리를 거둔 로마 군대는 포로 로마노까지 전승을 과시하는 행렬을 했다. 그러니까 메타 수단이라는 분수대는 로마로 돌아오는 병사들의 1차 목적지(meta)였고, 땀 흘린(sudans) 병사들은 거기에서 목을 축이지 않았을까. 그런 다음 전열을 정비하고 보무도 당당하게 포로 로마노의 개선식장으로 행진을 이어갔을 것이다. 그런 의미에서 '땀 흘린 병사들의 목적지'라는 의미로 메타 수단이라고 한 것은 아닌가 싶은 생각이 든다.

찰스 록 이스트레이크, ⟨트라야누스 포럼의 전경⟩, 1821

황제들의 포룸　　Imperial Fora

황제들의 포룸 도로

콘스탄티누스 개선문을 본 다음, 콜로세오 역 앞으로 이동하여 베네치아 광장 쪽을 바라보면 로마에서 보기 드문 폭넓은 도로가 시원스럽게 뚫려 있다. '비아 데이 포리 임페리알리 Via dei Fori Imperiali(황제들의 포룸 도로)'이다.

이 길은 우리나라 도로와 비교한다면 넓다고 할 것도 없다. 이 정도 폭의 도로야 소도시에서도 흔하게 볼 수 있으니까. 그러나 로마는 사정이 다르다. 땅만 파면 유적이요, 발견되는 것마다 유물인 도시가 로마 아닌가. 그러니 골목길조차 함부로 파헤치지 못하고 불편해도 좁은 길을 감수하며 사는데, 그런 도시에 이 정도 길을 통 크게 낼 수 있었던 이는 누구일까?

그 통 큰 사내는 독재자 무솔리니이다. 이 도로는 1932년에 건설됐는데, 전하는 얘기로는 경쟁자였던 히틀러에게 지기 싫어서 이렇게 넓은 길을 냈다고 한다. 속도 무제한을 자랑하는 독일의 아우토반이 부러웠기 때문인지도 모를 일이다. 그러나 이 길은 고작 길이 850m, 폭 30m에 불과하니 애당초 아우토반과는 비교가 되지 않는다. 그러니 히틀러에 대한 경쟁심에서 이 길을 냈다는 말은 사실이 아닐지도 모른다. 어쩌면 베네치아 궁전에 있던 자신의 집무실에서 황제들의 포룸을 파괴하며 난 길을 내려다보며, 로마 제국 황제들을 꺾는 기분을 맛보려 한 무솔리니의 치졸함이 낳은 도로는 아닌가 모르겠다.

그러나 가장 가능성이 높은 가정은, 자신의 군대가 위풍당당하게 행진하며 세력을 과시할 수 있는 넓은 도로가 필요해서 이 길을 만들지 않았을까 하는 것이다. 실제로 무솔리니는 황제들의 포룸을 파괴하며 낸 이 길에서 군대 퍼레이드를 진행하곤 했다. 어느 것이 진실에 가까운지는 오직 무솔리니만 알겠지.

의도는 정확히 알 수 없지만, 이 길이 무솔리니의 명으로 건설된 것은 사실이다. 그리고 그가 독재자였기에 그런 결정을 밀어붙일 수 있었던 것도 분명하다. 여론에 귀 기울이고 문화유산에 대한 이해가 깊은 지도자였다면 감히 그렇게 무지막지하게 추진하지는 못했을 테니 말이다. 이 길이 필요한 것도 사실이고, 기존에 여기에 길이 있었던 것도 사실이다. 그렇지만 완공 당시의 사진을 보면, 문화재고 뭐고 안중에 없었던 독재자의 몰이해와 독단이 보인다.

콜로세오 광장에서 베네치아 광장 쪽으로 난 황제들의 포룸 도로

황제들의 포룸 도로에서 이루어진 무솔리니 군대의 퍼레이드

1940년대 엽서에서 볼 수 있는 황제들의 포룸 도로

　　그러면 이 도로 이름을 황제들의 포룸 도로라고 붙인 까닭은 무엇일까. 그건 황제들의 포룸 사이로 난 길이기 때문이다. 이 말은 도로 때문에 황제들의 포룸이 둘로 나뉘었다는 뜻이며, 도로 양쪽이 황제들의 포룸에 해당된다는 뜻이다.

　　'황제들의 포룸Imperial Fora/Imperial Forums'은 이름 그대로 로마 제국 황제들과 관련된 시설이 밀집된 곳이다. 콜로세움 쪽에서 보았을 때 왼쪽이 포로 로마노이고, 오른쪽이 황제들의 포룸이다. 포로 로마노가 서민들의 삶과 밀접한 시장, 신전, 공회당, 법정, 유세장 등이 주로 들어선 곳이라면, 황제들의 포룸은 황제들이 자신의 이름을 내건 건물을 짓고 통치한 정치적 심장부였다.

　　황제들이 비어 있는 공간에 자신의 이름을 딴 시설을 짓다 보니 꼭 재위 순서대로 배치된 것도 아니고, 황제들의 포룸이라고 하여 처음부터 포로 로마노와 구역을 정해 나누어 놓은 것도 아니었다. 황제는 아니지만 공화정 말기 최고 권력자였던 율리우스 카이사르가 처음으로 건물을 지었고(카이사르 포룸), 그 뒤를 이어 초대 황제 아우구스투스가 그 옆에 자신의 건물(아우구스투스 포룸)을 지었다. 이 두 포룸은 무솔리니가 낸 도로에 의해 나뉘게 되었지만, 황제들의 포룸에 가장 먼저 들어선 건물들이다. 그 뒤를 이어 베스파시아누스 포룸, 네르바 포룸, 트라야누스 포룸이 차례로 들어섰는데, 113년에 세운 트라야누스 원주가 황제들의 포룸에 맨 마지막으로 들어선 시설이다.

　　황제들의 포룸은 콜로세오 광장 쪽에서 출발해 살펴보기로 한다.

황제들의 포룸을 가로질러 건설된 황제들의 포룸 도로
도로 왼편에 보이는 곳이 아우구스투스 포룸이고, 도로 오른편은 카이사르 포룸이다.

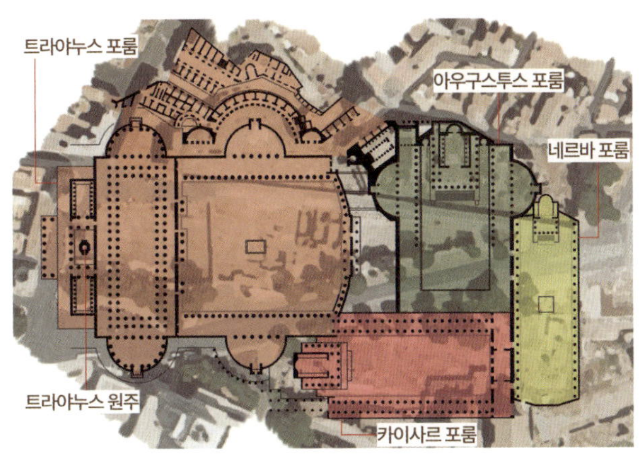

황제들의 포룸 배치도와 겹쳐본 황제들의 포룸 도로
황제들의 포룸을 파괴하며 만들어진 길이라는 것을 알 수 있다.

1 베스파시아누스 포룸

콜로세오 역에서 황제들의 포룸으로 향할 때 위치상 맨 처음 만나게 되는 곳은 베스파시아누스 포룸이지만, 현재 도로 오른쪽에는 현대적 건축물들이 들어서 있어서 그곳에 포룸 건물이 있었다는 걸 짐작할 수 없다. 다만, 도로 왼쪽(포로 로마노 쪽) 안토니누스와 파우스티나 신전 근처에 7개의 열주가 남아 있어 그곳이 베스파시아누스 포룸 터임을 알려준다.

베스파시아누스 포룸Foro di Vespasiano/Forum of Vespasian은 그가 평화의 여신 팍스Pax에게 봉헌했다는 설이 있어 '평화의 신전'이라고도 한다. 이곳에는 티투스가 예루살렘을 약탈하여 가져온 보물들이 보관되어 있었다고 하며, 특히 유대교를 상징하는 성물인 메노라(가지가 일곱 개인 촛대)도 이곳에 있었다고 전해진다. 티투스 개선문에서 로마 병사들이 메노라를 들고 개선하는 모습을 보았는데, 상대방에게 가장 중요한 물건을 약탈해다가 평화의 신전에 보관했다는 것이 아이러니하다. 어쩌면 베스파시아누스는 유대 정복 전쟁을 끝으로 더 이상의 전쟁이 없기를 바라며, 평화의 여신에게 신전을 봉헌했는지도 모른다. 백성들에게는 화려한 승전보다 평온한 일상이 더 소중할 테니, 자신이 그런 평화로운 일상을 가져다주겠다는 약속을 자신의 이름을 딴 포룸으로 표현하지는 않았을까.

베스파시아누스는 콜로세움 건설도 그렇지만, 민심을 얻기 위해 무엇을 해야 하는지를 잘 알았던 황제였다.

베스파시아누스 포룸(혹은 평화의 신전) 터
포로 로마노의 안토니누스와 파우스티나 신전 근처에 있다.

베스파시아누스 포룸(혹은 평화의 신전) 상상도

황제들의 포룸 도로를 걸을 때 실제로 제일 먼저 만나게 되는 것은 네르바 포룸Foro di Nerva/Nerva Forum이다. 긴 직사각형 형태인 네르바 포룸은 황제들의 포룸 중에서는 가장 규모가 작지만, 표지판의 상상도를 보면 결코 작지 않은 규모이다. 황제들의 포룸에 있는 다른 포룸들이 웅장하다 보니 상대적으로 작게 보일 뿐이다.

네르바 포룸 유적은 무솔리니가 건설한 도로 때문에 두 동강이 나버리고 말았다. 현재 도로 오른쪽에 있는 부분은 미네르바 신전이 있던 곳으로, 포룸 전체 중 20%도 채 되지 않는 것으로 보인다. 나머지 부분은 도로 건너편(포로 로마노 쪽)에 있는데, 부서진 석재들만 나뒹굴고 있기 때문에 정확한 규모를 알기 어렵다. 대략 바실리카 아이밀리아 근처일 것으로 짐작되며, 베스파시아누스 포룸과 카이사르 포룸의 중간에 위치했을 것이다.

네르바 포룸은 도미티아누스 황제가 건축을 시작했는데, 그가 부하들에게 암살된 후 황위에 오른 네르바가 완공하였으므로 네르바 포룸이 되었다. 팔라티노 언덕에서 보았듯이 도미티아누스는 과시적 성격의 대형 건물을 많이 지은 황제이다. 폭군으로 몰려 암살당하였으므로 그의 이름을 명예롭게 하는 효과는 거두지 못하였지만 말이다.

네르바는 오현제 시대를 연 황제였다. 그러므로 오현제에 대해 알아보는 게 옳겠지만, 미네르바 신전 부조에 재미있는 게 있어

네르바 포룸 상상도

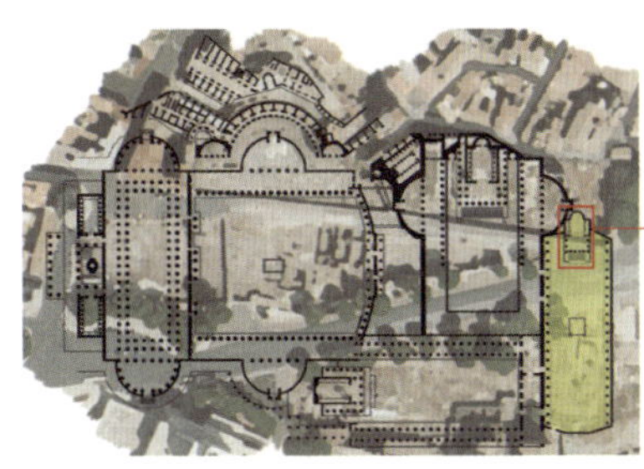

네르바 포룸 위치

미네르바 신전

현재 남아 있는 네르바 포룸의 미네르바 신전 부분

그 얘기를 하려고 한다. 오현제 이야기는 트라야누스 포룸에서 하면 되니까.

미네르바 신전은 코린트식 기둥 위에 프리즈(고대 건축에서 기둥머리 위에 띠처럼 생긴 장식 부분)가 있고, 거기에 부조가 새겨져 있다. 훼손이 심하여 설명이 없으면 무슨 내용인지 알아보기 어려운데, 미네르바의 발 아랫부분은 아라크네가 미네르바로부터 벌을 받는 장면이다.

아라크네는 그리스 신화에서 아테나 여신과 베 짜기 경합을 벌였다가 지는 바람에 거미로 변한 여인이다. 남달리 솜씨가 좋아 베 짜고 수 놓는 일에 있어서는 따라올 사람이 없다는 소리를 듣던 아라크네는, 방자하게도 아테나와 견주어도 손색이 없을 거라며 떠벌리고 다닌다. 그 망발을 들은 아테나는 노파로 변신한 채 그녀를 찾아가 "신을 무시하고 오만하게 굴면 반드시 벌을 받게 되니 여신에게 사죄하라."고 타일렀다. 하지만 아라크네는 도리어 화를 내며 "아테나가 정말 자신 있으면 나하고 내기를 해 보면 될 것 아니냐?"라며 큰소리를 친다. 노여움을 이기지 못한 아테나는 본연의 모습을 드러내며 아라크네의 도전을 받아준다. 아라크네의 솜씨는 과연 명불허전名不虛傳이었으나, 인간이 어찌 신을 이길 수 있으랴. 더구나 아테나는 공예의 여신인 것을.

결국 아라크네는 아테나로부터 벌을 받아 거미로 변했으며, 지금도 자신의 솜씨를 뽐내면서 계속 실을 뽑는다고 그리스 신화는

아라크네를 벌주는 미네르바

미네르바 부조

네르바 포룸에서 비교적 형태를 알아볼 수 있는 곳-미네르바 신전 부분
미네르바(그리스 신화의 아테나)가 부조되어 있어 이곳을 '포룸 팔라디움'이라고 부르기도 했다.
그리스 신화에서 아테나를 '팔라스 아테나'라고 부르는 것과 관련 있는 이름이다.

말하고 있다.

아테나는 지혜의 여신이면서 학문의 여신이고 또한 전쟁 신으로 알려져 있지만, 거기에 공예의 신이란 타이틀이 더 붙는다. 그러니 인간 따위가 감히 솜씨를 놓고 자신의 이름을 거론하는 걸 용납할 리 없었다.

네르바 포룸의 미네르바 신전은 공예의 신이기도 한 미네르바에게 봉헌한 신전이었기에 그녀의 행적과 관련 있는 내용을 벽면에 새긴 것으로 보인다.

아, 황제들의 포룸에는 그 포룸의 주인이 포룸 앞에 동상으로서 있다. 베스파시아누스 포룸은 건물도 사라지고, 이름도 평화의 신전으로 불리며 포룸으로서의 특성을 잃었기에 동상을 세우지 않았고, 나머지 네 사람, 즉 (황제는 아니지만) 카이사르, 아우구스투스, 네르바, 트라야누스는 각각의 동상이 있으니 관심을 갖고 보자.

네르바 포룸 앞에 세워진 네르바 동상
좌대의 S.P.Q.R은 라틴어 문장 Senatus Populusque Romanus의 약자로,
'로마의 원로원과 시민'을 뜻한다. 이 말은 로마 공화정 정부를 일컫는 말이었는데,
나중에는 로마를 뜻하는 말로 폭넓게 쓰였다.
로마를 여행하는 동안 제일 많이 보게 되는 표현일 것이다.

③ 아우구스투스 포룸

네르바 포룸에 접해 있는 것이 '아우구스투스 포룸_{Foro di Augusto/Forum of Augustus}'이다. 네르바 포룸에 비해 면적이 더 넓은 것을 위치도뿐만 아니라 눈으로도 확인할 수 있다. 네르바 포룸의 대부분이 도로 때문에 사라졌으므로 더욱 그렇게 느껴지기도 한다.

사진의 경우는 한 화면에 잡히지 않아 '마르스 울토르 신전_{Tempio di Marte Ultore/Temple of Mars Ultor}'과 신전 양쪽의 반원형 공간을 따로 찍을 수밖에 없었다. 이 공간을 합친 것이 실제 포룸의 절반쯤에 해당한다고 보면 된다. 나머지 절반은 황제들의 포룸을 가까이에서 볼 수 있도록 낸 알레산드리나 길_{Via Alessandrina} 너머에 있기 때문이다. 그러니 얼마나 넓은 면적인지 짐작할 수 있다.

아우구스투스 포룸은 황제들의 포룸에 있는 포룸 중에서는 카이사르 포룸 다음에 완성되었지만, 카이사르가 실질적인 황제는 아니었으므로 황제의 포룸으로는 최초로 들어선 곳이다.

아우구스투스 포룸에서 주목할 것은 마르스 울토르 신전이다. 현재 남아 있는 것이 신전 터뿐이기도 하지만, 자신의 포룸에 마르스를 위한 신전을 세운 그의 의도가 중요하기 때문이다. 마르스 울토르 신전은 평지보다 높은 땅에 세웠고, 그 규모도 커 보인다. 물론 포로 로마노에 있는 베누스와 로마 신전이 마르스 울토르 신전보다는 더 크다. 그러나 베누스와 로마 신전은 드넓은 포로 로마노 안에 들어선 것이고, 마르스 울토르 신전은 아우구스투스 포룸 안에 세운 것이기

마르스 울토르 신전 터

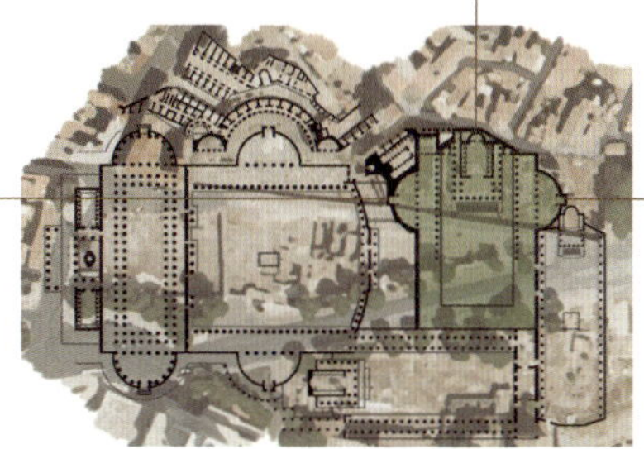

아우구스투스 포룸 위치

마르스 울토르 신전 왼쪽 반원형 공간

마르스 울토르 신전 오른쪽 반원형 공간

때문에 똑같은 기준으로 비교할 수 없다.

그러면 아우구스투스는 왜 자신의 포룸 가장 핵심적인 자리에 마르스를 위한 신전을 세웠을까.

BC 44년에 공화정 지지자들에게 암살당한 카이사르는, 장례식에서 있었던 마르쿠스 안토니우스의 감동적인 연설 덕에 '공화정 파괴자'란 오명을 벗을 수 있었다. 그러나 공화정 지지자들의 세력이 한순간에 흩어지지는 않았다. 그들은 로마를 벗어나 세력을 결집했고, 1년 뒤 필리피(마케도니아 지역에 있던 고대 그리스 도시)에서 브루투스·카시우스가 이끄는 군대와 안토니우스·옥타비아누스가 이끄는 군대 사이에 두 번에 걸친 전투가 치러진다. 이를 '필리피 전투'라고 한다.

이 전투는 공화정 지지 세력인 브루투스 일파가 다소 우세했는데, 이때 옥타비아누스는 전쟁의 신 마르스에게 "이 전투에서 승리하게 된다면 반드시 당신을 위한 신전을 봉헌하겠다."고 약속했다 한다. 마르스의 도움 덕분이었는지 옥타비아누스는 두 번의 전투를 모두 승리로 이끌고, 나중에 아우구스투스가 될 수 있었다. 아우구스투스란 '존엄한 자'라는 의미로, 한사코 황제란 칭호를 사양했던 옥타비아누스에게 원로원이 고심 끝에 올린 칭호였다. 왕정 복귀에 대한 의심만으로도 카이사르를 암살하는 사회 분위기에서, 왕보다 더한 절대 권력을 손에 쥔 황제로 군림하는 것을 옥타비아누스는 경계했던 것이다.

어쨌든 필리피 전투에서의 승리로 카이사르 암살자들을 모두

마르스 울토르 신전 상상도

척결한 옥타비아누스는 황제가 된 후 자신의 포룸을 짓고, 거기에 마르스 울토르 신전을 세움으로써 신과의 약속을 실천한다. 마르스 울토르 신전은 '복수자 마르스를 위한 신전'이란 의미로, 마르스의 도움으로 카이사르를 암살한 자들에게 복수한 후 세운 신전임을 밝히고 있다.

그런데 이런 의문이 생긴다. 로마 신화에는 전쟁의 신이 둘 있다. 마르스(그리스 신화의 아레스)와 미네르바(그리스 신화의 아테나)가 그들이다. 그리스 신화 속 신들을 그대로 받아들인 로마 신화이므로 마르스는 전쟁의 신이고, 미네르바는 전쟁의 여신이면서 지혜와 학문의 신, 공예의 신이기도 했다.

전쟁은 무력만으로 수행하는 것이 아니다. 전략과 전술 등 머리를 써야 승률이 높아진다. 그래서 그리스 신화에서는 지혜를 겸비한 아테나가 완력을 앞세우는 아레스를 상대로 승리를 거둔다. 트로이 전쟁이 대표적인 예이다. 트로이 전쟁 때 아레스는 트로이 편을 들었고, 아테나는 그리스 연합군 편을 들었다. 그 전쟁은 목마 작전이라는 꾀를 쓴 그리스 연합군의 승리로 돌아갔음을 우리는 알고 있다. 아테나의 승리인 것이다. 그래서 아테나와 아레스를 그린 그림을 보면 아레스는 처참하게 패하는 모습으로 표현되곤 한다.

그러면 옥타비아누스는 왜 힘겨운 전쟁을 앞두고 미네르바에게 도움을 요청하지 않고 마르스를 찾았던 것일까. 그것은 마르스가 로마를 건국한 로물루스의 아버지이기 때문이었다. 포로 로마노의 베누스와 로마 신전에서 설명하였듯이, 로물루스는 마르스와 베스타 신전의 여사제 레아 실비아 사이에서 태어났다. 그러니 마르스는 로마인에게 조상 신인 것이다. 베누스와 연인 관계였던 마르스가 베누스의 한참 뒤 후손인 레아 실비아를 겁탈해 아들 쌍둥이를 낳은 것은, 신화 속 이야기이니 그러려니 하고 넘어가야 한다. 신화는 역사도, 과학도 아니니까.

앞에서 그리스 신화보다 로마 신화에서 위상이 높아진 신으로 사투르누스와 베스타를 꼽았는데, 마르스도 마찬가지이다. 그리스 신화에서 아테나에게 번번이 패하던 찌질한 아레스는 로마 신화로 넘어와서는 건국자의 아버지로서 늠름한 위상을 획득한다. 그래서인지 마르스와 미네르바를 그린 그림에서 마르스는 미네르바와 대등하거나 심지어 더 우월해 보이기도 한다.

조제프 브누아 쉬베, <마르스와 미네르바의 전투>

이 그림은 아테나에게 아레스가 패한 모습을 표현했다. 아레스를 부축하는 여신은 아프로디테이고, 아테나를 말리고 있는 꼬마 아이는 아레스와 아프로디테 사이에서 태어난 사랑의 신 에로스이다.

다비드 클뢰커 에렌스트랄의 작업실, <마르스와 미네르바>

이 그림에서 마르스는 미네르바보다 더 여유롭고 당당해 보인다.

재미있는 사실은 네르바 신전을 짓기 시작한 도미티아누스 황제는 미네르바를 수호신으로 삼았다고 한다. 그래서 자신의 포룸에 미네르바 신전을 세웠던 것인데, 부하들에게 암살당하여 역사의 패배자가 된다. 그에 비해 마르스 울토르 신전을 세운 아우구스투스는 로마 제국의 토대를 닦은 창업 군주로 역사에 길이 남았으니, 마르스와 미네르바의 위상이 로마에서는 이렇게 달라졌구나 싶어 재미있다.

아우구스투스 포룸 앞에 세워진 그의 동상은 바티칸박물관 브라키오 누오보 관에 있는 '프리마 포르타의 아우구스투스Augustus of Prima Porta'를 모각한 것이다. 아우구스투스의 세 번째 아내인 리비아 드루실라가 남편과 사별한 후 살았던 프리마 포르타의 리비아 빌라에서 발굴된 것으로, 아우구스투스 조각상 중에서 가장 유명하고 대표적인 작품이기 때문에 그의 포룸에 모각해 설치한 것이다.

이 조각상에서 눈여겨 볼 것은 그의 흉갑에 새겨진 부조인데, 크라수스가 파르티아와의 전투에서 빼앗겼던 군단기를 아우구스투스가 회수하는 장면을 묘사하고 있다. 이 군단기는 로마 군단의 상징인 아퀼라Aquila(독수리 군단기)를 말하는데, 아퀼라는 단순한 깃발이 아니라 군단의 영혼이자 신성한 상징이었으므로 군단기를 적에게 빼앗긴다는 것은 군사적 패배를 넘어 종교적·정신적 굴욕에 가까웠다. 따라서 군단기의 회수는 아우구스투스의 중요한 군사적 업적에 해당하며, 그때 회수한 군단기는 마르스 울토르 신전에 보관하였다고 한다.

아우구스투스 포룸 앞에 세워진 동상

바티칸박물관에 소장된 원본 조각상

아우구스투스 동상의 흉갑에 새겨진 부조

④ 트라야누스 포룸

'트라야누스 포룸Foro di Traiano/Forum of Trajan'에서는 로마 제국의 오현제에 대한 설명부터 하고 가야겠다. 네르바 포룸에서 이곳으로 넘겼으니 말이다.

부하들의 추대를 받아 황위에 오른 베스파시아누스에게는 두 아들이 있었다. 그들도 아버지의 뒤를 이어 황제가 되었다. 열 번째 황제 티투스와 열한 번째 황제 도미티아누스가 그들이다. 억세게 운 좋았던 베스파시아누스와는 다르게 두 아들은 황제로서의 행복을 맘껏 누리지 못했다. 앞에서 설명했듯이 티투스는 재위 2년 3개월 동안 베수비오 화산 폭발, 로마 대화재, 역병 창궐이라는 전대미문의 가혹한 재해를 수습하느라 진력하다가 그만 사망하고 만다. 형의 뒤를 이은 도미티아누스는 15년 동안 재위하며 아버지의 재위 기간 10년을 뛰어넘었지만, 부하들에게 암살당하며 플라비우스 왕조의 막을 내리게 만든다.

도미티아누스가 죽은 뒤 원로원의 추대를 받아 황제가 된 이가 네르바 포룸에서 만났던 네르바이고, 그 뒤를 이은 이들은 트라야누스, 하드리아누스, 안토니누스 피우스(안토니누스와 파우스티나 신전의 주인), 마르쿠스 아우렐리우스이다. 이들을 묶어 다섯 명의 어진 황제, 즉 오현제五賢帝라고 한다. 이 시기에 로마 제국은 정치적으로 가장 안정되고 영토를 최대한으로 넓혔으므로 이때를 로마 제국의 최전

성기로 본다.

오현제의 공통점을 찾아보면 재미있는 사실을 알 수 있다. 원로원의 추대를 받은 네르바는 예외지만, 나머지 네 명은 다 전임 황제의 양자로 황제가 된 것이다. 양자 제도가 더 훌륭하다고 판단해서 의도적으로 그런 선택을 한 것이 아니라, 아들이 있었지만 아버지보다 먼저 세상을 떠났기 때문에 어쩔 수 없이 양자를 들여 황위를 넘긴 것이기는 하다.

그런데 참 이상한 것이 양자로 황위를 계승한 이들은 모두 어진 황제로 남았는데, 마르쿠스 아우렐리우스의 친아들로 황제가 된 콤모두스는 포악한 군주가 되어 암살당했다. 따지고 보면 콤모두스 이전에 친아버지로부터 황위를 물려받은 경우는 티투스와 도미티아누스뿐이고, 콤모두스 이후에는 셉티미우스 세베루스가 두 아들 카라칼라와 게타에게 넘겨준 예가 있다. 그 뒤는 너무 어지럽고 복잡하여 다 다룰 수 없을 정도이다.

아무튼 오현제 시대는 유럽을 제패한 거대 제국답지 않게 황위 계승이 무질서하고 난폭했던 로마 역사에서, 드물게 양자 계승이라는 독특한 방식으로 평화를 이룬 시기였다. 그 다섯 명의 어진 황제 중 두 명의 포룸이 황제들의 포룸에 있으며, 트라야누스 포룸이 그중 하나이다.

자, 그러면 트라야누스 포룸을 살펴보자. 이곳은 황제들의 포룸에서 가장 늦게 건설되었다. 그리고 그 면적이 가장 넓다. 위치도를 보면 네르바 포룸, 아우구스투스 포룸, 카이사르 포룸을 다 합친 것보다도 더 넓은 것을 알 수 있다. 트라야누스 황제 때 다키아(현재의 루마니아 지역)를 정복했는데, 그때 약탈해 온 전리품을 가지고 건설한 곳이 트라야누스 포룸이라고 한다.

트라야누스 포룸이 다른 황제들의 포룸과 다른 점은 바실리카·도서관·시장 등을 아우르는 계획적으로 설계된 대규모 복합 단지라는 점이다. 아우구스투스 포룸에서 가까운 곳부터 보면서 트라야누스 시장, 바실리카 울피아, 트라야누스 원주 순서로 그 모습을 확인해보자. 물론 원주를 제외하고는 많이 훼손되었지만, 그래도 중요한 의미를 갖는 곳들이니 마음의 눈으로 상상하며 살펴보자.

전체적으로 부드러운 반원 형태이며, 아치가 많이 쓰인 2층 건물이 '트라야누스 시장Mercati di Traiano/Trajan's Market'이다. 세계에서 가장 오래된 아케이드식 쇼핑몰이며, 행정 기관도 입주했을 것으로 추측한다. 로마 시대의 풍요로운 삶을 엿볼 수 있는 곳으로, 당대 최고의 건축가였던 다마스쿠스의 아폴로도로스가 건축을 담당했다고 전한다. 그에 대한 트라야누스의 신임이 두터웠다고 한다.

트라야누스 시장 앞의 넓은 공터는 트라야누스 포룸의 안뜰로, 포룸 내 여러 공간을 연결하는 역할을 했을 것이다.

트라야누스 시장 왼쪽으로 열주들이 보인다. '바실리카 울피아Basillica Ulpia' 유적으로, 주춧돌만 남은 다른 유적에 비하면 그래도 기둥들이 많이 보존되어 있다. 이곳은 트라야누스 포룸의 핵심 시설

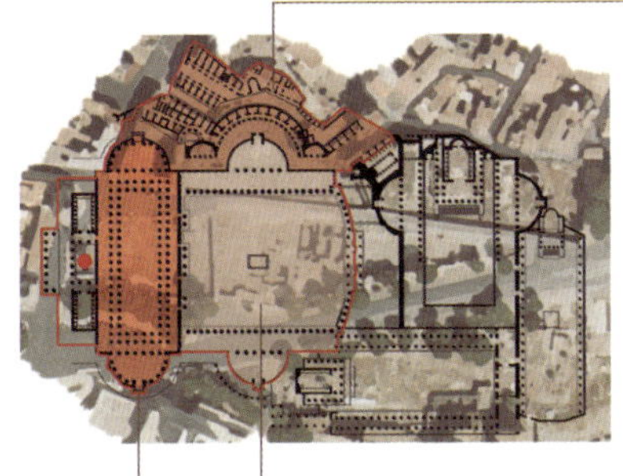

트라아누스 원주
트라아누스 포룸 안뜰
트라야누스 시장
바실리카 울피아

트라야누스 시장

트라야누스 포룸 안뜰

바실리카 울피아 유적

이자 바실리카 본연의 용도로 쓰인 곳으로, 사법, 행정, 경제 등 황제의 통치 전반에 관한 업무가 이루어지던 공간이었다. 기존에 포로 로마노의 바실리카 율리아와 바실리카 아이밀리아에서 수행했던 바실리카 기능이, 이 건물이 완공된 후 이전되었다고 한다. 그러나 트라야누스 치세는 그리스도교가 박해받던 시절이었기 때문에 바실리카 울피아는 교회와는 관련이 없다.

바실리카 울피아 옆에 드높이 서 있는 원주는 '트라야누스 원주Colonna di Traiano/Trajan's Column'라고 불린다. 앞에서 이야기했듯이 트라야누스 재위 당시 다키아 지역을 정복하고 속주로 삼았는데, 그때의 전투 상황을 원주에 빼곡히 부조로 남겼다. 전승 기념비인 셈이다. 원주 꼭대기에 트라야누스 동상을 설치했었지만 중세 시대에 사라지고, 현재는 자신의 상징물인 열쇠를 손에 든 베드로가 서 있다. 1587년에 교황 식스투스 5세의 명으로 설치한 것인데, 트라야누스가 그리스도교를 가혹하게 박해한 황제이므로 교회 측에서 불쾌하여 교체했을 것이다. 참고로 콜론나 광장Piazza Colonna 중앙에 있는 마르쿠스 아우렐리우스 원주는 트라야누스 원주를 모방하여 만든 것이라고 한다. 황제의 전쟁 승리를 기념하기 위해 세웠으며, 전쟁 부조가 새겨져 있다. 이 원주 꼭대기에도 마르쿠스 아우렐리우스 동상이 있었을 것으로 추정되지만 지금은 성 바울 동상으로 바뀌어 있어 트라야누스 원주와 비슷한 점이 많다.

이곳 역시 포룸의 주인이 포룸 앞에 동상으로 설치되어 있으니 확인하고 가자.

a. 트라야누스 원주 b. 원주에 새겨진 다키아 전투 장면 c. 원주 꼭대기에 설치된 베드로 상

포룸 앞에 설치된 트라야누스 상

 카이사르 포룸

트라야누스 포룸을 다 본 다음 콜로세움 쪽으로 약간 내려와 황제들의 포룸 도로를 건너면 '카이사르 포룸Foro di Casare/Forum of Caesar'을 만날 수 있다. 부서진 건물 잔해들이 나뒹굴고 있어 어수선하기는 하지만, 그래도 일부 기둥들이 서 있어 복원 작업이 진행되고 있음을 알 수 있다. 카이사르 포룸은 황제들의 포룸 도로에 의한 피해가 거의 없는 편이다.

카이사르 포룸은 개인의 이름을 딴 최초의 포룸으로, 기존에 없던 시설이었다. 카이사르로서는 로마를 위해 공헌한 자신의 위상을 드높이고 자신의 세력을 로마 시민들에게 과시하기 위해서였는지 모르지만, 그의 그러한 행위가 공화정 지지자들에게 경계심을 불러일으켜 암살이란 극단적 사건을 불러오지 않았나 싶다.

카이사르에게는 친아들이 있었다. 이집트의 클레오파트라가 낳은 카이사리온('작은 카이사르'라는 의미)이 그의 아들이었다. 클레오파트라는 당연히 카이사리온이 카이사르의 후계자가 될 것이라고 믿었을 것이다. 그러나 카이사르가 죽은 뒤 공개된 유언장에는 옥타비아누스가 후계자로 적혀 있었다. 클레오파트라로서는 큰 배신감을 느꼈겠지만, 카이사르의 선택은 로마를 위한 것이었다. 만약 혈연에 집착해 카이사리온을 후계자로 정했다면, 당연히 클레오파트라가 어린 카이사리온을 대신해 섭정으로서 로마 정치에 관여했을 테니까.

평화의 신전 쪽에서 바라본
카이사르 포룸

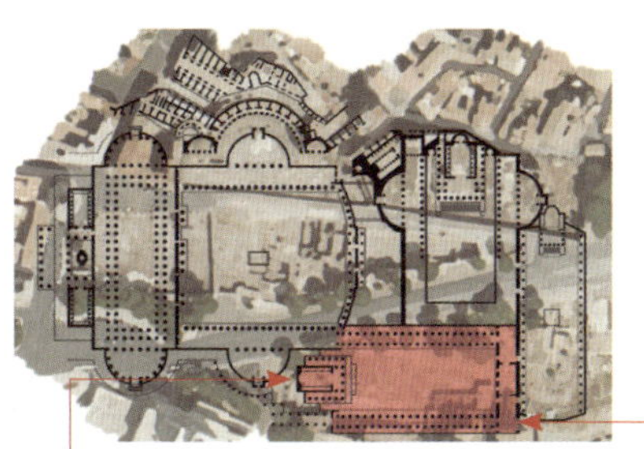

카이사르 포룸 위치

비토리오 에마누엘레 2세 기념관 쪽에서 바라본 카이사르 포룸

어쨌거나 카이사르의 누나 율리아의 외손자인 옥타비아누스가 후계자가 되었다. 혈연관계가 있다면 있다고 볼 수 있고, 남이나 다름없다면 또 그렇게 생각할 수도 있는 관계였지만, 옥타비아누스로서는 생각지도 못한 기회를 잡은 것이다. 카이사르의 후계자 자격으로 권력을 잡은 옥타비아누스는 자신의 정통성을 확고히 하기 위해서라도 카이사르를 신격화할 수밖에 없었다. 카이사르가 공화정 파괴자로 낙인찍혀 버리면 그의 후계자인 자신도 입지가 위험해질 테니 말이다. 그리하여 옥타비아누스는 카이사르 암살자들과 치른 필리피 전투에서 승리한 후, 포로 로마노에 있는 카이사르 화장터 옆에 카이사르 신전을 봉헌하여 그를 신격화했다. 카이사르가 짓다 만 바실리카 율리아와 쿠리아 율리아를 완공하여 카이사르의 이름을 명예롭게 만든 것도 같은 맥락이었다.

카이사르의 죽음으로 미완성이 된 포룸을 완성하고, 그 옆에다 자신의 포룸을 건설한 것도, 신격화된 카이사르의 후계자로서 그의 뜻을 이어받는다는 것을 로마 시민들에게 보여주고자 함이었을 것이다.

카이사르 포룸에서 눈여겨볼 만한 시설은 '베누스 제네트릭스 신전Tempio di Venere Genitrice/Temple of Venus Genetrix' 유적이다. 제네트릭스는 라틴어로 '어머니'란 의미이므로, 베누스 제네트릭스는 '로마의 어머니 베누스'로 이해하면 될 것이다. 즉 로물루스의 조상신에 해당하는 베누스를 위해 신전을 세운 것이니, 하드리아누스 황제가

베누스 제네트릭스 신전 유적

포로 로마노에 베누스와 로마 신전을 세운 것과 같은 의미라고 보면
된다.

특히 카이사르 가문인 율리우스Julius 씨족은 아이네아스의 아
들 율루스Julus의 후손임을 자처했다. 율루스는 트로이가 불타던 날
아버지의 손을 잡고 탈출했던 아스카니우스의 별칭이니, 카이사르
는 자신의 포룸에 가문의 조상신을 위한 신전을 세움으로써 신의 가
호를 받아 승승장구하기를 바랐던 것이다.

마메르티눔

카이사르 포룸을 보는 것으로 황제들의 포룸 투어는 끝난다. 그다음 곧장 베네치아 광장 쪽으로 갈 수도 있지만, 그 전에 한 군데 들를 곳이 있다. '마메르티눔Mamertinum'이다. 입장권을 구입해야 하지만, 로마 역사와 그리스도교 역사에 중요한 장소이니 빠뜨리지 않는 게 좋겠다.

카이사르 포룸과 접한 곳에 비토리오 에마누엘레 2세 기념관이 있다. 그 사이로 길이 나 있는데, 그 길을 따라가 보자. 왼쪽으로 카이사르 포룸에 속하는 건물 유적이 있고, 앞에는 '산 루카와 마르티나 성당'의 돔 지붕이 보인다. 그리고 더 가면 셉티미우스 세베루스 개선문과 사투르누스 신전 기둥이 보인다. 마메르티눔 옆에 포로 로마노 출구가 있으므로, 혹시 그곳으로 나온다면 마메르티눔 찾기가 쉬울 것이다.

왼쪽으로 카이사르 포룸을 끼고 산 루카와 마르티나 성당 돔 지붕을 보며 걸어가면 마메르티눔(사진 오른쪽 주황색 건물)이 나온다.

이곳이 로마 제국 시대에 감옥으로 사용되었던 마메르티눔이다. 이곳은 포로 로마노에 속하지 않으므로, 따로 찾아가야 한다.

열쇠를 든 베드로(왼쪽)와 긴 칼을 든 바울(오른쪽)이 감옥에 갇혀 있다. 이 감옥을 거쳐 간 사람들 중에서 제일 유명하고 중요한 인물들이다.

마메르티눔은 로마 제국 시절, 처형장으로 가기 전 죄수들이 마지막으로 갇혔던 지하감옥이다. 그러니 여기를 거쳐 간 죄수는 수없이 많았을 것이다. 그러나 여행자들은 그 많은 죄수들의 흔적을 찾아 마메르티눔을 찾지는 않는다. 이곳을 거쳐 간 이들 중에서 제일 유명하고 중요한 인물, 즉 베드로와 바울의 발자취를 찾아가는 것이다. 건물 정면에 'MAMERTINUM'이라고 쓰여 있고, 그 위에 작은 글씨로 'PRIGIONE DEI SS APOSTOLI PIETRO E PAOLO'라고 적혀 있다. '거룩한 사도 베드로와 바울의 감옥'이라는 뜻이다. 그리고 그 글씨들 위로 두 명의 죄수가 보이는데, 당연히 베드로와 바울이다. 예수로부터 천국의 열쇠를 받았다는 베드로는 그 열쇠가 상징물이니 왼쪽 남자가 베드로이고, 참수형을 받아 순교한 바울은 참수할 때 쓴 긴 칼이 상징물이니 오른쪽 남자가 바울이다.

예수가 태어난 것은 아우구스투스 치세에서였다. 그리고 33년을 산 예수는 티베리우스 황제 때 십자가형을 선고받고 세상을 떠난다. 아마 아우구스투스도 티베리우스도, 로마 제국의 식민지인 유대 땅에서 예수란 인물이 태어나고 죽은 사실을 몰랐을 것이다. 그때 이미 로마는 거대 제국으로 성장하고 있었으므로, 식민지 백성 하나가 태어나고 죽는 것까지 신경 쓰지는 못했을 테니까. 더욱이 그들의 식민지 백성이었던 예수가 훗날 유럽을 지배하는 종교의 창시자가 되리라는 건 꿈에도 알지 못했을 것이다.

예수가 티베리우스 치세에서 세상을 떠난 후, 그의 제자들이 스승의 가르침을 주변에 알리기 시작한다. 그리스도교의 출발이다. 그러나 그 세력이 미미했으므로 크게 경계하는 이는 없었다. 3대 황제 칼리굴라는 부하에게 암살당하고, 4대 황제 클라우디우스는 부인에게 독살당하며 자신의 운명을 감당하기에도 벅찼을 것이다.

문제는 5대 황제 네로 때 벌어졌다. 네로의 황금 궁전 편에서 이야기했듯이, 로마에 대화재가 발생하면서 여론이 급격히 나빠지자 네로는 그리스도교도들을 화살받이로 삼아 위기를 모면하려 한다. 그때 수많은 그리스도교도들이 순교하는데, 대표적인 인물이 베드로와 바울이었다. 그들은 형장으로 끌려가기 전에 관례대로 마메르티눔에 한시적으로 투옥되었는데, 그때 간수들에게 세례를 베풀어 신자로 만들었다고 한다. 하늘의 뜻인지, 감옥 바닥에서 샘이 솟아나 그 물로 원하는 이들에게 세례를 주었다는 것이다.

예전 사진을 보면 베드로와 바울이 묶였던 돌기둥과 바닥에서 물이 솟아났다는 샘이 있는 공간이 보존되어 있는데, 현재는 그곳이 공개되지 않고 돌기둥과 부조 등은 전시 공간으로 옮겨졌다.

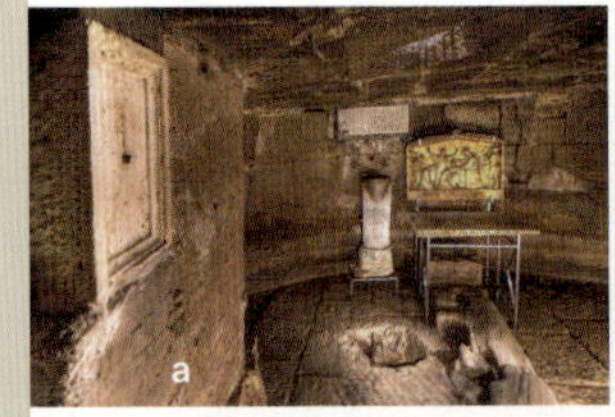

a. 2010년에 찍은 이 사진에는 베드로와 바울이 갇혔던 지하감옥이 보존된 채로 공개되었다. 바닥에서 물이 솟았다는 샘과 베드로와 바울이 묶였던 돌기둥이 보인다.

b. 2023년에 방문했을 때는 돌기둥과 부조 등이 원래의 자리를 떠나 전시실로 옮겨져 있었다.

c. 부조를 보면 쇠사슬에 묶인 베드로가 감옥 안에서 사람들에게 세례를 베풀고 있다. 바닥에서 샘이 솟고 있는 게 보인다. 옆에 두 손을 들고 있는 이는 바울이다.

a. 성 베드로 대성당 파사드   b. 성 베드로 대성당 지하에 있는 베드로의 무덤
c. 성 밖의 성 바울 대성당 파사드   d. 참수형을 선고받은 바울이 걸어갔던 세 분수 수도원의 길
e. 마메르티눔 앞에서 내려다본 포로 로마노. 오른쪽이 카피톨리니 언덕이고, 셉티미우스 세베루스
   개선문 아치 너머로 보이는 곳이 팔라티노 언덕이다.

이곳에 갇혔던 베드로는 바티카누스 언덕 아래에 있던 네로 경기장에서 십자가형을 받고 순교했으며, 그 근처 공동묘지에 묻혔다고 전해진다. 베드로의 무덤이라고 생각한 곳에 세운 것이 가톨릭의 심장이라고 할 수 있는 성 베드로 대성당이다. 베드로가 식민지 백성이기 때문에 가장 가혹한 십자가형을 선고받은 데 반해, 로마 시민권자였던 바울은 죽을 때 고통의 순간이 짧은 참수형을 받았다. 그는 로마 외곽에서 순교했는데, 잘린 머리가 바닥에서 세 번 튀었다고 전한다. 그의 머리가 튄 자리마다 샘이 솟았으므로 그 자리에 수도원을 세우고 '세 분수 수도원'이라고 했다. 그리고 그가 묻힌 곳은 '성 밖의 성 바울 대성당'이다.

마메르티눔을 다 보았으면 베네치아 광장으로 이동하자. 혹시 캄피돌리오 광장으로 갈 사람은 마메르티눔 왼쪽으로 난 계단을 이용하면 된다.

아, 그 전에 마메르티눔 앞에서 내려다보는 포로 로마노는 그 안에서 볼 때와는 또 다른 느낌을 주니 잠깐 머물다 가는 것도 좋겠다. 그곳에서는 셉티미우스 세베루스 개선문의 부조도 선명하게 보이고, 카피톨리니 언덕과 팔라티노 언덕도 손에 잡힐 듯 가깝게 보이니 두 언덕과 어우러진 포로 로마노를 본 다음에 이동하자.

C. 코르날리아, <비토리오 에마누엘레 2세 기념관 입면도(건설 중)>, 1894

비토리오
에마누엘레 2세
기념관

베네치아 광장

위치상 로마의 중심 광장은 '베네치아 광장_{Piazza Venezia/Venice Square}'이다. 베네치아 광장에서 출발한다면 어지간한 로마의 주요 관광 명소는 걸어서 닿을 수 있으니 말이다. 그러면 그렇게 핵심적인 공간을 왜 '로마 광장'이라고 하지 않고 베네치아 광장이라고 했을까. 그건 예전에 광장 옆에 베네치아 공화국 대사관이 있었기 때문이다. 스페인 대사관 앞의 광장을 스페인 광장이라고 하는 것과 마찬가지 이유이다.

광장 양쪽에 타워로 인해 비슷한 느낌을 주는 건물이 마주 보고 있는데, 초기 르네상스 양식의 왼쪽 붉은색 건물이 베네치아 공화국 대사관으로 쓰인 '베네치아 궁전_{Palazzo Venezia}'이다. 그리고 현재 보험회사가 사용하는 오른쪽 누런색 건물은 대칭적 균형을 위해 베

비토리오 에마누엘레 2세 기념관에서 바라본 베네치아 광장
왼쪽 붉은색 건물이 베네치아 궁전이고, 오른쪽 누런색 건물은 1910년에 지은 것이다.

베네치아 궁전의 산 마르코 성당 입구

네치아 궁전을 모방해 1910년에 세운 것이다.

'베네치아는 이탈리아의 도시인데, 수도인 로마에 대사관을 두었다고? 같은 나라끼리 그럴 수도 있나?' 하는 궁금증을 가질 수도 있는데, 그 문제는 비토리오 에마누엘레 2세에 대해 알아 보면서 생각해 보자. 베네치아 궁전은 한때 독재자 무솔리니가 집무실로 사용했으며, 현재는 베네치아 궁전 국립 박물관으로 쓰이고 있다.

베네치아 궁전은 과거에 산 마르코 궁전으로 불렸는데, 아마도 그곳에 산 마르코 성당_{Basilica di San Marco Evangelista al Campidoglio}이 있기 때문일 것이다. 산 마르코 광장 방향에서 보면 2층 아치로 된 베네치아 궁전의 아케이드 로지아가 보이는데, 그곳 1층에 산 마르코 성당으로 들어가는 입구가 있다. 성당 출입문 위에 사자와 함께 있는 산 마르코가 보인다. 산 마르코는 <마가복음>의 저자인 마가를 가리키며, 베네치아 공화국이 그를 수호성인으로 삼았으므로 그의 상징인 사자(대부분 날개 달린 형태)는 베네치아 공화국의 상징이기도 하다. 베네치아 궁전에서 산 마르코의 상징인 사자를 찾아볼 수 있는 것은 그 때문이며, 심지어 건너편에 들어선 베네치아 궁전 모방 건물에도 날개 달린 사자 부조가 있다.

베네치아 광장에서는 다른 이야기를 잠시 뒤로 미루고, 로마 지하철에 대한 이야기를 하려 한다. 뜬금없이 지하철 이야기를 왜 꺼내느냐면, 아직도 공사 중인 C선 지하철에 베네치아 광장-콜로세오역 구간이 있기 때문이다. 아마도 이 구간이 연결된다면 황제들의 포룸 아래로 길이 뚫릴 것 같다.

로마의 지하철은 서울과 비교하면 구간도 짧고 노선도 다양하지 않다. 물론 도시 규모 자체가 차이 나니 직접 비교할 일은 아니다. 그래도 그 차이가 큰데, 거기엔 어쩔 수 없는 사정이 있음을 이해해야 한다. 로마는 도시 전체가 야외 박물관이고, 땅속에도 어떤 보물이 숨겨져 있는지 알 수 없기 때문에 함부로 파헤칠 수 없는 것이다.

필자가 2007년에 로마에 갔을 때, 베네치아 광장은 발굴 조사 중이었다. 2014년에는 말끔하게 단장된 상태였는데, 2023년에 갔을 때는 또 파헤쳐진 상태였고, 2025년에도 여전히 공사 중이었다. 아마도 2007년 무렵에는 지하철 공사 계획에 따라 발굴 조사를 했고, 2014년 무렵에는 조사 작업이 끝나 원래대로 복원하였다가 2023년 무렵에 지하철역 건설 공사를 진행하기 위해 다시 파헤친 것으로 보인다. 이 공사가 과연 언제 마무리될지는 신만이 알 수 있는 일 아닐까.

베네치아 광장에서 콜로세오 역까지는 1km가 채 안 되는 거리인데도 워낙 역사적으로 중요한 의미를 갖는 곳이다 보니 이렇게 공사 진척이 느린 것이다. 성미 급한 한국인은 답답해서 숨넘어갈 속도이지만, 그것을 우리는 신중함과 문화재 보호에 대한 진정성으로 이해해야 한다. 지하철역 공사 현장에서 발굴된 옛 건물터는 그들의 고충을 이해할 수 있게 한다.

그런 곳에다 무솔리니는 제대로 발굴 조사도 하지 않고 그냥 시원스럽게 길을 내버린 것이다. 고작 1년 만에 말이다. 그의 무모함을 도저히 옹호할 수 없다. 로마니까, 그것도 로마의 심장부니까 말이다.

2007년의 베네치아 광장

2014년의 베네치아 광장

2025년의 베네치아 광장

베네치아 광장 지하철 공사 현장에
서 발굴된 옛 건물 유적

이탈리아 통일 운동과 비토리오 에마누엘레 2세

앞에서 베네치아 광장은 베네치아 공화국 대사관이 근처에 있기 때문에 그런 이름으로 부르게 되었다고 했다.

그러면 이런 생각이 들 수도 있다.

'아니, 베네치아는 이탈리아 도시 아냐? 그런데 이탈리아 도시가 이탈리아 수도에 대사관을 두었다니 그게 말이 돼?'

이 문제는 이탈리아 역사를 알아야 이해할 수 있다. 이탈리아 반도는 1870년에 통일되기 전까지 여러 왕국, 대공국, 공국, 공화국, 교황령, 주교령 등으로 나뉘어 있었다. 1870년 9월에 교황령이 차지하고 있던 로마를 이탈리아 왕국군이 접수함으로써 이탈리아는 오랜 분열의 역사에 마침표를 찍고 통일된 나라를 세울 수 있었다.

여러 나라로 나뉜 1796년의 이탈리아 지도
베네치아 공화국이 독립국임을 알 수 있다.

테오도시우스 1세에 의해 나누어진
동로마 제국과 서로마 제국(395년)

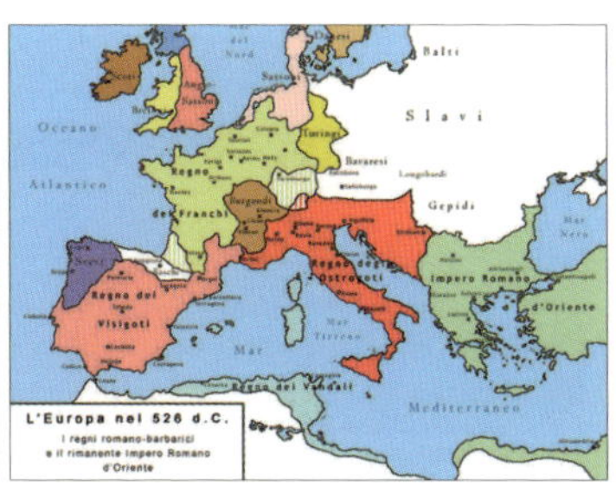

게르만족에 의해 여러 나라로 쪼개진
서로마 제국과 건재한 동로마 제국(526년)

유럽 대부분을 차지했던 거대한 로마 제국은 테오도시우스 1세가 두 아들에게 나누어 상속하는 바람에 동로마 제국과 서로마 제국으로 분열된다. 이때 나뉜 로마 제국은 다시 합쳐지지 못한다.

두 로마 제국 중에서 먼저 멸망한 것은 서로마 제국이었다. 훈족에 밀린 게르만족의 이동으로 서로마 제국은 476년에 황제가 강제 폐위되면서 멸망하고 만다. 마지막 황제의 이름은 공교롭게도 로물루스 아우구스투스였다.

무주공산이 된 서로마 제국 영토를 여러 게르만족들이 차지하고 각각 나라를 세운다. 동고트 왕국, 서고트 왕국, 프랑크 왕국, 부르군트 왕국, 반달 왕국 등이 게르만족이 세운 나라였다. 이탈리아반도에는 동고트 왕국이 자리 잡았다.

그 뒤로 1,300여 년의 세월이 흐르는 동안 많은 우여곡절을 겪으며 이탈리아반도에는 여러 나라들이 생겼다 사라지기도 하고, 분열되었다 통합되기도 하는 등 부침이 있었다. 주변 나라들은 왕국이

나 제국으로 성장하며 유럽 역사의 주인공으로 나서는데, 작은 나라들로 분열된 이탈리아는 약소국의 처지를 벗어나지 못했다. 특히 이웃 나라인 합스부르크 제국, 프로이센, 프랑스로부터 침략당하기 일쑤였다.

1800년대로 들어서면서 이탈리아반도에 통일을 열망하는 기운이 싹트기 시작한다. 북부 이탈리아에 자리 잡은 사르데냐-피에몬테 왕국을 중심으로 통일 이탈리아 왕국을 수립하기 위한 무장 투쟁이 추진되었다. 이웃 나라의 방해와 기득권을 고수하려는 세력들의 저항으로 쉽지 않았지만, 결국 통일을 완수하게 된다. 그때 가장 핵심적인 역할을 한 인물은 사르데냐-피에몬테 왕국의 국왕 비토리오 에마누엘레 2세와 주세페 가리발디 장군이었다.

교황령을 마지막으로 모든 독립국을 통일 이탈리아의 깃발 아래 결집한 뒤, 비토리오 에마누엘레 2세가 초대 국왕으로 즉위한다. 그래서 그를 '통일 이탈리아의 아버지'라고 부른다. '붉은 셔츠단'을 이끌고 전투마다 승리를 거둔 주세페 가리발디의 공이 더 크다고 볼 수도 있지만, 왕위는 사르데냐-피에몬테 왕국의 군주였던 비토리오 에마누엘레 2세 차지가 되었다.

베네치아 광장을 내려다보며 위풍당당한 모습으로 서 있는 통일 기념관을 비토리오 에마누엘레 2세 기념관이라고 부르는 것은 그 때문이다. 그의 동상이 통일 기념관 앞에 기마상으로 서 있고, 그의 무덤은 판테온에 마련되었다.

자신의 이름을 딴 통일 기념관 앞에 서서
로마 시내를 내려다보고 있는 비토리오 에마누엘레 2세

비토리오 에마누엘레 2세 기념관 구석구석

'비토리오 에마누엘레 2세 기념관Monumento Nazionale a Vittorio Emanuele II/Victor Emmanuel II Monument'은 로마 시내에서 보기 드문, 개성 있게 생긴 현대 건축물이다. 1885년에 공사가 시작되어 건물 자체는 1911년에 완공되었으나, 세부적인 사항들은 1937년에 완성되었다. 어쨌든 완성된 지 100년 남짓 된 건물이다. 우리나라에서야 이 정도 역사면 오래된 축에 들 수 있지만, 로마야 어디 그런가. 2,000년 된 콜로세움이 코 앞에 있다 보니, 이 건물은 역사 쪽으로는 명함을 내밀 엄두조차 못 낸다.

그렇다고 하여 의미 없는 장소라는 말은 아니다. 경내에서는 음식물 섭취는 물론이거니와 걸터앉는 것조차 금지된다. 다리 아픈 여행자가 계단에 앉아 잠시 쉬려고 하면 경비병이 득달같이 달려와 제지한다. 그들에게 그만큼 중요한 장소라는 뜻이다.

워낙 생김새가 별난 데다가 높은 지대에 자리 잡아 주변을 위압하는 형세다 보니, 떨떠름하게 여기는 사람도 있다고 한다. 그렇다고 해도 사분오열되어 이등 국가로 전락했던 이탈리아를 통일해 발전의 기틀을 닦은 초대 국왕 비토리오 에마누엘레 2세에 대해 폄훼할 사람은 없을 것이다.

이곳은 비토리오 에마누엘레 2세를 비롯한 통일과 건국에 헌신한 애국자들에게 바치는 이탈리아 국민의 헌사나 다름없다. 그렇다 보니 건물 구석구석에 그들의 역사, 자부심, 염원, 다짐 등이 새겨져 있다. 의미 없는 장식은 없다고 보아도 된다. 그것들을 살펴보자.

비토리오 에마누엘레 2세 기념관

❶ 만프레도 만프레디가 작업한 철책
❷ 줄리오 몬테베르데, '생각'
❸ 프란체스코 제라스, '행동'
❹ 에밀리오 콰드렐리, '아드리아해 분수'
❺ 아우구스토 리발타, '힘'
❻ 루도비코 포글리아기, '화합'
❼ 피에트로 카노니카, '티레니아해 분수'
❽ 레오나르도 비스톨피, '희생'
❾ 에토레 히메네스, '법'
❿ 주세페 토니니, '사자상'
⓫ '조국의 제단'으로 올라가는 계단
⓬ 에도아르도 루비노, '뱃머리에 서 있는 빅토리아'
⓭ 에도아르도 드 알베르티스, '뱃머리에 서 있는 빅토리아'

⓮ 조국의 제단
⓯ 안젤로 자넬리, '로마 여신'
⓰ 유제니오 마카냐니가 작업한 이탈리아의 주요 도시
⓱ 엔리코 키아라디아와 에밀리오 갈로리, '비토리오 에마누엘레 2세 기마상'
⓲ 니콜라 칸탈라메사 파포티, '빅토리아'
⓳ 아돌포 아폴로니, '빅토리아'
⓴ 카를로 폰타나, '통일의 콰드리가'
㉑ 마리오 루텔리, '빅토리아'
㉒ 체사레 조키, '빅토리아'
㉓ 파올로 바르톨리니, '자유의 콰드리가'

이곳을 찾은 사람들이 제일 먼저 만나는 것은 만프레도 만프레디가 작업한 철책[1]이다. 그는 이탈리아 건축가로, 비토리오 에마누엘레 2세 기념관 건축 당시 전반에 걸쳐 참여했다. 철책 왼쪽의 조각상은 줄리오 몬테베르데의 '생각'[2]으로 행동하기 전에 먼저 깊이 생각하라는 의미를 담은 듯하고, 오른쪽은 프란체스코 제라스의 '행동'[3]으로 깊이 생각하여 결정했다면 행동으로 옮겨야 한다는 의미를 담은 듯하다.

'생각' 왼편으로 에밀리오 콰드렐리가 작업한 '아드리아해 분수'[4]가 있다. 아드리아해는 이탈리아반도와 발칸반도 사이에 있는 바다로, 이탈리아 입장에서는 동해에 해당한다. 분수 뒤쪽에 있는 두 개의 조각상 중 왼쪽은 아우구스토 리발타의 '힘'[5]이다. 창과 방패를 든 남자는 적으로부터 나라를 지키는 강한 힘(군사력)을 상징하는 것으로 본다. 오른쪽 조각상은 루도비코 포글리아기의 '화합'[6]이다. 사이좋게 손을 맞잡은 사람들 사이로 풍요의 뿔을 든 여신이 보인다. 국민들이 서로 화합할 때, 삶이 풍요로워진다는 의미로 해석된다.

'아드리아해 분수'와 대칭되는 곳에 피에트로 카노니카가 제작한 '티레니아해 분수'[7]가 있다. 티레니아해는 이탈리아반도와 사르데냐섬, 시칠리아섬 사이의 바다로, 이탈리아 입장에서는 서해에 해당한다. 분수 뒤쪽 왼쪽 조각상은 레오나르도 비스톨피의 '희생'[8]으로, 나라를 위해 희생한 사람들의 참담한 모습을 보여줌으로써, 그들의 희생을 잊지 말자는 의미를 담은 듯하다. 오른쪽 작품은 에토레 히메네스의 '법'[9]으로, 칼을 뽑아 드는 여인의 표정이 단호하다. 쓰

1. 만프레도 만프레디의 철책

2. 생각　　　3. 행동

4. 아드리아해 분수

5. 힘　　　6. 화합

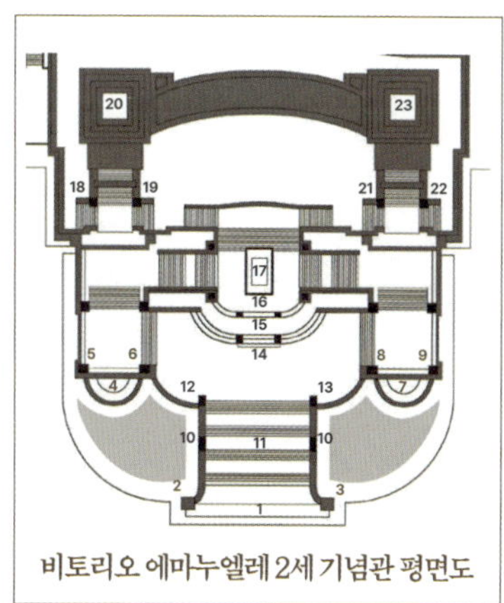

비토리오 에마누엘레 2세 기념관 평면도

7. 티레니아해 분수

8. 희생　　　9. 법

러진 남자는 범법 행위를, 서 있는 남자가 보호하는 앉아 있는 남자
는 피해자를, 칼을 뽑아 드는 여인은 공정하고 엄격한 법 집행을 의
미하는 것으로 이해된다.

조국의 제단으로 올라가는 계단 양쪽에 날개 달린 사자상[10]이
설치되어 있다. 두 작품 다 주세페 토니니가 작업했다. 사자는 강한
나라를, 사자의 등에 달린 날개는 나라의 번영을 의미하는 것으로 보
인다. 조국의 제단으로 올라가는 계단[11]은 이탈리아 사람에게 성역이
므로, 이곳에서 음식을 먹거나 함부로 주저앉으면 안 된다. 상대방이
소중하게 여기는 것은 존중해줘야 한다.

계단 끝 양쪽에 '뱃머리에 서 있는 승리의 여신 빅토리아' 상
이 설치되었다. 종려나무 가지를 들고 있는 왼쪽 작품[12]은 에도아르
도 루비노가 제작했고, 빅토리아가 월계관을 들고 있는 오른쪽 작품
[13]은 에도아르도 드 알베르티스가 제작했다. 종려나무 가지와 월계
관은 빅토리아의 중요한 상징물로, 승리를 의미한다.

비토리오 에마누엘레 2세 기념관에서 가장 핵심적인 공간이라
고 할 수 있는 곳이 바로 '조국의 제단Altare della Patria'[14]이다. 항상 두 명
의 군인이 지키고 있는 이곳에는 무명용사의 무덤이 있고, 양쪽에 꺼
지지 않는 불이 있다. 조국의 제단 뒤쪽으로는 안젤로 자넬리가 제작
한 '로마 여신Dea Roma'[15]이 서 있다. 로마 여신 양쪽으로 부조가 새겨
져 있는데, 노동의 승리를 주제로 하는 왼쪽 부조에는 'LABORVM
OPVS PATRIAM SERVAT AUGET(노동의 열매는 국가를 보존하
고 증가시킨다.)'라는 구호가 적혀 있고, 애국심의 승리를 주제로 하

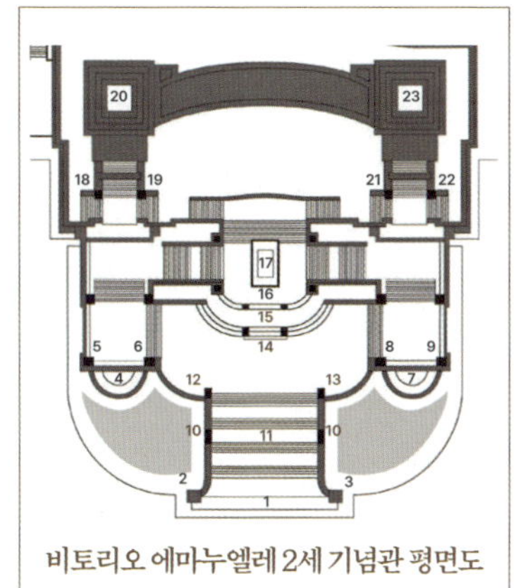

비토리오 에마누엘레 2세 기념관 평면도

10. 사자상

11. 계단

12, 13. 뱃머리에 서 있는 승리의 여신 빅토리아

14. 조국의 제단

15. 로마 여신

는 오른쪽 부조에는 'ARMORVM VIS PATRIAM TVETVR EXTOLLIT(무기의 힘은 국가를 지키고 높인다.)'라는 구호가 적혀 있다.

비토리오 에마누엘레 2세 기마상 좌대[16]에는 유제니오 마카냐니가 작업한 이탈리아의 주요 도시 14개를 의인화한 조각이 있다. 14개 도시는 중앙에 있는 토리노부터 시계방향으로 피렌체, 나폴리, 아말피, 피사, 라벤나, 볼로냐, 밀라노, 제노바, 페라라, 우르비노, 만토바, 팔레르모, 베네치아이며, 황소가 새겨진 방패를 들고 있는 여인이 토리노이다. 토리노는 비토리오 에마누엘레 2세가 통치한 사르데냐-피에몬테 왕국의 수도였기 때문에 가장 앞에 내세운 것으로 보인다. 14개 도시 중 로마 이남의 도시는 나폴리, 아말피, 팔레르모 셋뿐이다. 이탈리아가 통일된 이후 남부와 북부의 격차가 심해 사회불안 요인이 되고 있는데, 주요 14개 도시를 보면 그 사정이 짐작된다.

의인화된 14개 도시가 조각된 좌대 위에 이 공간의 진정한 주인인 비토리오 에마누엘레 2세가 말을 탄 채 로마 시내를 내려다보는 동상[17]이 설치되었다. 엔리코 키아라디아가 제작을 시작하여 에밀리오 갈로리가 완성했다.

비토리오 에마누엘레 2세 기념관은 그리스 신전 양식을 따랐는데, 완만한 곡선의 열주랑 양쪽에 페디먼트를 갖춘 작은 공간이 돌출되어 있다. 그 앞에 두 개의 기둥이 있고 기둥 위에 빅토리아 상이 설치되어 있으며, 페디먼트 위쪽 옥상에는 콰드리가Quadriga(사두마차)가 설치되어 있다.

아키트레이브에 PATRIAE VNITAT(조국의 통일)이라고 쓰

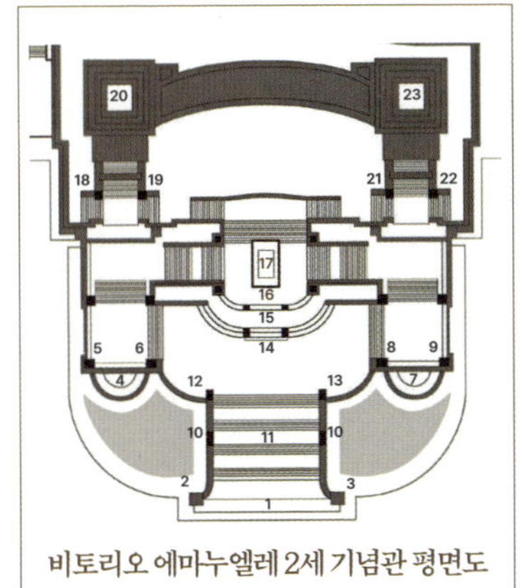

비토리오 에마누엘레 2세 기념관 평면도

16. 비토리오 에마누엘레 2세 기마상 좌대

17. 비토리오 에마누엘레 2세 기마상

여 있는 왼쪽 돌출 공간 앞 왼쪽 기둥 위 빅토리아 상[18]은 니콜라 칸탈라메사 파포티가 작업했는데, 오른손에는 종려나무 가지를, 왼손에는 뱀을 잡고 있다. 종려나무 가지는 승리를, 손에 뱀을 쥐었음은 사악한 존재(적)를 제압했음을 의미하는 것으로 보인다. 오른쪽 기둥 위 빅토리아 상[19]은 아돌포 아폴로니 작품으로, 왼손에 검을 든 채 오른손을 높이 들어 올린 자세이다. 전쟁에서 승리하였음을 선포하는 것으로 보인다.

'조국의 통일' 페디먼트 위쪽의 옥상 콰드리가는 '통일의 콰드리가'[20]로, 카를로 폰타나의 작품이다. 콰드리가의 빅토리아는 왼손에 방패를 든 채 오른손을 들어 보이고 있다. 전쟁에서 이기고 돌아와 환호하는 군중에게 손을 들어 답하는 자세이다.

아키트레이브에 CIVIVM LIBERTATI(시민의 자유)라고 쓰여 있는 오른쪽 돌출 공간 앞 왼쪽 기둥 위 빅토리아 상[21]은 마리오 루텔리의 작품이다. 오른손에는 검을, 왼손에는 월계관을 들고 있다. 전쟁에서 승리했음을 표현한 것으로 보인다. 오른쪽[22] 빅토리아 상은 체사레 조키의 작품으로, 왼손에는 종려나무 가지를, 오른손에는 월계관을 들고 있다. 종려나무 가지와 월계관을 둘 다 가졌으니, 완벽한 승리를 의미한다.

'시민의 자유' 페디먼트 위로 보이는 옥상의 콰드리가는 파올로 바르톨리니의 작품이다. '자유의 콰드리가'[23]라고 하는 이 작품 속 빅토리아는 왼손에는 창을, 오른손에는 월계관을 들고 있다. 전쟁에서 승리하였음을 표현한 것으로 보인다.

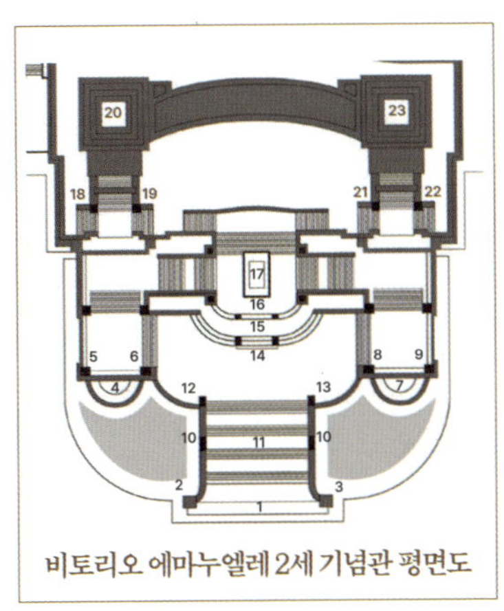

비토리오 에마누엘레 2세 기념관 평면도

18, 19. 돌출 페디먼트(왼쪽) 빅토리아 상

21, 22. 돌출 페디먼트(오른쪽) 빅토리아 상

20. 통일의 콰드리가

23. 자유의 콰드리가

로마 여신

비토리오 에마누엘레 2세 기념관을 이루는 요소들을 대략적으로 살펴보았는데, 그중에서 좀 더 자세히 알아볼 필요가 있는 것들에 대한 설명을 덧붙이고자 한다. 먼저, 로마 여신에 대해 알아보자.

포로 로마노에서 베누스와 로마 신전을 살펴보았는데, 그곳은 로마의 시조신에 해당하는 베누스와 로마를 신격화한 여신을 함께 봉헌했던 곳이라고 하였다. 그러면 로마를 신격화한 여신, 즉 로마 여신은 어떤 존재일까. 비토리오 에마누엘레 2세 기념관의 핵심 공간인 조국의 제단 뒤에 자리 잡고 서서 로마 시내를 바라보고 있는 로마 여신은 그만큼 중요한 존재라는 뜻이다. 앞으로 캄피돌리오 광장과 포폴로 광장에서도 만나게 될 테니, 여기에서 알아보고 가는 것이 좋겠다.

로마 여신이 나타나기 시작한 것은 공화정 때부터인데, 아마도 고대 그리스 도시국가들이 자신들의 수호신을 정해 숭배하는 전통에서 영향을 받지 않았을까 한다. 고대 그리스 도시국가들은 그리스 신화 속 주요 신 가운데 하나를 정해 수호신으로 받들었는데, 예를 들면 아테네는 아테나, 델포이는 아폴론이 수호신이었다.

로마 여신이 그런 경우와 다른 점은, 기존에 있던 신이 아니라 로마인의 염원이 집약된 형태로 만들어냈다는 것이다. 비토리오 에마누엘레 2세 기념관의 로마 여신을 통해 로마인이 원했던 그들의 수호신에 대해 알아보자.

비토리오 에마누엘레 2세 기념관의
로마 여신

캄피돌리오 광장의 로마 여신

포폴로 광장의 로마 여신

　　이곳의 로마 여신은 전쟁의 여신 미네르바를 연상시킨다. 그 점은 캄피돌리오 광장과 포폴로 광장의 로마 여신 또한 마찬가지이다. 세 경우 모두 투구를 쓰고, 손에는 창(포폴로 광장의 경우는 부러진 상태임)을 들고 있다. 그리고 이곳의 여신은 흉갑을 입고, 손에 승리의 여신 빅토리아를 들고 있으며, 캄피돌리오 광장의 여신도 흉갑을 입고 있다. 포폴로 광장의 여신은 왼손으로 방패를 붙잡고 있는데, 여신 중에서 투구, 창, 방패, 흉갑, 승리의 여신 등과 함께 표현되는 이는 미네르바가 유일하다. 그러나 미네르바를 연상시킨다는 것이지, 로마 여신이 곧 미네르바는 아니다. 그녀는 로마인이 만들어낸 독자적인 존재이기 때문이다.

비토리오 에마누엘레 2세 기념관의 로마 여신은 다른 두 경우(캄피돌리오 광장과 포폴로 광장의 로마 여신)와 투구 쪽에 차이점이 있다. 이 여신이 쓴 투구는 일곱 마리 늑대(일곱 개의 언덕을 의미함)와 로물루스와 레무스에게 젖을 먹이는 어미 늑대로 장식되어 있다. 이 여신이 로마를 의미함을 알 수 있는 것이다.

그러면 로마인은 왜 자신들의 나라를 신의 형태로 표현하면서 미네르바의 이미지를 빌린 것일까. 아마도 미네르바가 전쟁의 여신이라는 점이 가장 중요하게 작용했을 것이다. 로마 여신이 등장하는 것은 공화정 때인데, 이때는 정복 전쟁을 통해 로마의 영토가 늘어나기 시작할 무렵이다. 그런 상황에서 승리의 여신을 데리고 다니며 승리를 가져다주는 미네르바야말로 가장 필요한 여신이었을 것이다.

그렇다면 왜 전쟁의 신 마르스를 선택하지 않았을까. 아우구스투스 포룸에서 로마인이 마르스를 단순히 힘만 센 신이 아니라, 로마 건국자인 로물루스와 레무스의 아버지로서 각별히 대접했다는 이야기를 했다. 그런 마르스가 왜 로마를 신격화할 때 미네르바에게 밀린 것일까.

그건 아무래도 미네르바가 지혜의 여신, 학문의 여신, 공예의 여신을 겸하기 때문인 것 같다. 로마는 그리스의 선진 문명을 선망하여 모방하려 했다. 그리스 신화를 받아들이고, 그리스 신전 건축을 받아들이고, 그리스 예술을 받아들여 모방하고 발전시키고 향유했다. 그런 로마인들에게 문화와 문명을 발전시킬 수 있는 능력을 가진 미네르바는 가장 필요한 신이었을 것이다. 마르스에 대한 존중과는

비토리오 에마누엘레 2세 기념관의 로마 여신은 미네르바와 공통되는 요소가 많다.
투구를 쓰고, 오른손에는 창을 들었으며, 왼손에는 승리의 여신을 들고 있다는 점에서 그렇다.
그러나 그녀의 투구에는 로물루스와 레무스에게 젖을 먹이는 어미 늑대가 있어,
이 여신이 미네르바가 아니라 로마 여신임을 알려준다.

별도로 말이다.

그래서였을까. 로마는 공화정을 거쳐 제국으로 변화하면서 군사력만 강한 나라가 아니라 문화적 역량도 갖춘 대국으로 발전할 수 있었다. 그런 의미에서 로마 여신은 로마의 정체성과 그 당시 사람들이 추구한 바를 잘 드러내는 존재로 여겨진다.

콰드리가

비토리오 에마누엘레 2세 기념관 옥상 양쪽에 콰드리가가 설치되어 있다. 앞에서 보았을 때 왼쪽은 '통일의 콰드리가', 오른쪽은 '자유의 콰드리가'라고 한다.

영화 <벤허>를 본 사람이라면 누구나 가장 박진감 넘치는 장면으로 전차 경주 장면을 꼽지 않을까 한다. 그때의 전차는 네 마리 말이 끌고 있다. 그렇게 네 마리 말이 끄는 전차를 콰드리가라고 한다.

콰드리가를 볼 수 있는 가장 대표적인 건축물은 개선문이다. 유감스럽게도 로마에 남아 있는 개선문에는 콰드리가가 사라지고 없지만, 옛 그림을 보면 처음에는 설치되어 있었던 것으로 보인다. 아니, 당연히 설치되어 있었을 것이다. 콰드리가는 전쟁에서의 승리를 상징하기 때문에, 개선문에는 빠질 수 없는 요소이기 때문이다. 그러면 콰드리가는 어째서 전쟁에서의 승리를 의미하게 되었을까?

루브르박물관에는 의미심장한 그림이 하나 있다. 티타노마키아 때 아테나가 네 마리 말이 끄는 전차를 몰며 전장을 누비는 그림이다. 아테나의 손에는 니케가 들려 있다.

티타노마키아는 제우스를 비롯한 올림포스산의 신들이 그들의 조상신인 티탄 신들과 싸운 전쟁을 말한다. 올림포스산의 신들이 승리한 이 전쟁에서, 아테나는 전쟁의 여신답게 큰 역할을 했다고 한다. 티타노마키아에서 아테나가 몰면서 활약한 콰드리가는 그 후 승리의 상징이 된다. 개선장군은 콰드리가를 타고 위풍당당하게 귀환했고, 개선장군을 위해 세우는 개선문에는 콰드리가를 설치했다. 콰드리가가 승리와 명예의 상징이 된 것이다.

심지어 신들도 콰드리가를 탔다. 태양신 아폴론이 모는 태양마차, 바다의 신 포세이돈이 모는 마차도 다 네 마리 말이 끈다. 신들에게도 콰드리가는 외면하기 힘든 매력적인 존재였나 보다.

티타노마키아 때 콰드리가를 몰며 맹활약하는 아테나 (루브르박물관 소장)

콰드리가가 설치되어 있는
파리 카루젤 개선문

니콜라 푸생, <비너스의 탄생>
바다에서 태어난 미의 여신 비너스를 네 마리 말이 끄는
마차를 탄 바다의 신 넵투누스가 지켜보고 있다.

한편, 티타노마키아 때 뜻밖의 선택을 한 티탄 신이 있다. 여신 스틱스는 티탄 신이었음에도 불구하고 딸 니케와 함께 올림포스산의 신들 편을 들었다. 티타노마키아가 끝난 후 제우스는 스틱스와 니케에게 감사의 표시로 선물을 하는데, 스틱스에게는 '번복할 수 없는 맹세의 증표'가 되는 영광을 주었고, 니케에게는 다툼이나 전쟁에서 승리를 가릴 수 있는 권한을 주었다.

그로 인해 스틱스의 이름을 걸고 한 맹세는 제우스조차도 반드시 지켜야 했다. 제우스가 사랑하는 여인 세멜레에게 원하는 것은 무엇이든 들어주겠다고 약속하면서 스틱스의 이름을 거론한 탓에 세멜레를 죽음으로 몰았을 정도이다. 제우스의 본모습을 보고 싶다고 말하는 세멜레에게 벼락 신 본연의 모습을 보여줄 수밖에 없었기 때문에, 세멜레는 벼락 신의 모습을 보고(즉, 벼락을 맞고) 타 죽게 된다.

니케가 받은 권한 또한 더없이 명예로운 것이었다. 전쟁이 잦던 시절에 니케가 편들어주면 승리할 수 있으니, 그녀는 어디에서나 사랑받았다. 니케는 전승과 관련된 기념물에서 주로 볼 수 있는데, 대부분 위풍당당한 자세로 표현된다.

그렇게 명예로운 지위를 얻은 니케지만, 아테나와 함께 있을 때는 사정이 다르다. 제우스에게 협조했던 니케와, 제우스의 사랑스럽고 믿음직스러운 딸 아테나는 같은 신분일 수 없었다. 그래서 니케는 아테나와 함께 있을 때는 아테나의 손에 올려진 왜소한 존재로 표현된다. 조국의 제단에서 볼 수 있는 로마 여신은 아테나(미네르바)와 비슷한 이미지인데, 니케(빅토리아)가 로마 여신의 손 위에 올려져 있다.

조국의 제단 로마 여신
로마 여신의 손 위에 니케(빅토리아)가 올려져 있다.

니케가 아테나의 손 위에 올려진 왜소한 모습으로 표현된 예

한편, 티타노마키아 때 아테나가 네 마리 말이 끄는 전차를 몰며 전장을 누볐다고 했다. 그리고 그 결과 아테나가 포함되는 올림포스산의 신들이 승리했다고도 했다. 그래서 전승 기념비 등에 설치된 콰드리가를 보면 아테나가 전차를 모는 형태로 표현되기도 한다. 마드리드 승리의 개선문이 그러하다. 그런가 하면 니케(빅토리아)가 콰드리가를 모는 경우도 있는데, 베를린 브란덴부르크 문이 대표적이다. 물론 개인의 전승을 기리기 위해 세우는 개선문에는 승전의 주인공이 콰드리가를 몰기도 한다.

승전의 주인공을 제외하고, 콰드리가를 모는 이가 아테나인지 니케인지를 구별하는 방법은 간단하다. 아테나는 전쟁의 여신이므로 투구나 흉갑을 착용하고 창이나 방패를 든 경우가 많다. 반면 니케는 상징물이 날개, 월계관, 종려나무 가지이므로 그런 것들이 보이면 니케로 보면 된다.

비토리오 에마누엘레 2세 기념관 옥상에 설치된 콰드리가를 모는 이는 둘 다 등에 날개가 있으니 승리의 여신 빅토리아이다.

마드리드 승리의 개선문
투구를 쓴 아테나가 콰드리가
를 몰고 있다.

베를린 브란덴부르크 문
날개가 달린 빅토리아가 콰드
리가를 몰고 있다.

**비토리오 에마누엘레 2세 기
념관 옥상**
날개가 달린 빅토리아가 콰드
리가를 몰고 있다.

뱃머리에 선 빅토리아

비토리오 에마누엘레 2세 기념관에는 세 종류의 빅토리아가
보인다. 옥상에 설치된 콰드리가를 모는 빅토리아가 둘이고, 페디먼
트를 갖춘 돌출된 작은 공간 앞 기둥에 설치된 빅토리아가 넷이며,
뱃머리(배의 앞부분) 위에 서 있는 빅토리아가 둘이다. 그중에서 기둥
위에 설치된 빅토리아는 들고 있는 물건을 눈여겨볼 필요가 있는데,
그 이야기는 앞에서 개략적으로 살펴볼 때 했으니 생략한다. 그리고
콰드리가를 모는 빅토리아도 앞에서 알아봤으니 생략한다. 그러면
남은 것은 뱃머리 위에 서 있는 빅토리아인데, 그녀는 왜 뱃머리 위
에 서 있는 것일까?

비토리오 에마누엘레 2세 기념관의 뱃머리에 서 있는 승리의 여신 빅토리아

a. 사모트라케섬의 니케 (루브르박물관)
b. 사모트라케섬의 니케 상상도

뱃머리 위에 서 있는 승리의 여신 중에서 가장 유명한 것을 꼽으라면, 루브르박물관에 소장된 '사모트라케섬의 니케'를 들 수 있다. 날개를 활짝 펼친 니케가 바닷바람을 맞으며 뱃머리 위에 서 있는 모습의 조각상이다. 두 팔과 목 윗부분이 훼손되어 원래의 모습은 정확히 알 수 없지만, 승전 나팔을 불고 있는 모습이었을 거라고 추측하는 이도 있다.

이처럼 뱃머리 모형에 니케 상을 세우는 전통은 고대 그리스로부터 비롯되었다. 에게해 주변의 수많은 섬들에 도시국가들이 세워지다 보니 해전이 잦을 수밖에 없었는데, 그때마다 승리를 빌 대상으로는 니케가 가장 유력했다. 승리를 가져다주는 신이니까. 그래서 전쟁에 나가기 전에는 승리할 수 있도록 도와달라고 간청했을 테고, 승리한 다음에는 감사의 제사를 올렸을 것이다. '사모트라케섬의 니케'도 BC 200년경~BC 190년경에 로도스 주민들이 시리아와의 해전에서 승리한 것에 감사하기 위해 사모트라케섬의 성소에 바쳤던 것으로 보인다.

로도스섬 사람들이 자신들이 거둔 승리에 감사하기 위해 만든 니케 상을 남의 나라인 사모트라케섬에 바친 이유가 문득 궁금해진다. 로도스섬 사람들은 카베이로이 신(선원들을 보호하는 신)을 숭배했는데, 그에게 봉헌한 신전 중에서 가장 크고 중요한 신전이 사모트라케섬에 있었기 때문에(즉, 사모트라케섬이 카베이로이 숭배 신앙의 중심지였기 때문에) 니케 상을 그곳에 바친 것으로 보인다.

하여간 해전에서 승리했을 경우 뱃머리에 서서 승리할 수 있도록 독려하는 니케를 조각하여 신전에 바쳤던 것으로 보이는데, 고대 로마 시절에 그것이 약간 변형되어 전통을 이어간다. 승리한 쪽이 패전한 쪽의 배 앞부분을 잘라다가 승전 기념비에 붙이는 전통이 생긴 것이다. 뱃머리를 많이 노획했다는 것은 그만큼 크게 승리했다는 의미이므로, 뱃머리 장식을 만드는 게 유행했다.

거기에서 나온 것이 '로스트랄rostral'이란 단어로, '뱃머리 장식이 있는'이란 뜻이다. 나중에는 상징적 의미만 남아 원기둥에 뱃머

a. 뱃머리에 서서 나팔을 불고 있는 니케가 새겨진 BC 3세기의 동전
루브르박물관의 '사모트라케섬의 니케'와 비슷한 자세로 보인다. 한쪽 면의 포세이돈은 이것이 바다에서 이루어진 전쟁에 관한 기록임을 알게 한다.
b. 뱃머리 장식이 있는 테베레강 주변의 가로등
c. 포폴로 광장의 로스트랄 원주

리 모양의 장식을 붙이는 것으로 변형된 것이다. 포폴로 광장의 로마 분수에도 로스트랄 원주 두 개가 있고, 테베레강 주변의 가로등에서도 같은 장식을 보았다.

그러니까 비토리오 에마누엘레 2세 기념관에서 볼 수 있는 '뱃머리에 선 빅토리아'도 그런 전통에서 나온 것으로, 특히 이탈리아가 거둔 해전에서의 승리를 기념하는 것으로 이해하면 될 것이다.

아라코엘리의
로마 주택

비토리오 에마누엘레 2세 기념관을 나와 캄피돌리오 광장 쪽으로 걷다 보면, 왼쪽에 고대 주택 유적이 나타난다. 남은 부분이 얼마 되지 않아 원래 어느 정도 규모였는지는 알 수 없지만, 콘크리트와 붉은색 벽돌로 지어진 여러 층짜리 건물이었음은 짐작할 수 있다. 표지판에는 'CASA ROMANA DELL'ARA COELI(아라코엘리의 로마 시대 주택)'라고 되어 있다. 아마도 비토리오 에마누엘레 2세 기념관을 지을 때 뒤편은 철거되고, 도로에 접한 부분만 일부 남은 것으로 보인다.

산타 마리아 인 아라코엘리 성당 계단과 붙어 있었던 그 주택은 그림에 남아 있다. 학자들의 연구 결과에 따르면 이곳에 있던 건물은 2세기에 지어졌고, 5층 이상의 아파트 형태였으며, 380여 명이 거주했던 것으로 추정된다. 1층은 가게로, 2층 이상은 주거 공간으로 쓰였을 거라고 한다. 이를테

아라코엘리의 로마 주택 유적 뒤의 왼쪽 건물은 비토리오 에마누엘레 2세 기념관이고, 오른쪽 건물은 산타 마리아 인 아라코엘리 성당이다.

크리스토퍼 빌헬름 에커스베르크, <산타 마리아 인 아라코엘리 성당으로 이어지는 대리석 계단>
가파른 계단 왼쪽에 인슐라가 있었다.

면 주상복합건물이었던 셈이다. 이곳을 '인슐라 델 아라코엘리Insula dell'Ara Coeli'라고 한다. Insula는 고대 로마의 다가구 주택을 일컫는 말이다. 제국 초기의 로마 인구 100만 명 중 대다수가 인슐라에서 생활했다고 한다. 제국이 번영을 누리게 되자 많은 사람들이 로마로 들어왔는데, 그들을 수용할 수 있는 단독 주택이 부족하기 때문이었다.

그렇게 많은 사람이 생활했다면 로마에 크고 작은 인슐라가 많았을 텐데, 현재까지 남아 있는 유적은 많지 않다. 인슐라 델 아라코엘리가 있고, 팔라티노 언덕에 물을 공급하던 클라우디우스 수도교 근처에 인슐라 유적이 남아 있다. 네로와 티투스 치세에서 발생한 대화재 때 피해가 컸던 것이 이런 공동 주택이었고, 그 뒤로도 화재나 재해에 취약한 구조라 보존되기 어려웠을 것이다. 또한 하층민이 살던 곳을 소중한 문화유산으로 여겨 보존하려는 사람도 없었을 테니 남아 있는 인슐라 유적이 더욱 적을 수밖에 없다. 그러므로 이곳이 비록 거의 다 무너진 볼품없는 건물터에 불과하지만, 로마 제국 시대의 주거 형태를 이해하는 데 중요한 자료가 되는 곳이니 한 번 더 눈길을 주고 가도록 하자.

카날레토, <캄피돌리오 광장과 코르도나타 계단>, 1740~1745년경

카피톨리니 언덕　　　Capitolini

　　고대 로마의 주택 유적 바로 옆으로 가파른 계단이 보인다. 산타 마리아 인 아라코엘리 성당으로 올라가는 계단이다. 계단이 이렇게 가파른 까닭은 성당이 언덕 위에 지어졌기 때문이다. 바로 이 언덕이 로마의 일곱 언덕 중 하나인 카피톨리니Capitolini 언덕이다.

비토리오 에마누엘레 2세 기념관 뒤에 자리 잡은 산타 마리아 인 아라코엘리 성당은 가파른 계단으로 유명하다.

나라의 으뜸 도시(수도)를 가리키는 영어 단어 capital이 여기서 나왔다. 일곱 개의 언덕이 있었지만, 그중에서 이 언덕이 제일 중요했다는 뜻이다. 황제들의 궁전이 있던 팔라티노 언덕보다 정치적으로는 이곳이 더 중요했음을 알 수 있다.

유노 모네타 신전

이 중요한 언덕에 지금은 산타 마리아 인 아라코엘리 성당이 서 있지만, 그 이전에는 다른 신전이 있었다. '유노 모네타 신전Tempio di Giunone Moneta/Temple of Juno Moneta'이다.

콘스탄티누스 1세가 313년에 밀라노 칙령을 반포하여 그리스도교를 종교로 인정하기 전까지 로마인은 어떤 종교를 믿었을까. 다른 종교에 비해 그리스도교가 가혹한 탄압을 받았다는 말은, 다른 종교는 상대적으로 자유를 누렸다는 뜻이다. 그러면 그 당시에는 어떤 종교가 있었을까? 로마 제국의 식민지가 된 지역에는 그곳만의 토속 신앙이 있었을 것이다. 로마 제국은 식민지의 토속 신앙에는 관대했다고 전해진다. 원래의 로마인들은 그리스 신화를 받아들여 살짝 변형한 로마 신화를 신봉했다. 종교란 무엇인가. 신을 믿는 것이 아닌가. 로마인에게는 유피테르니 유노니 미네르바니 넵투누스니 아폴로니 하는 신들이 숭배의 대상이요, 신앙이었다.

그래서 로마 땅에 많은 신전이 세워졌다. 물론 로마인 특유의 생각, 즉 인간도 훌륭한 업적을 쌓으면 죽어서 신이 될 수 있다는 믿음 때문에 인간에게 봉헌된 신전이 있기는 하다. 포로 로마노에서 보

있던 로물루스 신전, 안토니누스와 파우스티나 신전, 베스파시아누스와 티투스 신전, 카이사르 신전 등이 그런 사례이다.

그러나 신을 위한 신전이 더 많았다. 포로 로마노만 해도 베누스와 로마 신전, 콩코르디아 신전, 사투르누스 신전, 카스토르와 폴룩스 신전, 베스타 신전 등이 있었고, 네르바 포룸에 미네르바 신전이, 아우구스투스 포룸에 마르스 울토르 신전이, 카이사르 포룸에 베누스 제네트릭스 신전이 있었다.

카피톨리니 언덕은 가장 중요한 언덕이니만큼 가장 중요한 신전이 들어섰다. 로마 신화 속 으뜸 신인 유피테르(그리스 신화의 제우스)와 으뜸 여신인 유노(그리스 신화의 헤라)에게 봉헌된 신전이었다. 그 당시 모습을 그린 상상도를 보며 두 신전의 위상을 짐작해 보자.

카피톨리니 언덕 위에 세워진 유피테르 신전과 유노 모네타 신전
유노 모네타 신전이 있던 자리에 산타 마리아 인 아라코엘리 성당이 지어졌다.
그림 하단의 왼쪽은 팔라티노 언덕에 들어선 궁전과 귀족들의 저택이고, 오른쪽은
포로 로마노이다. 포로 로마노의 카스토르와 폴룩스 신전과 바실리카 율리아의 모습이 보인다.

여기서는 유노 여신에게 봉헌된 유노 모네타 신전에 대해 알아보려고 한다.

그리스 신화 속에서 헤라는 가정을 수호하는 여신이다. 정당하게 이루어진 결혼과, 그 결혼의 결과인 가정을 보호하는 역할을 맡았다. 그렇기 때문에 가정의 숭고함을 깨는 불륜을 헤라는 용서하지 않는다. 바람을 피우거나 배우자를 배신하는 이를 철저하게 응징한다. 불행히도 그런 행동을 가장 많이 하는 존재가 그녀의 남편인 제우스이지만.

헤라는 로마 신화로 건너와서 이름은 유노로 바뀌지만, 비슷한 캐릭터를 유지한다. 가정을 지키고 보호하는 역할을 맡은 것이다. 그래서 로마 사람들은 유노의 별칭을 '모네타moneta'라고 불렀다. 이 말은 '경고하다'라는 뜻의 라틴어 monēre에서 왔다고 보는데, 유노가 가정을 망가뜨리는 이에게 경고한다는 의미와 관련 있다고 본다. 혹은 BC 390년에 갈리아족이 로마를 침략했을 때, 유노 신전에서 키우는 거위들이 요란하게 울어대면서 경고한 데서 모네타란 별칭이 유래한다고 보기도 한다.

카피톨리니 언덕의 유노 모네타 신전 거위들이 갈리아족의 침입을 알리기 위해 요란하게 날갯짓하며 울어대는 모습을 새긴 부조

어느 쪽 의견이 맞든지 유노 모네타는 질서를 지키고 위험을 경고하는 여신이라는 이미지를 갖게 되었다. 그리고 그녀의 신전은 그런 역할이 필요한 일에 사용되게 되었다. 화폐 주조소가 들어선 것이다. 유노 모네타 신전에서 만들어진 화폐는 로마의 국고가 있던 사투르누스 신전으로 옮겨져 보관되었다고 한다.

유노 모네타 신전에서 만들어진 화폐는 모네타라고 불리게 되었다. 고대 로마 제국에서 사용한 은화인 데나리온에 유노 여신의 모습과 moneta란 글자가 보이고, 미국 남북전쟁 당시 남부동맹이 발행한 지폐에도 유노 모네타가 보이는 것은 그런 까닭에서이다. 돈을 의미하는 영어 단어 money의 어원 또한 moneta에서 비롯되었다.

산타 마리아 인 아라코엘리 성당으로 오르는 계단은 124개인데, 경사가 가파르고 숫자가 많아 단숨에 오르기 벅찬 곳이다. 그래서 사람들은 우스갯소리로 "이 계단을 쉬지 않고 한 번에 오르면 복권에 당첨된다."라고 한다는데, 그 계단 끝에 예전에 돈을 찍어내던 주조소가 있었던 데서 나온 농담이 아닌가 싶다.

고대 로마의 은화인 데나리온
유노와 moneta 글자가 보인다.

1861년 미국 남부동맹이 발행한 50달러 지폐
돈 상자를 지키는 유노 여신이 보인다.

산타 마리아 인 아라코엘리 성당

그리스도교가 로마 제국의 국교로 정해지기 전까지 로마인은 다양한 신을 숭배했다. 그러나 세상이 바뀌고 나니 로마 신화 속 신에게 봉헌한 신전들은 애물단지가 되었다. 하느님 이외의 다른 신을 섬기지 말라는 그리스도교 입장에서 볼 때, 이런저런 신들에게 바친 신전은 잡신의 소굴에 불과하기 때문이었다. 그래서 신전들은 파괴되거나 다른 용도로 쓰이게 되었다.

드높은 카피톨리니 언덕에 자리 잡은 유노 모네타 신전 또한 그리스도교가 로마 제국의 국교로 선포된 4세기 말 이후로는 쓸모가 없었을 것으로 보인다. 화폐 주조소로서의 기능도 도미티아누스 황제 때 콜로세움 근처에 새로 생긴 곳으로 이관되었으므로 더더욱 입지가 애매했을 것이다.

유노 모네타 신전이 있던 자리에는 6세기(혹은 7세기)에 새로운 주인을 위한 건물이 들어선다. 예수의 어머니인 성모 마리아에게 봉헌된 '카피톨리니의 성모 마리아 교회'로, '산타 마리아 인 아라코엘리 성당Basilica di Santa Maria in Ara coeli/Basilica of Saint Mary of the Altar in Heaven'의 전신이다. 그런데 그 자리에 성모 마리아에게 봉헌된 교회를 짓게 된 사연이 전하므로 이야기하고자 한다. 내용은 믿거나 말거나 수준임을 미리 말해둔다.

아우구스투스가 통치하던 시절의 일이다. 하루는 아우구스투스가 아이를 안은 여인이 허공에 나타난 것을 보았다. 이상하게 여긴

성명 미상의 네덜란드 화가, 〈아우구스투스에게 예언하는 티부르의 무녀〉

아우구스투스는 티부르(현재의 티볼리)의 무녀를 불러 자신이 본 것이 무슨 의미인지를 물었는데, 그녀는 "세상을 구원할 신의 아들이 태어날 것이란 뜻"이라고 알려주었다. 이것을 그리스도교에서는 아우구스투스에게 예수의 탄생을 예언한 사건이라고 한다.

이 이야기는 그리스도교 신자들에게 매력적이었던지 몇몇 화가들이 그 내용을 그림으로 남겼다. 대부분 허공에 떠 있는 성모자 앞에 아우구스투스가 무릎 꿇은 채 공경하는 자세를 취하고 있는 모습으로 그려졌다. 그리스도교도들은 그런 그림을 보면서 자신들이 믿는 그리스도의 위대함을 느끼고자 했다.

이탈리아어 'Ara'는 제단이고, 'Coeli'는 하늘이라는 뜻이기 때문에 산타 마리아 인 아라코엘리 성당은 '성모 마리아에게 봉헌된 하늘의 제단 성당'이라는 의미를 갖는다. 성모 마리아가 아우구스투스에게 나타나 예수가 태어날 것을 알렸을 때 허공에 뜬 상태였기 때문에, 훗날 드높은 카피톨리니 언덕 위에 성당을 지으면서 이름을 그렇게 붙였다는 것이 산타 마리아 인 아라코엘리 성당의 건축 동기에 전하는 이야기이다.

그러면 아우구스투스는 진짜로 예수가 태어나기 전에 세상을 구할 신의 아들이 올 거라는 사실을 알았을까. 예수가 아우구스투스 치세(BC 27~AD 14년 재위)에 태어난 것은 사실이다. 예수는 BC 3년에 태어난 것으로 보기 때문이다.

그런데 만약 그가 무녀의 말을 믿어 신의 아들이 태어났다고 생각했다면, 어떤 방식으로든 행동을 취했을 것이다. 신의 아들을 찾아 공경심을 표해 신의 환심을 사려고 했거나, 아니면 신의 아들을 자칭하는 이를 찾아내 혹세무민의 죄로 다스려 후환을 없애려 했거나 하는 식으로 말이다. 그러나 그는 예수와 관련된 아무런 행적도 보이지 않는다. 틀림없이 아우구스투스는 로마 제국의 식민지인 유대 땅에서 예수라는 아이가 태어난 것 자체를 모른 채 살다 갔을 것이다.

산타 마리아 인 아라코엘리 성당 건축과 관련해 아우구스투스가 거론되는 까닭은, 순전히 그리스도교도들이 예수가 황제를 능가하는 권위를 가진 존재였다고 믿고 싶은 마음에서 성당 이름과 결부시켜 만들어낸 이야기로 보인다.

가파른 124개의 계단을 숨차게 올라가 성당 안으로 들어가면, 바실리카 양식과 로마네스크 양식이 조화를 이룬 성당 내부가 눈에 들어온다. 목재 천장, 천장 아래 높이 설치된 창문, 공간을 나누는 열주는 바실리카 양식의 흔적이고, 열주를 연결하는 둥근 아치와 중앙 제단과 소성당의 둥근 아치는 로마네스크 양식의 특징을 보여준다. 이곳에서 볼 수 있는 둥근 아치는 중세 시대 고딕 양식에서는 첨두아치(끝이 뾰족한 아치)로 바뀐다. 둥근 아치가 사용된 로마네스크 양식 교회는 로마에서 보기 드문 편이므로 이렇게 만나는 것이 반갑다.

로마네스크 양식의 중요한 특징인 둥근 아치가 공간을 구성하고 있는
산타 마리아 인 아라코엘리 성당 내부

캄피돌리오 광장

팔방미인이라는 말이 있다. 여러 분야에 두루 재능이 있는 이를 일컫는 말이다. 그런 이를 부러워하는 건 인지상정이지만, 그런 능력이 꼭 복은 아닌 것 같다. 오히려 '열두 가지 재주에 저녁 끼니 간데 없다.'는 말처럼, 다재다능이 화가 되기도 한다. 그런 대표적인 인물이 레오나르도 다 빈치 아닐까 싶다.

그는 '신이 어떻게 한 인간에게 저렇게 다양한 분야의 재능을 쏟아부을 수 있을까?' 하는 원망이 들 정도로 팔방미인이었다. 그러나 사실 그는 끝을 본 분야가 거의 없다. 대표작이라고 할 만한 <모나리자>조차 미완성이란 주장이 있을 정도로 그의 작업은 대부분 미완성이거나 아이디어의 스케치 정도로 남았다. 고향인 피렌체를 떠나 프랑스에서 생을 마친 것도 고향에서 제대로 인정을 받지 못한 탓이었다. 그래서 나온 또 다른 말이 '우물을 파도 한 우물을 파라.'이다. 이것 조금, 저것 조금 재주를 부리지 말고, 우직하게 하나만 파고들면 뚜렷한 성취를 이룰 수 있다는 의미의 격언이다.

미켈란젤로는 레오나르도 다 빈치보다는 다양한 분야에 대한 천재성이 부족한 대신, '미술'이라는 한 분야에서는 누구도 따라오기 힘든 천재성을 발휘한 이였다. 물론 현대인의 관점에서 보자면 회화, 조각, 건축은 별개의 분야이지만, 그가 살던 시절에는 한 분야처럼 여겨졌다. 미켈란젤로는 한 우물을 판 천재였던 것이다.

'캄피돌리오 광장Piazza del Campidoglio/Capitoline Square'의 리모델링을 미켈란젤로에게 의뢰한 이는 교황 바오로 3세(1534~1549년 재위)

였다. 당시 로마는 교황령의 수도였으므로, 로마에 관한 중요한 결정은 교황령의 수장인 교황이 하였다. 바오로 3세는 신성로마제국의 황제 카를 5세가 로마를 방문하게 되자, 그에게 깊은 인상을 남겨줄 목적으로 이 광장의 리모델링을 추진했다고 한다.

미켈란젤로는 캄피돌리오 광장으로 오르는 계단 '코르도나타 Cordonata'를 설계했다. 이곳은 계단이 아니라고 할 수는 없지만, 계단치고는 독특하다. 경사도가 매우 완만한 것도 그렇지만, 계단의 폭이 일반적인 경우보다 상당히 넓기 때문이다. 이곳은 계단이라기보다는 '일정한 간격으로 얕은 턱이 있는 경사로'라고 하는 게 맞을 것 같다.

캄피돌리오 광장으로 올라가는 코르도나타
완만한 경사와 넓은 계단 폭 덕분에 편안하게 오를 수 있다.
산타 마리아 인 아라코엘리 성당 계단과 비교하면 완만한 정도를 이해할 수 있다.

전하는 바에 따르면, 카를 5세가 말을 타고 올라갈 수 있도록 완만한 경사와 넓은 폭으로 설계했지만, 정작 카를 5세가 방문했을 때는 완공되지 않아 이용하지 못했다고 한다. 비록 카를 5세는 이용하지 못했지만, 지금은 유모차를 끌고 올라가는 사람들이 편리하게 이용하니 건설 의도는 달성된 셈이다.

코르도나타 끝에는 카스토르와 폴룩스 동상이 양쪽에 서 있다. 포로 로마노의 카스토르와 폴룩스 신전 터에서 이야기했던 제우스의 쌍둥이 아들이다. 그들의 도움이 로마인에게는 몹시 고마웠던지, 신전을 봉헌하는 것 말고도 이런 동상을 세웠던 것이다.

광장에 들어서서 앞을 보면 삼면이 건물(오른쪽의 콘세르바토리 궁전, 왼쪽의 누오보 궁전, 중앙의 세나토리오 궁전)로 되어 있고, 광장 중앙에 마르쿠스 아우렐리우스 황제 기마상이 서 있다. 그리고 그 뒤로 테베레강의 신과 나일강의 신을 좌우에 둔 채 앉아 있는 로마 여신이 보인다. 로마 여신에 대해서는 비토리오 에마누엘레 2세 기념관에서 했으니 생략하고, 마르쿠스 아우렐리우스 기마상과 강의 신들은 뒤에서 설명하기로 한다. 여기서는 광장 바닥의 아름다운 꽃문양을 감상하고 넘어가도록 하자.

광장에서 보아서는 무엇인지 짐작할 수 없고, 높은 곳에서 내려다보아야만 만개한 꽃송이인 것을 알 수 있는 이 바닥 문양이야말로 미켈란젤로의 천재성이 유감없이 발휘된 역작이 아닌가 싶다. 직선으로 된 도형들을 연결했는데 높은 데서 보면 유연한 곡선으로 보이게 만든 천재 미켈란젤로의 의도에 보는 이마다 감탄한다.

코르도나타 끝에서 보는 캄피돌리오 광장 전경

높은 곳에서 내려다보아야만 보이는 캄피돌리오 광장을 특별하게 만드는 바닥의 꽃문양
활짝 피어난 커다란 꽃송이가 광장을 가득 채우고 있다.

○ 마르쿠스 아우렐리우스 황제 기마상

캄피돌리오 광장 중앙에는 마르쿠스 아우렐리우스 황제 기마상이 서 있다. 광장에 설치된 것은 복제품이고, 원본은 카피톨리니 박물관에 전시되어 있다. 마르쿠스 아우렐리우스는 로마 제국의 태평성대를 열었다고 평가받는 오현제 중의 한 사람이다.

오현제 시대는 상반되는 생각을 갖게 한다. 그런 태평스러운 시대가 다섯 명의 황제에 의해 이어졌다니 참 다행이라는 생각이 드는 한편, 왜 마르쿠스 아우렐리우스 황제를 끝으로 다시는 그런 시대가 오지 않았을까 하는 안타까운 생각이 드는 것이다.

11대 황제 도미티아누스가 암살당한 후, 원로원의 추대를 받아 황위에 오른 이가 네르바였다. 66세에 황제가 된 그는 자식을 낳았는지는 모르지만, 황제가 되었을 무렵에는 후계자로 삼을 자식이 없었던 듯하다. 할 수 없이 유능한 부하였던 트라야누스를 후계자로 정한 다음, 1년 4개월의 짧은 재위 끝에 세상을 떠난다. 네르바의 뒤

마르쿠스 아우렐리우스 황제 기마상(복제품)

마르쿠스 아우렐리우스 황제 기마상(원본)

를 이어 황제가 된 트라야누스 또한 공교롭게도 아들이 없어 조카 하드리아누스를 양자로 삼아 황위를 물려준다. 트라야누스가 하드리아누스를 명백하게 양자로 삼고 후계자로 정한 것은 아니어서 논란의 여지는 있지만, 친아들이 아닌 하드리아누스가 트라야누스의 후임 황제가 된 것은 사실이다. 하드리아누스도 양자에게 황위를 물려주게 된다. 황제의 양자가 되어 오현제 중 네 번째 황제가 된 이는 안토니누스 피우스로, 그는 포로 로마노의 안토니누스와 파우스티나 신전에서 살펴보았던 이다. 안토니누스는 하드리아누스의 조카 파우스티나와 결혼함으로써 권력에 다가갈 수 있었다. 안토니누스 피우스의 양자로 황위를 물려받은 이가 마르쿠스 아우렐리우스이다. 안토니누스 피우스는 마르쿠스 아우렐리우스 외에 루키우스 베루스도 양자로 맞았으므로, 둘은 공동 황제로 인정된다. 친아들이 없어 양자를 맞아 황위를 물려주었던 전임 황제들과는 달리, 마르쿠스 아우렐리우스에게는 아들 콤모두스가 있었다. 마르쿠스 아우렐리우스가 죽은 뒤 황제가 되었다가 최악의 폭군이라는 오명을 남기고 암살당하면서 오현제 시대의 종언을 고하게 하는 인물이 콤모두스이다.

이상하게 로마 제국 역사를 보면 황제위의 부자 세습은 드물고, 그나마 아버지로부터 아들에게 이어진 경우 끝이 좋지 않은 경우가 많았다. 오현제 중의 한 명이었던 마르쿠스 아우렐리우스의 아들조차도 그러했으므로, 이런 아쉬움이 남는다.

'만약 마르쿠스 아우렐리우스가 혈연에 얽매이지 않고 어질고 유능한 부하를 양자로 삼은 다음 황위를 물려주었다면, 어진 황제

의 시대가 더 이어질 수 있었을까?'

물론 마르쿠스 아우렐리우스 이전의 어진 황제들이 나라를 위해 있는 자식을 두고 양자에게 황위를 물려주었던 것은 아니다. 그래도 공교롭게도 오현제 시대의 양자 계승이 평화로운 시대를 열었다 보니 그런 아쉬운 생각이 드는 것이다.

캄피돌리오 광장에 서 있는 마르쿠스 아우렐리우스 황제 기마상은 미켈란젤로가 광장을 리모델링하면서 다른 곳에 있던 것을 옮겨온 것이다. 그는 황제가 성 베드로 대성당을 바라보도록 배치하였다.

그런데 이는 참으로 아이러니한 결정이었다. 마르쿠스 아우렐리우스는 그리스도교도를 가혹하게 박해한 10명의 황제에 포함되기 때문이다. 그래서 나온 설명이, 이 동상의 주인이 콘스탄티누스 1세라고 오해하여 이런 결정을 하게 된 것이라고 한다. 아무래도 그것이 개연성 있는 설명인 것 같다. 만약 마르쿠스 아우렐리우스의 동상인 줄 알았다면 광장 중앙에 버젓이 자리 잡는 대신, 그리스도교도의 손에 파괴되었을 가능성이 높기 때문이다. 트라야누스 원주 꼭대기에 서 있던 트라야누스 동상과 콜론나 광장의 마르쿠스 아우렐리우스 원주 위에 서 있던 동상이 사라진 것처럼 말이다.

어쩌면 미켈란젤로 같은 위대한 인물에게는 동상 자체의 완벽함이 중요하지, 그가 콘스탄티누스 1세인지 마르쿠스 아우렐리우스인지는 중요하지 않았을지도 모르지만 말이다.

● 테베레강의 신과 나일강의 신

그리스 신화 속에서 세상 모든 물을 관장하는 으뜸 신은 포세이돈이다. 그러나 세상이 좀 넓은가. 세상이 넓으니 다스릴 물도 많을 수밖에 없어서 포세이돈은 바다에 집중하고, 바다에 아직 들어오지 않은 물, 즉 강물은 부하 신들에게 맡겼다. 강마다 강의 신이 있는 이유이다.

그림 속 강의 신은 대개 나이 든 노인이 물단지에 비스듬히 기대앉은 모습으로 표현된다. 혹은 물단지를 들고 있는 경우도 있다. 강은 폭포나 분수와 달라 땅을 흘러가는 속성을 갖는다. 그렇기 때문에 강의 신은 허리를 꼿꼿이 세운 자세로 앉아 있거나 바르게 서 있는 모습이 아니라 비스듬히 앉은 자세를 취하는 것이다. 강물이 땅을 흐른다고 해서 완전히 바닥에 누운 자세는 좀 이상하지 않겠는가.

회화나 조각에서 강의 신이 표현된 예를 살펴보자.

강의 신을 표현한 회화(샤를 앙드레 반 루, <강의 신>)와 조각 작품
강의 신은 물이 흘러나오는 물단지에 몸을 기댄 채 앉아 있다.
물단지에서 흘러나오는 물이 강의 수원이 된다.

유럽을 여행하면서 강의 신을 자주 볼 수 있는 곳이 분수이다. 분수란 물이 필요한 곳이기 때문에, 분수대에는 물의 으뜸 신인 포세이돈이나 버금 신인 강의 신이 자주 등장한다.

캄피돌리오 광장 입구에서 보았을 때 정면 건물은 '세나토리오 궁전Palazzo Senatorio'으로, 로마 시청의 일부이다. 로마 제국 시절의 문서 보관소인 타불라리움 위에 지어진 건물이다. 건물 앞면에 양쪽으로 계단이 있고, 그 앞 중앙에는 로마 여신이, 양쪽에는 테베레강의 신과 나일강의 신이 있다. 늑대와 함께 있는 로물루스와 레무스가 있는 쪽이 테베레강의 신이고, 스핑크스가 있는 쪽이 나일강의 신이다.

로마 시청 앞에 나일강의 신이 있는 까닭은, 이집트가 로마 제국의 식민지였기 때문이다. 나일강의 신을 테베레강의 신과 나란히 둠으로써 이집트가 로마 제국과 한 나라임을 강조한 것이다. 그런데 두 강의 신이 들고 있는 물건이 의미심장하다. 테베레강의 신도 나일강의 신도, 풍요의 뿔을 들고 있다. 테베레강은 로마 제국을, 나일강은 로마 제국의 식민지인 이집트를 뜻한다. 즉, 그곳이 풍요롭기를 바라는 마음을 이 조각상에 담은 것이다. 풍요의 뿔은 온갖 곡식이나 과일들이 끝없이 나온다는 소뿔 모양의 물건이다. 우리식으로 말하면 화수분이다. 곡식이나 과일을 생산하기 위해서는 기름진 땅과 풍부한 물이 필수적인데, 그 조건을 다 갖춘 곳이 바로 강 주변이다. 즉, 강의 신이 풍요의 뿔을 들고 있는 까닭은 강 주변이 풍요롭기 때문이다.

풍요의 뿔은 강의 신이 들고 있기도 하지만, 대지의 여신 데메

세나토리오 궁전 전면의 로마 여신과 강의 신들

테르나 풍요의 여신이 들고 있는 경우도 많다. 모두 인간의 풍요로운 삶을 돕는 신들이다.

그러면 풍요의 뿔은 어떻게 만들어졌을까? 그에 대해서 그리스 신화는 이렇게 설명한다.

제우스가 인간 여자 알크메네와의 사이에서 낳은 아들인 헤라클레스를 헤라는 몹시 미워했다. 그의 힘이 천하제일임을 알았기 때문이다. 헤라는 장성한 헤라클레스가 결혼하여 자식 낳고 잘 사는 것도 꼴 보기 싫어서 그를 일시적 착란 상태로 만들어버렸다.

헤라의 계략 때문에 처자식을 괴물로 오해해 죽인 헤라클레스는 그 죄를 씻기 위한 고행의 길에 나선다. 그게 그리스 신화를 통틀어 가장 흥미진진한 모험담인 '헤라클레스의 열두 가지 과제 해결하기'이다.

열두 가지 과제를 무사히 해결한 헤라클레스는 칼리돈의 공주 데이아네이라와 재혼하게 된다. 그 과정에서 헤라클레스는 강의 신 아켈로오스와 대결하게 되었는데, 그 내막은 이러하다. 칼리돈의 왕 오이네우스는 데이아네이라가 너무 아름다워 구혼자들이 몰려들자 결정하기가 힘들었다. 공연히 한 사람을 선택했다가 다른 사람들의 앙심을 살까 봐 두려웠던 것이다. 그래서 구혼자들끼리 경합하여 최종 승리하는 사람을 사위로 삼겠다고 선언했다. 헤라클레스는 우연히 그곳을 지나다가 경합에 참여하게 된다. 구름처럼 몰려든 구혼자들이 경합을 벌인 끝에 최종 결선에 오른 이는 헤라클레스와 강의 신 아켈로오스였다. 헤라클레스는 힘이 천하장사였고, 아켈로오스는 변신의 귀재였다. 헤라클레스가 힘으로 누르면 아켈로오스가 몸을 바꿔 빠져나가는 바람에 좀처럼 승패가 갈리지 않았다.

마지막으로 아켈로오스가 황소로 변신했을 때, 헤라클레스는 뿔 하나를 뽑아버렸다. 그는 뽑은 뿔을 풍요의 여신에게 주었는데, 그녀가 축복하자 거기에서는 인간의 삶을 풍요롭게 만드는 것들이 끝없이 쏟아져 나오게 되었다고 한다.

다른 설로는 어린 제우스가 장난치다가 자신의 유모 아말테이아(암염소)의 뿔을 부러뜨렸는데, 아말테이아가 크게 슬퍼하자 부

노엘 쿠아펠, <헤라클레스와 아켈로오스>
헤라클레스가 황소로 변한 아켈로오스의 뿔을 뽑는 장면을 그렸다.

러진 뿔에 특별한 능력을 부여해 원하는 것이 끝없이 나오도록 만들었다고 한다. 이 내용으로는 그림 자료를 찾을 수 없는 것으로 보아, 옛사람들은 헤라클레스와 관련된 이야기를 더 좋아했던 것 같다.

아무튼 풍요의 뿔은 소의 뿔 형상이고, 풍요로운 삶을 누리게 해주는 것들이 무한정 나오는 축복받은 물건이다. 강의 신이 그것을 들고 있는 까닭은, 강물이 땅을 비옥하게 만들어 풍요로운 수확을 가능하게 해주기 때문이지만, 애초에 그 물건이 강의 신에게서 나왔기 때문이기도 하다. 로마를 여행하는 동안 풍요의 뿔을 자주 보게 될 테니 미리 알아두자.

카피톨리니 박물관

캄피돌리오 광장을 둘러싼 세 채의 건물 중 양쪽 건물은 '카피톨리니 박물관Musei Capitolini/Capitoline Museums'으로 쓰이고 있다. 박물관의 모든 유물을 다 소개할 수는 없으므로, 조각 작품 몇 가지만 간략하게 설명한다.

'다비드' 모각품　카피톨리니 박물관은 콘세르바토리 궁전으로 입장한다. 들어가면 제일 먼저 아담한 안뜰을 만나게 되는데, 이곳에 의외의 조각상이 서 있다. 미켈란젤로의 '다비드' 모각품이다. 잘 알려져 있다시피 '다비드'는 피렌체 아카데미아 미술관에 원본이 소장되어 있다. '그런데 로마의 박물관에 왜 이 작품이 있을까?' 하는 의문이 들 수 있는데, 그 이유를 이렇게 짐작해 볼 수 있다. 미켈란젤로는 시스티나 예배당의 벽과 천장에 불후의 그림을 남긴 천재 화

'다비드' 모각품

가이면서 캄피돌리오 광장 리모델링 작업을 교황으로부터 의뢰받았을 정도로 건축 분야에도 일가견이 있었다. 그러나 그는 자신이 조각가인 것을

제일 중요하게 생각했다. 그런 미켈란젤로의 대표적인 작품으로 성 베드로 대성당에 소장된 '피에타', 산 피에트로 인 빈콜리 성당에 소장된 '모세', 피렌체 아카데미아 미술관에 소장된 '다비드'를 꼽는다. 그런데 '피에타'와 '모세'는 로마에 있고, '다비드'만 피렌체에 있다. 로마 사람들은 '다비드'가 자신들에게 없는 게 아쉬워서 모각품이라도 갖춰놓고 싶어 했던 것 아닐까 하는 생각이 든다. 특히 카피톨리니 박물관은 미켈란젤로가 리모델링한 광장을 끼고 있으므로 더욱 그러고 싶었을지도 모른다.

콘스탄티누스 1세 조각상　　　'다비드'가 서 있는 안뜰에서 눈여겨보아야 할 것은 또 있다. 콘스탄티누스 1세 조각상에서 떨어져 나온 것들로, 얼굴, 손, 발, 팔꿈치 등이 벽을 따라 놓여 있다. 이것은 포로 로마노에 있는 막센티우스의 바실리카에서 콘스탄티누스 1세 조각상이 훼손된 채 방치되어 있던 것을 수습하여 이곳으로 옮긴 것이다.(63쪽 사진 참조) 부서진 조각의 크기로 볼 때 전체 규모가 어느 정도였을지 가늠할 수 있으며, 이만한 조각상을 설치했던 막센티우스의 바실리카는 또 얼마나 대단한 규모였는지를 짐작하게 한다.

'다비드'가 서 있는 안뜰 벽에 전시된 콘스탄티누스 1세 조각상 조각들. 손이 사람 키와 맞먹을 정도의 크기이다.

로물루스와 레무스

죽어가는 갈리아 병사

어미 늑대의 젖을 먹는 로물루스와 레무스   로마를 여행하는
동안, 어린 로물루스와 레무스가 어미 늑대의 젖을 먹고 있는 이미지를 여
러 군데서 볼 수 있는데, 그런 이미지들의 원본에 해당하는 작품이 카피톨
리니 박물관에 소장되어 있다. 궁전 측면에도 이 조각상을 모각한 것이 세
워져 있다. 로물루스와 레무스가 버려졌다가 어미 늑대에게 구조되어 목숨
을 건진 이야기와 그 이후의 사건에 대해서는 포로 로마노의 베누스와 로마
신전에서 설명했다.

죽어가는 갈리아 병사   이 작품은 카피톨리니 박물관이 소장한
조각 작품들 중에서도 많은 관심을 받는 수작이다. BC 3세기경에 소아시아
의 페르가몬 왕국은 갈리아족의 침략을 물리쳤는데, 당시의 왕이었던 아탈
로스 1세는 승전을 기뻐하며 기념비를 제작하게 했다. 죽어가는 갈리아 병
사를 새긴 이 조각은 승전 기념비 중의 일부로 보인다. 전투에서 치명상을
입고 죽어가는 병사의 고통스러운 표정이 사실적으로 묘사되어 있으며, 적
의 죽음을 통해 자신들이 거둔 승리를 기록하고자 한 의도를 엿볼 수 있다.
원래는 청동으로 제작했을 것으로 추측되며, 카피톨리니 박물관의 이 작품
은 대리석으로 복제한 것이다.

가시를 뽑는 소년　　　　　한 소년이 나무 그루터기에 앉아 발바닥
에 박힌 가시를 빼내고 있는 이 청동상은 BC 1세기경에 로마에서 제작되었
다는 설과, BC 5세기경의 그리스 작품을 로마에서 모각했다는 설이 있다.
어디에서 제작되었는가 하는 것보다 더 중요한 건 이 작품이 신이나 영웅을
다룬 것도 아니고, 유명한 사건이나 위대한 행적을 다룬 것도 아니라는 점
이다. 당시의 예술가들이 주목하지 않았던 지극히 평범한 인물의 사소한 행
동을 포착해 예술로 승화시켰다는 점이 역설적으로 평범하지 않다고 할 수
있다. 이 작품을 어떤 이는 '고통을 묵묵히 견디는 덕성의 비유적 표현'이라
든지, '발에 가시가 박힌 채 달려와 중요한 소식을 전한 후에야 가시를 뽑는
강한 책임감의 표상'으로 해석하기도 한다. 그러나 중요한 것은 다른 사람
의 시선을 의식하지 않은 채 가시를 뽑는 일에 몰두한 소년을 관람자가 집
중하여 보게 만드는 힘이 있는 작품이라는 점이다.

가시를 뽑는 소년

독뱀을 죽이는 어린 헤라클레스와 황금 사과를 들고 있는 헤라클레스

헤라클레스는 너무나 매력적인 캐릭터라서, 유럽의 박물관과 미술관, 심지어 공원이나 궁전, 성당, 길거리에서도 그와 관련된 것들을 발견할 수 있다. 카피톨리니 박물관에도 헤라클레스 관련 유물들이 있는데, 그중에서 헤라가 보낸 독뱀을 죽이는 어린 헤라클레스와 손에 황금 사과를 들고 있는 헤라클레스 조각상이 흥미로우니 살펴보자. 제우스의 혼외 자식들 중에서 헤라클레스를 가장 미워했던 헤라는 아직 어린 헤라클레스를 죽이기 위해 요람으로 두 마리 독뱀을 보낸다. 그러나 헤라클레스는 그 뱀들을 목 졸라 죽였으며, 분노한 헤라는 그 뒤로 더욱 집요하게 헤라클레스를 미워하고 괴롭힌다. 헤라의 미움을 받으며 성인이 된 헤라클레스는 그녀의 계략에 말려 처자식을 죽이게 되었고, 그 죄를 씻기 위해 열두 가지 과제를 해결하는 모험에 나서야만 했다. 보통 사람은 감당할 수 없는 극악의 과제들을 모두 해결하고 위대한 영웅의 반열에 들었으니, 헤라로서는 분통이 터졌을 것이다. 열한 번째 과제였던 '헤스페리데스가 지키는 황금 사과 훔쳐 오기' 또한 성공했는데, 헤라클레스가 손에 사과를 들고 있는 조각상을 통해 그 사실을 짐작할 수 있다.

헤라가 보낸 독뱀을 목 졸라 죽이는 어린 헤라클레스

오른손에 몽둥이를 들고 왼손에는 황금 사과를 들고 있는 헤라클레스

사티로스의 특징이 완벽하게 표현된 조각
상. 인간의 몸에 염소의 뿔과 다리를 가졌
고, 술의 신 디오니소스를 따르는 존재답게
포도나무 아래에서 포도송이를 들고 있다.

사티로스　　　　그리스 신화에는 반인반수半人半獸(반은 인간이고, 반은 짐승인 존재)가 여러 종류 등장한다. 상반신은 인간이고 하반신은 말인 켄타우로스, 상반신은 소이고 하반신은 인간인 미노타우로스 등이 그렇다. 숲의 정령 사티로스도 그런 족속인데, 인간의 몸에 염소의 뿔과 다리를 가졌고, 디오니소스를 추종하므로 술에 취해 있을 때가 많다고 한다. 그러나 미술 작품에 표현될 때는 그런 특징이 잘 드러나지 않는데, 카피톨리니 박물관에 아주 정확하게 표현된 사티로스 조각상이 있다. 사티로스 관련 미술품 중에서 모범답안 같은 작품이니 눈여겨보자.

메두사　　　　　포세이돈과 아테나는 그리스 도시국가의 수호신 자리를 놓고 경합을 벌인 일이 있다. 그때 바다의 신인 포세이돈은 시민들에게 샘을 주겠다고 약속했고, 아테나는 올리브나무를 주겠다고 약속했다. 두 신으로부터 선물을 받은 시민들은 포세이돈이 준 샘물이 짜서 쓸모가 없자, 아테나를 수호신으로 받아들인다. 그 도시가 바로 아테네이다. 그 일은 포세이돈에게 불명예스러운 일이었으므로 아테나에게 치졸한 복수를 한다. 메두사라는 아리따운 처녀를 유혹해 아테나 신전으로 가서 사랑을 나눈 것이다. 그것은 순결한 처녀 신인 아테나에게는 심한 모욕이었다. 화가 난 아테나는 메두사를 세상에서 가장 추악한 외모로 바꾸어버렸고, 머리카락 한 올한 올이 다 뱀으로 변한 메두사는 사람들이 눈만 마주쳐도 심장이 멎는 괴물이 되고 말았다. 그런 메두사를 죽이는 데 성공한 영웅이 제우스의 아들 페르세우스이다. 그는 여러 신들이 빌려준 물건을 활용해 메두사의 목을 베었고, 빌린 물건들을 되돌려줄 때 아테나의 방패에는 메두사의 머리를 붙여서 주었다고 한다. 그 뒤로 메두사의 머리가 붙은 아테나의 방패(아이기스)는 무적의 무기가 되었고, 나중에는 갑옷 등에 메두사 머리 문양을 붙이는 게 유행하였다. 카피톨리니 박물관에 아이기스를 든 아테나와, 메두사의 머리가 붙은 흉갑을 입은 다수의 흉상이 있으니 찾아보자.

메두사의 머리가 붙은 아이기스를 든 아테나

메두사의 머리가 붙은 흉갑(가슴 부분을 가리는 갑옷)을 착용한 남자의 흉상

피톤을 죽인 아폴론　　　　아폴론은 그리스 신화 속 신들 중에서도 특히 매력적인 캐릭터이다. 태양신이자 예술의 신이면서, 궁술의 신과 예언의 신을 겸하니 말이다. 그는 대개 맡은 역할과 관련 있는 태양빛, 악기, 활과 화살, 트라이포드(예언하는 무녀가 앉는 다리가 셋인 의자) 등으로 표현되는데, 때로 뱀이 보이는 경우도 있다. 이 뱀은 과연 어떤 존재일까. 아폴론과 아르테미스는 쌍둥이 남매로, 제우스와 레토 여신 사이에서 태어났다. 헤라는 장차 태양신과 달의 여신이 될 남매를 임신한 레토를 질투하여 몹시 괴롭혔는데, 거대하고 사악한 뱀 피톤을 시켜 쫓아다니도록 한 것도 레토에겐 큰 괴로움이었다. 피톤이 자신의 어머니를 괴롭혔다는 사실을 나중에 알게 된 아폴론은 피톤을 죽여 어머니의 원수를 갚았다. 그와 동시에 사람들로부터 '아폴론 피티오스(피톤을 죽인 아폴론)'란 칭송을 받게 된다. 피톤으로부터 큰 피해를 입었던 인간들로서는 아폴론이 피톤을 죽인 일이 매우 고마웠기 때문이다. 그런 사연으로 아폴론은 종종 자신이 죽인 피톤과 함께 표현되는데, 카피톨리니 박물관에 소장된 이 조각 작품도 그런 예에 해당한다. 아폴론의 상징인 악기와 트라이포드가 보이는데, 트라이포드를 감고 있는 뱀은 아폴론이 죽인 피톤일 것이다.

아폴론의 상징인 악기, 트라이포드, 뱀이 함께 표현된 조각상

카피톨리니의 비너스

카피톨리니의 비너스　　　　BC 4세기경에 프락시텔레스가 제작한 '크니도스의 아프로디테'를 베낀 것으로 보이는 조각상이다. 프락시텔레스는 그리스 후기 클래식기의 대표적인 조각가로, 그의 작품 '크니도스의 아프로디테'는 많은 모방작을 낳을 정도로 사랑받았다. '카피톨리니의 비너스'는 '정숙한 아프로디테' 계열인데, 이는 미의 여신 아프로디테가 신체의 중요한 부위를 살짝 가린 것을 정숙한 태도로 보아 그렇게 부른다. 완전한 노출보다 살짝 가리는 듯한 자세를 취하는 것이 더 관능적으로 보인다는 점을 생각한다면, '정숙하다'는 표현이 무색하지만 말이다. 로마 시대에 비슷한 자세의 작품이 많이 제작되었으므로 유럽의 박물관에서 이와 비슷한 조각상을 자주 만나게 된다. 그중에서도 '카피톨리니의 비너스'는 보존 상태가 양호하여 높은 평가를 받는 편이다.

카피톨리니 박물관을 다 보고 나왔다면 다음 장소로 이동하기 전에, 세나토리오 궁전 뒤편으로 잠깐 가 보자. 그곳에서는 포로 로마노와 팔라티노 언덕, 그리고 콜로세움이 한눈에 내려다보인다. 포로 로마노 안에서는 알기 어려웠던 유적들의 위치와 규모 등을 알 수 있으니 꼭 한번 보고 가기를 권한다.

카피톨리니 언덕에서 바라본 포로 로마노

Caffarelli
Orto Castagnini
Vig. Ottau
P.P. di S. Lorenzo in Liviana
Vigna Sebastiani
Vig. Circi
Vig. Cigni
Vig. de PP. della Traspontina
rta Angelica
Vigna Colarelli
Vig. Castroni
Vigna
Buttari
Piaz. del Popolo
Vig. Pescatori
Vigna Mattei
Vig. de Romani
Vig. Rossit
Vig. Canuti
Vigna Grambardi
Vig. da Bertoni
Porta Castello
Villa Altoviti
CASTELLO S. ANGELO
Vig. Borioni
Ponte S. Angelo
Piazza NAVONA
Corsini
Strad Farnese
Ponte Sisto

근대 로마와의 조우

가스파르 판 비텔, <포폴로 광장>, 1718

포폴로 광장   Piazza del Popolo

그랜드 투어의 최종 목적지

로마 투어를 포폴로 광장에서부터 시작하는 것도 꽤 의미 있는 일이다. 옛날에는 이탈리아반도 북쪽에서 육로로 오는 사람들 대부분이 포폴로 광장을 통해 로마에 입성했기 때문이다. 그러니까 콜로세움에서 출발해 그 주변을 훑어보는 루트와 더불어 포폴로 광장에서 출발해 로마의 주요 광장과 명소를 둘러보는 루트는 로마 투어의 양대 산맥이라고 할 수 있다.

만약 지하철을 타고 포폴로 광장으로 간다면, A선 플라미니오_{Flaminio} 역에서 내리면 된다. 포폴로 광장 가는 사람들이 내리는 역이니 포폴로 광장 역이라고 이름 붙였으면 더 알아듣기 쉬울 텐데, 플라미니오 역이라고 이름 붙이고 작은 글씨로 '포폴로 광장_{Piazza del Popolo}'이라고 병기해 놓았다. 그 이유는 무엇일까. 그건 이곳이 고대 플라미니아 가도의 출발지이자 종착지였기 때문이다.

지하철 플라미니오 역 표시

　　로마와 관련된 유명한 말 중에 '모든 길은 로마로 통한다.'가
있다. 로마가 세상의 중심이라는 뜻이다. 유럽 대륙 대부분이 로마 제
국에 속했던 팍스 로마나Pax Romana 시절에 나온 말일 것이다. 그런 말
이 나올 정도로 로마 제국은 사방으로 뻗어나가는 도로망을 갖추었
는데, 이탈리아반도 남쪽에서 로마로 들어오는 대표적인 길이 아피
아 가도Via Appia이다. 네로 황제의 그리스도교 박해 당시, 체포 위기에
놓인 베드로가 로마를 탈출하다가 예수를 만났다는 길이며, 그 유명
한 "쿼바디스, 도미네(주여, 어디로 가시나이까)."란 말이 나온 길이다.

　　이탈리아반도 북동쪽으로 나갈 때, 혹은 그 방면에서 로마로
들어올 때 이용한 주요 도로는 플라미니아 가도Via Flaminia이다. 가이
우스 플라미니우스가 건설한 길이기에 그의 이름을 따 그렇게 부른
다. 로마 공화정 당시인 BC 220년에 건설된 이 길은 로마에서 리미
니(이탈리아 동북부 해안에 위치한 도시로, 로마에서 약 330km 떨어져 있음. 당
시에는 아리미눔이라고 함)까지 연결되었다. 그리고 BC 187년에 마르쿠
스 아이밀리우스 레피두스가 건설한 아이밀리아 가도Via Aemilia(현대
이탈리아어로 '에밀리아 가도')는 볼로냐-파르마-피아첸차 등 북부 도시
들을 잇는 또 다른 주요 도로였다. 이 두 길을 이용하면 사실상 로마
에서 북동쪽 주요 도시 어디든 갈 수 있었으니, 로마의 여러 도로 중

로마 제국의 주요 도로망
빨간색 선이 아피아 가도, 보라색 선이 플라미니아 가도, 파란색 선이 에밀리아 가도이다.

에서도 중요한 길이었다고 할 수 있다.

플라미니아 가도를 따라 로마로 들어온 사람들 중에서도 주목할 만한 이들은 그랜드 투어 참여자들이다. 그랜드 투어란, 영국의 귀족 가문과 신흥 계급 자제들이 다른 나라를 여행하며 견문을 넓히고 다양한 문화를 체험하기 위한 교육 목적의 장기 여행 프로그램이었다. 이는 17세기 말부터 시작되어 18세기 후반까지 활발히 이어졌으며, 다른 나라 젊은이들에게도 영향을 끼쳐 많은 이들이 그랜드 투어에 참여해 세련된 문화, 수준 높은 예술, 빛나는 문명 등을 배우고 돌아갔다. 이러한 젊은이들의 교류는 유럽 전체의 교양 수준을 높이는 데 이바지하였으며, 괴테도 그런 목적으로 로마를 방문했던 것으로 전해진다.

그랜드 투어의 최종 목적지는 로마였으므로 이탈리아 북부를 통해 로마로 들어오는 여행자들이 많았고, 그들은 플라미니아 가도를 따라 로마에 도착하는 경우가 대부분이었다. 즉, 로마에 처음 도착한 이들이 로마에 대한 인상을 각인하는 곳이 현재의 포폴로 광장이었던 것이다. 포폴로 광장에 닿는 지하철역 이름을 굳이 플라미니오 역이라고 한 것은, 그런 역사적 근거가 자랑스럽기 때문은 아닐까.

플라미니오 광장

BC 3세기 초에 건설된 플라미니아 가도는 이탈리아 북동쪽 지역과 로마를 연결하는 핵심 도로였다. 그러면 그 길을 통해 로마에 온 사람들은 아무 제한 없이 포폴로 광장으로 들어갈 수 있었을까? 아마 그러긴 어려웠을 것이다. 아무나 로마 시내로 자유롭게 진입할 수 있다면 굳이 성벽과 성문을 만들지 않았을 테니 말이다.

그런 의미에서 플라미니아 가도의 진정한 종착지는 '플라미니오 광장Piazzale Flaminio'이었다. 포폴로 문 안쪽이 포폴로 광장이라면, 바깥쪽이 플라미니오 광장이다. 지금은 차량 통행이 빈번한 도로로 변했기 때문에 그곳을 광장이라고 생각하기 어렵지만, 위치로 볼 때 신고전주의 양식의 프로필라이온이 서 있는 주변이 플라미니오 광장에 해당한다. 과거 로마를 찾아온 여행자들은 일단 이곳에서 숨을 돌리며 로마로 입성할 준비를 했을 것이다.

현재는 포폴로 문이 두 광장을 연결하지만, 처음에는 3세기에 세운 플라미니오 문Porta Flaminio이 그 역할을 했다. 플라미니오 광장에

현재는 도로가 되어버린 플라미니오 광장
오른쪽에 보이는 포폴로 문을 통과해 들어가야 포폴로 광장을 만날 수 있다.
과거에는 성문 안쪽부터가 진정한 로마였다.

세운 문이니 당연히 그렇게 이름을 지었을 것이다. 그러다가 포폴로 문으로 이름이 바뀌게 된 데에는 이런 사연이 있다고 한다.

플라미니오 광장 주변(아마도 핀치오 언덕)에 도미티우스 가문의 영묘가 있었다. 네로(본명은 루키우스 도미티우스 아헤노바르부스)는 4대 황제인 클라우디우스의 양자 자격으로 황위를 이었지만, 실제로는 도미티우스 가문 사람이었다. 만약 네로가 성군으로 아름다운 이름을 남기고 죽었다면 이전 황제들처럼 아우구스투스 영묘에 들어갔을 텐데, 폭군으로 낙인찍혀 황위에서 쫓겨난 뒤 자살했기 때문에 전임 황제들이 묻힌 곳에 들어가질 못하고, 친가인 도미티우스 가문 영묘에 묻히게 되었다.

그런데 언젠가부터 네로의 망령이 플라미니오 광장 주변을 떠돈다는 소문이 퍼지기 시작했다. 특히 영묘 근처에 있는 커다란 호두나무에 까마귀가 둥지를 틀었는데, 그것이 네로의 망령이라고들 했다. 그런 소문 때문에 민심이 흉흉해지자 당시의 교황 파스칼 2세(1099~1118년 재위)가 그 호두나무를 베어버리고, 그 자리에 성모 마리아에게 봉헌하는 성당을 지었다는 이야기가 전해진다. (실제로는 그 자리에 있던 작은 예배당을 1099년에 크게 확장한 것이라는 주장이 더 신빙성이 있다.) 아무튼 그때 로마 시민들이 성금을 내어 건축비를 댔으므로 그 성당을 '산타 마리아 델 포폴로 성당Basilica di Santa Maria del Popolo'이라고 했다. 'Popolo'는 '민중', '시민'이라는 뜻이다.

산타 마리아 델 포폴로 성당이 세워진 뒤 그 옆의 성문은 플라미니오 성문이란 이름을 잃고 포폴로 문이 되었고, 포폴로 문 안의 광장은 포폴로 광장이 되었다. 플라미니오 문은 이제 사람들의 기억에서 사라졌고, 플라미니오 광장도 광장으로서의 기능을 잃었으며, 오직 플라미니오 역에만 플라미니아 가도의 흔적이 남아 있다.

플라미니오 광장 동쪽에 루이지 카니나(1795~1856년)가 디자인한 신고전주의풍의 프로필라이온이 서 있는데, 빌라 보르게세와 연결되는 입구이다. 빌라 보르게세는 17세기 초 교황(바오로 5세)과 추기경(스키피오네 카파렐리 보르게세)을 배출한 보르게세 가문의 사유지였으나 현재는 로마시 소유가 되었다. 방대한 면적의 공원에 여러 시설이 들어서 있는데, 특히 보르게세 미술관이 유명하다.

❶ 호두나무 근처에 망령이 나타남
❷ 플라미니오 문 근처에 망령이 나타나 사람들을 괴롭힘
❸ 교황 파스칼 2세가 꿈에 성모자를 봄
❹ 까마귀가 둥지를 튼 불길한 호두나무를 베어버림
❺ 성당을 지음

아우렐리아누스 성벽

플라미니오 역을 나오면 플라미니오 광장이 있고, 그곳에서 포폴로 문을 바라보면 문 양쪽으로 성벽이 보인다. 271~275년에 아우렐리아누스 황제(270~275년 재위)가 쌓은 아우렐리아누스 성벽이다.

아우렐리아누스 황제 이전에는 BC 6세기 초 로마 일곱 개의 언덕 주변에 쌓은 세르비우스 성벽이 있었다. 갈리아족의 공격으로부터 도시를 지키기 위해 쌓은 성벽으로 갈리아족은 훗날 카이사르가 지휘한 원정으로 로마의 속국이 되지만, BC 6세기 무렵에는 로마가 성을 쌓고 방어해야 할 정도로 만만치 않은 상대였다. 그리고 그 무렵만 해도 로마가 성을 쌓아 방어해야 할 주요 영토가 일곱 개의 언덕 주위였다는 걸 알 수 있다.

성벽이라는 것은 방어 수단으로는 훌륭하지만, 세력이 뻗어나가는 데는 방해가 된다. 일곱 개의 언덕이 콜로세움 주위에 옹기종기 모여 있는 것을 감안하면, 그 주변에 성벽을 쌓고 방어한다는 것은 로마의 핵심 영토를 그 정도로 설정하는 것밖에 안 된다. 공화정 당시 정복 전쟁을 통해 영토를 넓혀 가던 로마로서는 세르비우스 성벽이 불필요했을 것이다. 결정적으로 세르비우스 성벽이 유명무실해진 것은 카이사르 시대에 도시가 확장되는 과정에서 대부분 철거되면서부터이다. 카이사르의 야심찬 도시 확장 계획에 따른 부득이한 파괴였던 것으로 보인다.

세르비우스 성벽 다음으로 로마에 건설된 것은 아우렐리아누스 성벽으로, 현재도 많은 부분이 남아 있다. 포폴로 문 주변의 성벽도

포폴로 문과 양쪽의 성벽

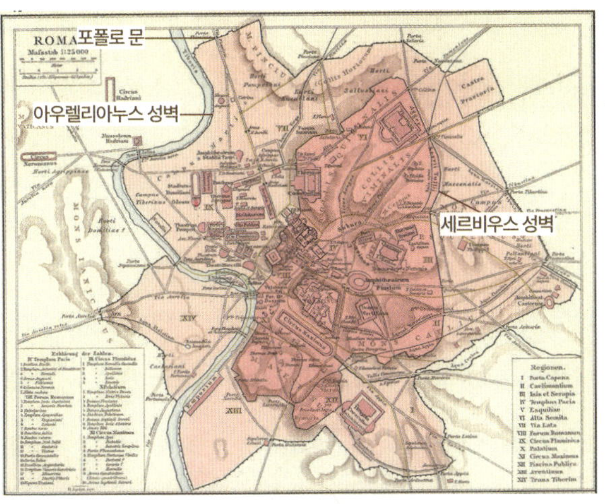

세르비우스 성벽과 아우렐리아누스 성벽의 위치를 알 수 있는
고대 로마 행정 구역 지도

보르게세 미술관 근처의
아우렐리아누스 성벽

산 조반니 인 라테라노 대성당 근처의
아우렐리아누스 성벽

그렇지만, 보르게세 미술관 근처, 산 조반니 인 라테라노 대성당 주변 등에서 튼튼하기 이를 데 없는 아우렐리아누스 성벽을 볼 수 있다.

무척이나 견고하게 생긴 아우렐리아누스 성벽을 보며 강성했던 로마 제국의 굳건함을 느끼는 것이 옳을까? 혹시 성벽을 쌓아 올리고 로마를 지켜야 할 만큼 아우렐리아누스 성벽을 쌓을 당시의 사정이 안 좋았던 것은 아닐까?

이 성벽을 쌓은 아우렐리아누스는 군인 황제 시대에 황위에 올랐다. 군인 황제 시대란, 셉티미우스 세베루스 황제의 두 아들이 공동 황제로 즉위했다가 형인 카라칼라가 동생 게타를 죽이고 그 자신도 근위대장에게 살해당하면서 시작된 어지러운 시대를 말한다. 카라칼라 이후로 세베루스 가문 출신 4명의 황제가 모두 비참한 최후를 맞은 후, 막시미누스 트락스가 군대의 추대를 받아 황위에 오르면서 군인 황제 시대가 열린다. 군인 황제 시대는 막시미누스 트락스가 즉위한 235년부터 카리누스가 살해당한 284년까지의 49년 동안을 일컫는다. 이 짧은 기간 동안 25명의 황제가 교체되었다. 한 사람당 평균 2년을 재위했다는 말이지만, 많은 이가 1년을 채우지 못하고 비명횡사했다. 25명 중 자연사했다고 기록된 황제는 클라우디우스 고티쿠스 한 명뿐이다. 그는 60세에 황제가 되어 1년 4개월간 재위했는데, 덕이 있어 명대로 살았다기보다는 당시의 평균 수명을 고려할 때 곧 죽을 사람이라서 굳이 암살할 필요조차 없었던 것은 아닐까 싶다.

이렇게 나라 안이 혼란스러우니 외적의 침략에 취약할 수밖에 없었다. 아우렐리아누스 황제가 로마를 지키기 위한 고육지책으로 튼튼한 성벽을 쌓은 데에는 그런 이유가 있었다.

로마가 욱일승천의 기세로 뻗어나갈 때는 성벽이 필요 없었다. 성벽을 쌓아야 했다는 것은 로마의 국력이 쇠하기 시작했다는 징조로 볼 수 있다.

몽골 제국의 징기스칸이 했다는 말이 떠오른다.

'성을 쌓는 자는 망하고, 길을 내는 자는 흥한다.'

맞는 말이다. 모든 길은 로마로 통한다는 말이 나올 정도로 사통팔달의 길을 냈을 때는 로마가 유럽 구석구석까지 지배하였고, 성벽을 쌓고 방어에 치중하면서 점차 망국의 길로 가기 시작했으니 말이다.

포폴로 문 양쪽의 아우렐리아누스 성벽을 보며 드는 생각이다.

포폴로 문

포폴로 문 안쪽 포폴로 광장으로 들어서기 전에 이 문의 역사를 먼저 살펴보자. 플라미니아 가도가 건설된 것이 BC 3세기의 일이고, 아우렐리아누스 성벽이 건설된 것은 AD 3세기 후반(271~275년)의 일이며, 산타 마리아 델 포폴로 성당이 세워진 것은 1099년의 일이다.

포폴로 성당이 들어서기 전까지는 플라미니아 가도를 따라 로마로 들어오는 사람들이 플라미니오 문을 이용했을 것이다. 포폴로 성당이 들어선 뒤 370여 년이 흐른 1475년에 교황 식스투스 4세(1471~1484년 재위)의 명으로 포폴로 문이 세워졌는데, 그해가 가톨릭에서 중요하게 여기는 성년(희년)이었기 때문에 성당 옆에 성문을 새로 짓도록 한 것으로 보인다. 자료 그림을 통해 식스투스 4세의 명으

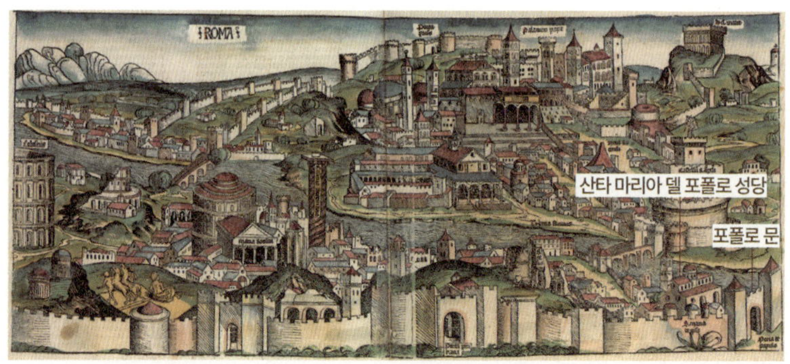

하르트만 셰델, 〈뉘른베르크 연대기〉 중 '이탈리아 로마 풍경' 판화, 1493년
산타 마리아 델 포폴로 성당과 포폴로 문의 초기 형태를 알 수 있다.

포폴로 문 중앙 아치 상단 명문과 비오 4세의 문장

로 새로 지어진 포폴로 문은 형태가 현재와는 다소 다르다는 것을 알 수 있다. 아치 하나에 양쪽에는 뾰족한 지붕이 있는 형태였던 것 같다.

세월이 흘러 교황 비오 4세(1559~1569년 재위)가 이 문을 새로 짓도록 하는데, 미켈란젤로의 설계에 따라 피렌체 출신의 건축가 난니 디 바치오 비지오가 작업했다. 그 사실이 포폴로 문 바깥면(플라미니오 광장 쪽에서 바라본 면) 중앙 아치 상단에 명문으로 기록되어 있고, 메디치 가문 출신인 비오 4세(속명은 조반니 안젤로 데 메디치)의 문장이 그 위에 새겨져 있다. 아치 상단의 명문은 '비오 4세가 재위 3년 차 되는 해(즉, 1562년)에 문을 현재와 같이 웅장하게 새로 짓고, 플라미니아 가도를 포장했다'라는 뜻이다.

다만, 베드로와 바울 상은 1638년에 추가되었으므로, 비오 4

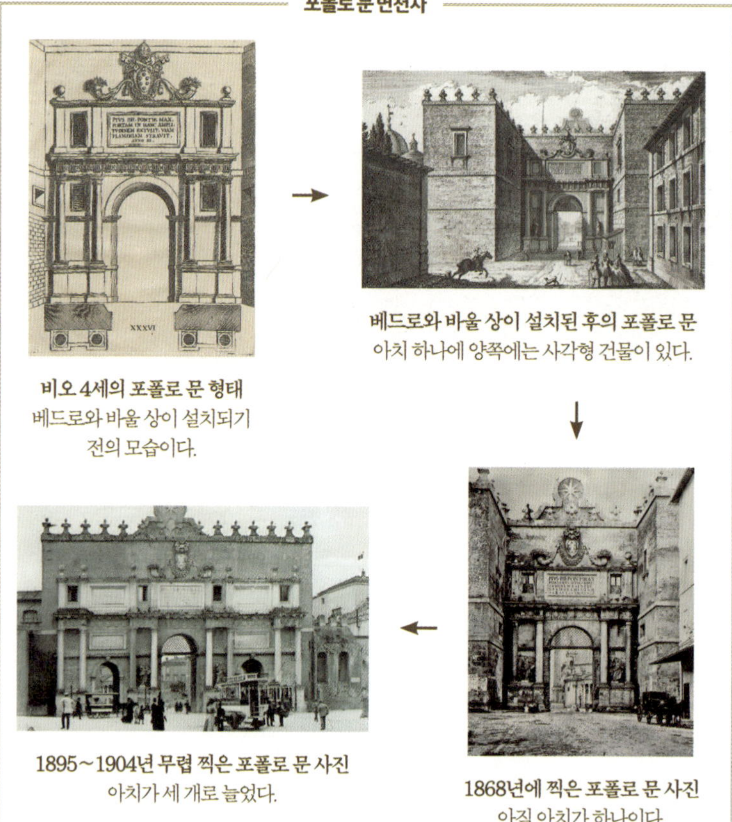

비오 4세의 포폴로 문 형태
베드로와 바울 상이 설치되기
전의 모습이다.

베드로와 바울 상이 설치된 후의 포폴로 문
아치 하나에 양쪽에는 사각형 건물이 있다.

1895~1904년 무렵 찍은 포폴로 문 사진
아치가 세 개로 늘었다.

1868년에 찍은 포폴로 문 사진
아직 아치가 하나이다.

세 당시에는 없던 장식이다. 자료 그림을 통해 비오 4세 당시의 포폴로 문의 형태를 알 수 있다. 그리고 베드로와 바울 상이 설치된 이후로도 한동안 포폴로 문은 아치가 하나인 개선문 형태였으며, 양쪽으로 웅장한 사각형 건물이 아우렐리아누스 성벽과 이어져 있었다. 로마 방비에 대한 굳은 의지가 엿보이는 튼튼한 성벽과 성문이었다. 포폴로 문이 아치 세 개의 현재와 같은 모습이 된 것은 1887년의 일로, 사각형 건축물을 허물고 그 자리에 통행을 위한 아치를 설치했다. 이때는 굳건한 방어보다는 원활한 소통이 더 중요해졌기 때문으로 보인다.

이제 포폴로 문을 통과하여 문의 안쪽을 살펴보자. 포폴로 문 안쪽은 스웨덴의 여왕이었던 크리스티나를 맞기 위해 새롭게 단장한 흔적이 있다. 크리스티나가 로마에 온 것이 교황청 입장에서는 매우 반가운 일이었으므로, 그녀를 환영하는 뜻을 로마의 관문에 새겨 준 것이다. 그러면 크리스티나는 왜 고국을 버리고 로마로 왔으며, 그것이 교황청에는 어떤 의미에서 중요했던 것일까. 그 사정을 알아보자.

가톨릭과 로마 교황청의 부패를 지적하며 쇄신을 요구한 일련의 사건을 종교 개혁이라고 한다. 그 중요하고 파장이 컸던 사건을 한 마디로 설명하기는 어렵지만, 마르틴 루터가 1517년에 '95개조 의견서'를 발표한 때로부터 본격화되었다고 할 수 있다.

그 뒤로 개혁을 요구하는 목소리가 점점 커지면서 특히 북유럽 쪽은 프로테스탄트('이의를 제기하는 사람'이란 뜻으로, 가톨릭에 저항한 개신교를 일컬음)의 세력이 확대되었다. 크리스티나(1632~1654년 재위)가 통치하던 스웨덴도 개신교가 주류 종교였다.

문제는 크리스티나가 가톨릭 신앙을 고수했다는 점이다. 그녀는 자신의 종교와 자신이 다스리는 백성들의 종교가 다른 문제로 곤혹스러운 상황에 놓이게 되었고, 결국 신앙을 지키기 위해 왕위를 포기하기로 한다. 그리고 로마로 이주하겠다는 의사를 밝혔다.

그것은 가톨릭과 로마 교황청에는 가뭄 끝의 단비보다도 더 반가운 소식이었다. 갓 즉위한 교황 알렉산데르 7세로서는 커다란 선물을 받은 것 같았을 것이다. 알렉산데르 7세는 크리스티나가 로마에 도착하게 되면 가장 먼저 통과하게 될 포폴로 문을 새롭게 단장하기로 한다. 교황은 당대 최고 장인인 잔 로렌초 베르니니에게 그 임무를 맡긴다. 그 사실이 문 안쪽에 명문으로 기록되어 있고, 알렉산데르 7세의 문장이 명문 위에 새겨져 있다. 명문 내용은 '1655년, 행복하고 성스러운 입성'이라는 의미로, 크리스티나가 로마에 온 것을 환영하는 내용이다. 명문 위 여섯 개의 언덕 위에 별이 빛나는 문양은 알렉산데르 7세의 문장에서 따온 것이다.

크리스티나는 로마에 도착하여 뜨거운 환대를 받았으며, 알렉산데르 7세로부터 세례성사를 받고 정식으로 가톨릭 신자가 된다.

로마에서 도나 여백작으로 불린 크리스티나는 평온한 삶을 누린 것으로 보이며, 죽은 뒤에는 성 베드로 대성당에 묻혔다. 왕위를 버리면서까지 선택한 가톨릭 신앙을 죽을 때까지 지킬 수 있었고, 죽은 뒤에는 성 베드로 대성당에 묻혔으니, 그녀로서는 여한이 없는 삶이었을 것 같다.

크리스티나 여왕을 환영하는 명문과
알렉산데르 7세의 문장이 새겨진 포폴로 문 안쪽

성 베드로 대성당 안에 설치된
스웨덴의 크리스티나 기념비

산타 마리아 델 포폴로 성당

포폴로 문을 들어서면 왼쪽에 성당이 보인다. '산타 마리아 델 포폴로 성당_{Basilica di Santa Maria del Popolo/Basilica of Santa Maria del Popolo}'으로, 네로가 묻힌 도미티우스 영묘 주변에 망령이 떠돈다는 흉흉한 소문이 돌아 교황 파스칼 2세가 그 자리에 성모 마리아에게 봉헌하는 성당을 지어 삿된 기운을 누르려 했고, 그것이 이 성당이라는 이야기를 앞에서 했다.

산타 마리아 델 포폴로 성당의 파사드는 르네상스 양식으로 분류되는 피렌체 산타 마리아 노벨라 성당 파사드와 형태가 유사하다. 산타 마리아 노벨라 성당이 더 아름답게 장식되었지만 말이다.

'르네상스 양식이라고? 르네상스 양식은 15세기 이후에 나타나는 것 아닌가? 이 성당은 12세기 초에 지어졌다고 하는데, 그때 어떻게 르네상스 양식이 나올 수 있지?' 하는 의문이 들 수 있다. 산타 마리아 델 포폴로 성당은 최초의 모습이 어떠했는지 정확히 알 수 없지만, 1599년에 제작된 성당 건립에 관한 전설을 그린 판화(275쪽 ❺번 그림)를 보면 바실리카 양식이었을 가능성이 높다. 그러나 나중에 증개축하는 과정에서 새로운 유행을 반영하여 외관과 내부 모습이 달라졌을 텐데, 현재 외관은 르네상스 양식에 가깝고 내부는 웅장하고 화려한 바로크 양식의 특징이 뚜렷하다.

산타 마리아 델 포폴로 성당 내부는 화려하고 아름다운 소성당들, 유명한 인물들의 무덤이나 기념비 등 볼거리가 풍부하다. 그러나 사실 로마에 이 정도 볼거리를 갖춘 성당이 산타 마리아 델 포폴

르네상스 양식의 산타 마리아 델 포폴로 성당 파사드와 화려한 바로크 양식의 내부

산타 마리아 노벨라 성당 파사드(피렌체)

로 성당뿐이라고 할 수는 없다. 길을 걷다 문득 문 열린 성당이 있어 들어가도 눈을 비비며 봐야 할 정도로 웅장하고 아름다운 장식을 갖춘 성당들이 즐비하니 말이다.

그러면 여행자들은 무슨 이유로 산타 마리아 델 포폴로 성당을 굳이 찾는 것일까. 그 질문에 대한 답은 중앙 제단 왼쪽에 자리 잡

카라바조, <베드로의 십자가형>
(예배당 왼쪽 벽)

카라바조, <바울의 회심>
(예배당 오른쪽 벽)

은 '체라시 예배당Cappella Cerasi/Cerasi Chapel'에서 찾을 수 있다. 이 예배
당 제단 양쪽에 아주 유명한 그림이 있는데, 바로 카라바조의 <베드
로의 십자가형>과 <바울의 회심>이다. 사람들은 이 그림들을 보기
위해 산타 마리아 델 포폴로 성당에 간다고 해도 과언이 아닐 것이다.

예수의 수제자였던 베드로는 십자가형을 선고받고 "감히 스
승과 같은 자세로 죽을 수 없다."며 십자가에 거꾸로 매달려 죽기를
원했다고 하는데, 왼쪽 그림이 그 장면을 주제로 했다. 베드로를 거
꾸로 매단 십자가를 세우고 있는 장면이다.

바울은 그리스도교도들을 박해하던 사람으로, 다마스쿠스로

치기 예배당 돔 천장
중앙의 하느님 아래로 로마 신화 속 신들이 모자이크로 표현되어 있다.

가던 중에 예수의 모습을 보고(혹은 예수의 목소리를 듣고) 깜짝 놀라 말에서 떨어지는 일을 겪었는데, 그 이후로 회심하여 그리스도교 선교에 목숨을 바친 사람이다. 오른쪽 그림은 바울의 일생 중 가장 큰 전환점이라고 할 수 있는 그 사건을 표현했다. 깜짝 놀라 말에서 떨어진 바울의 모습을 볼 수 있다.

산타 마리아 델 포폴로 성당에서 딱 한 군데 특이한 곳을 꼽으라면, 로마 신화 속 신들의 모습이 보이는 '치기 예배당Capella Chigi/Chigi Chapel'일 것이다. 아주 사례가 없는 것은 아니지만, 다신교 체계인 그리스 로마 신화를 그리스도교가 배척한 것이 사실이다 보니, 성당에서 다신교 신화 관련 미술 작품을 볼 기회가 드물기 때문이다. 치기 예배당 천장 장식은 라파엘로가 작업한 것으로도 유명하지만, 그가 르네상스 양식의 돔 천장에 그린 모자이크화가 재미있다. 중앙은 하느님, 하느님 위는 천사이고, 하느님 아래로 주피터부터 시계 방향으로 마르스(전쟁의 신), 솔(태양신), 베누스(사랑의 여신), 메르쿠리우스(전령의 신), 루나(달의 여신), 사투르누스(농사의 신) 등이 보인다. 천장이 높고 그림이 작아 뚜렷하게 구별되는 것은 아니지만, 라파엘로의 작품이라면 한 번 더 볼 필요가 있지 않을까. 게다가 성당에서 만나는 로마 신화 속 신들이라면 특이해서라도 더 관심이 가는 게 사실이다.

치기 예배당 돔 천장화를 본 김에 한 가지만 더 덧붙이자면, 이 천장의 펜던티브(사각형 평면 위에 둥근 지붕을 얹을 때 생기는 사방의 삼각형 공간)에 네 계절을 의인화한 그림이 있다. 많이 지워져서 알아보기 힘드니, 모사한 그림을 대신 살펴보자. 각 계절을 상징하는 사물을 구분하는 것이 핵심이다. 계절의 의인화는 포폴로 광장과 트레비

치기 예배당 천장 펜던티브의 네 계절을 의인화한 그림
a. 봄(꽃) b. 여름(밀 이삭) c. 가을(포도) d. 겨울(화로)

분수에서 다시 나오니, 그때 이 예배당의 그림을 참고하자.

산타 마리아 델 포폴로 성당에 있는 예배당과 무덤을 하나씩 자세히 설명하다가는 끝이 없을 것이므로, 부득이 카라바조와 라파엘로의 작품만 설명해야 하는 것이 아쉽다.

산타 마리아 델 포폴로 성당을 떠나기 전에, 이곳에서 머물렀던 한 사람을 언급하지 않을 수 없다. 바로 종교개혁의 불씨를 당긴 마르틴 루터이다. 독일 작센 출신인 마르틴 루터는 1510년에 로마로 성지 순례를 온 일이 있다. 그 당시에도 로마는 그리스도교의 성지로, 로마로 성지 순례를 떠나는 것이야말로 신자들의 일생의 로망이었다. 그때 루터는 산타 마리아 델 포폴로 성당에 접한 아우구스티누스 수도원에서 묵었다. 그가 아우구스티누스 수도회 소속의 수도사였기 때문이다.

수도사로서 청빈하고 경건한 삶을 살던 루터는 로마에 머무는 동안 성직자들의 사치스럽고 부패한 삶에 염증을 느꼈고, 개혁이 필요함을 절실히 느꼈다. 독일로 돌아간 그는 자신의 주장을 정리한 '95개조 의견서'를 1517년에 발표함으로써 종교 개혁의 신호탄을 쏘아 올렸고, 교황청과의 힘겨운 싸움을 시작한다.

그의 용감한 투쟁으로 그리스도교의 역사가 바뀌고 유럽의 역사가 바뀌었음을 생각하며, 산타 마리아 델 포폴로 성당 뒤편의 아우구스티누스 수도회를 다시 한번 바라보게 된다.

포폴로 광장

산타 마리아 델 포폴로 성당을 나와 포폴로 광장 쪽으로 이동하면 중앙의 오벨리스크와 맞은편의 쌍둥이처럼 보이는 성당이 우선 눈길을 사로잡는다. 그리고 왼쪽에는 핀치오 언덕과 그 아래의 로마 분수가, 오른쪽에는 넵투누스 분수가 보인다.

현재 로마 분수와 넵투누스 분수가 있는 곳에 예전에는 건물들이 들어서 있었다. 현재와 같이 광장 양쪽에 대칭되는 분수를 설치하도록 지시한 이는 교황 비오 7세(1800~1823년 재위)이고, 로마 출신 건축가 주세페 발라디에가 작업했다. 포폴로 광장이 약간 일그러진 타원형 형태로 모습이 바뀐 것은 19세기에 들어서였다.

분수대가 설치된 19세기 이후의 풍경을 담은 레오폴도 칼비의 그림은 사진이 담을 수 없는 포폴로 광장 주변을 한 화면에 모두 보여줘 흥미롭다. 그림 속 풍경이 사실상 현재의 풍경이라고 보면 된다. 왼쪽의 핀치오 언덕, 오른쪽의 성 베드로 대성당과 테베레강, 천사의 성을 그림으로 만나본다.

포폴로 광장은 다른 광장들이 흔히 그러했듯이 때로는 공개 처형이 이루어지는 장소로, 때로는 흥겨운 축제의 장으로, 또 때로는 군사 퍼레이드가 이루어지는 공간으로 다양하게 이용되었다. 물론 가장 중요한 역할은 북쪽에서 들어오거나 북쪽으로 나가는 이들이 이곳을 통과했다는 점이다. 여행자들로 북적이는 현재의 모습도 이 광장의 본래 기능에 잘 어울린다고 할 수 있다.

산타 마리아 델 포폴로 성당을 나온 후 만나는 포폴로 광장

레오폴도 칼비, <로마의 파노라마 전경>

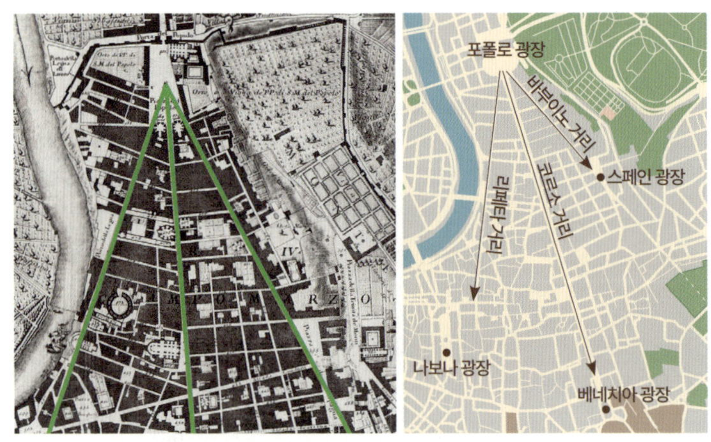

포폴로 광장에서 남쪽으로 뻗어나가는 세 갈래 길

포폴로 광장은 로마 중심부로 뻗어나가는 세 갈래 길Vie del Tridente이 인상적이다. 왼쪽의 바부이노 거리Via del Babuino는 스페인 광장으로 이어지고, 중앙의 코르소 거리Via del Corso는 베네치아 광장으로 이어지며, 오른쪽의 리페타 거리Via di Ripetta는 나보나 광장으로 이어진다. 포폴로 광장을 다 본 다음에는 바부이노 길을 걸어 스페인 광장으로 가려 한다.

● 플라미니오 오벨리스크

포폴로 광장 중앙에는 '플라미니오 오벨리스크Obelisco Flaminio/Flaminio Obelisk'가 우뚝 서 있다. 아우구스투스가 BC 10년에 이집트를 정복한 기념으로 가져온 것으로, 원래는 대전차 경기장(치르코 마시모)에서 중앙분리대 역할을 하던 것을 옮겨 온 것이다. 꼭대기 십자가

포폴로 광장의 오벨리스크

까지 합치면 36.5m에 달한다.

람세스 2세 때인 BC 13세기에 제작되어 헬리오폴리스(태양 신 라를 비롯한 주요 신들의 신전이 있던 이집트 고대 도시)의 태양 신전 앞에 있던 것을 약탈해다가 대전차 경기장에 세운 것인데, 357년에 또 다른 오벨리스크가 대전차 경기장에 세워지게 되었다. 대전차 경기장 중앙분리대에 서 있던 두 개의 오벨리스크는 서로마 제국이 멸망한 뒤 관심 밖으로 밀려나 쓰러져 땅에 묻히고 말았다.

교황 식스투스 5세 때 본격적인 발굴 작업이 이루어져 먼저 발굴된 세 조각은 1588년 8월 산 조반니 인 라테라노 대성당 뒤쪽 광

장으로 이전되어 세워졌다. 포폴로 광장의 오벨리스크 또한 마찬가
지로 세 조각 난 것이 라테라노 오벨리스크와 비슷한 시기에 발굴되
었으며, 그보다 1년 뒤인 1589년에 식스투스 5세의 명으로 현재 자
리에 세워지게 되었다. 작업 책임자는 도메니코 폰타나였는데, 그는
성 베드로 광장의 오벨리스크도 옮겨 세운 사람이다. 교황이 판단하
기에 그는 오벨리스크 이전 작업에 적임자였던 듯하다.

오벨리스크는 고대 이집트에서 태양신을 숭배하는 신앙심에
서 세운 돌기둥을 말한다. 사각형 돌기둥이 위로 올라갈수록 점점 가
늘어지다가 꼭대기는 피라미드처럼 꼭짓점으로 마무리된다. 기둥
벽에는 주로 상형문자로 그것을 세운 파라오의 공적 등이 적혀 있어
이집트 역사를 연구하는 데 중요한 자료가 된다. 오벨리스크는 이집
트 왕조가 멸망한 후 약탈 대상이 되었는데, 로마 제국에서 가장 많
이 가져와 48개가 있었다고 한다. 하지만 현재는 로마에 13개가 남
아 있다. 그중 진품은 8개이고, 5개는 이집트에서 돌을 가져와 로마
에서 제작한 것이다. 로마를 여행하다 보면 중요한 장소마다 오벨리
스크가 세워진 것을 볼 수 있으며, 일단 포폴로 광장에서 하나 발견
한 것을 기억하자.

● 광장의 분수들

사람이 많이 모이는 광장에 분수는 필수 요소라 포폴로 광장
에도 분수가 설치되었다. 1572년에 자코모 델라 포르타가 광장 중앙
인 오벨리스크 앞에 분수를 만들었으며, 그 자리에 현재는 1823년에

오벨리스크 앞의 광장 중앙 사자 분수

주세페 발라디에르가 제작한 사자 분수가 설치되어 있다. 참고로, 기존에 있던 자코모 델라 포르타의 분수는 아우구스투스 영묘 근처의 니코시아 광장으로 옮겨졌다.

현대 건축에서 분수는 공간을 멋지게 장식하는 용도로 쓰인다. 무더운 여름날, 하늘 높이 솟구치는 물기둥이나 폭포처럼 쏟아지는 물줄기는 보기만 해도 더위를 날려버리는 것 같은 청량감을 주지 않는가.

이제는 더 이상 분수대에서 물을 길어다 먹거나 음료수통을 채우지는 않으니까, 보기 좋은 것만으로도 분수는 제 기능을 충분히 다한다고 할 수 있다. 그러나 수도 시설이 발달하지 않았던 옛날에는 분수가 공동 우물의 기능을 했다. 사람이 있는 곳에는 물이 있어야 하는데, 광장은 사람이 많이 모이는 곳이니 더더욱 분수가 필요했다. 포폴로 광장 또한 많은 사람들이 이용하는 곳이니 물을 공급하는 시설인 분수는 당연히 필요했다. 사자 분수가 들어서기 전부터 오벨리스크 앞에 분수대를 설치한 것은 그 때문이다.

그러나 광장 양쪽에 들어선 로마 분수와 넵투누스 분수는 분수 본래의 기능을 위해 설치했다고 볼 수 없다. 이미 광장 중앙의 사자 분수가 여행자, 혹은 광장 이용자에게 물을 공급하는 역할을 충분히 하고 있기 때문에, 굳이 광장 끝에 두 개의 분수를 추가로 더 만들 필요가 없었다. 그리고 두 분수를 보면 알 수 있지만 급수대는 빈약하고 이용하기 불편한 형태인 반면, 분수대 뒤에 설치된 조각상은 웅장하고 멋진 데다가 깊은 의미까지 담고 있다. 이 분수들은 광장을 장식하는 기능이 강조된 현대적 분수인 것이다. 그러니 분수들이 무엇을 말하고자 하는지, 그 의미를 알아보는 것이 좋겠다.

먼저, 핀치오 언덕 아래에 있는 로마 분수로 가 보자.

이 분수가 '로마 분수_{Fontana romana/Roman fountain}'인 까닭은, 중앙에 미네르바와 같은 복장으로 서 있는 이가 '로마 여신'이기 때문이다. 로마 여신은 비토리오 에마누엘레 2세 기념관에서 보았던, 로마를 신격화한 존재이다. 그리고 로마 여신 좌우로 물항아리에 비스듬히 기대어 앉은 노인 둘이 있는데, 이들은 강의 신들이다. 강의 신들은 캄피돌리오 광장에서 보았던 이들이다. 물항아리는 강의 신의 가

핀치오 전망대 앞에 설치된 로마 분수와 로마 분수 뒤쪽에 세워진 뱃머리 장식 원주

장 중요한 상징물이라 공통적으로 표현되었고, 왼쪽 신은 보습(넓적한 삽 모양의 농기구)을, 오른쪽 신은 풍요의 뿔을 들고 있다. 이는 강 주변의 비옥한 땅을 갈아 농사지으면 풍요롭게 살 수 있다는 의미를 담고 있다. 로마를 흐르는 테베레강과 아니에네강을 관장하는 신인 이들이 로마에 풍요를 가져다준다는 뜻이다. 그것을 더 확실하게 보여주는 것이 늑대의 젖을 먹고 있는 쌍둥이 형제 로물루스와 레무스이다.

로마 여신 뒤로 뱃머리를 잘라 붙인 기둥 두 개가 보이는데, 이것도 비토리오 에마누엘레 2세 기념관에서도 보았던 이미지이다. 로마 공화정 당시 해전에서 승리한 측이 적의 뱃머리를 전리품으로 잘라다 기념비 등에 붙이던 전통에서 나온 것으로, 이렇게 많은 뱃머리를 노획했다는 것은 그만큼 로마가 강성했다는 자랑의 의미이다.

넵투누스 분수

로마 분수와 대칭되는 위치에 '넵투누스 분수Fontana del Nettuno/ Fountain of Neptune'가 있다. 분수란 물을 공급하는 시설이니 분수대에서 제일 많이 볼 수 있는 신이 포세이돈(넵투누스)이다. 삼지창은 넵투누스의 중요한 상징물이고, 그는 대개 아들 트리톤을 데리고 다닌다. 트리톤은 상반신은 인간이고 하반신은 물고기 형상인데, 소라 나팔을 불어 파도를 잔잔하게 만드는 역할을 한다. 이 분수 조각상은 넵투누스와 트리톤의 그런 특징을 사실적으로 성실하게 표현했지만, 로마에서 이 정도로는 명함을 내밀기 어렵다. 왜냐하면 같은 주제로 만든 분수가 하필 트레비 분수다 보니 빛을 잃는 것이다. 이 분수도 그런 불운한 분수 중 하나라고 생각하자.

포폴로 광장은 낮은 담장으로 둥글게 감싸여 있고, 포폴로 문 쪽과 쌍둥이 성당 쪽에 각각 두 개씩 계절을 의인화한 조각상이 세워져 있다. 산타 마리아 델 포폴로 성당의 치기 예배당에서 의인화된 계절이 어떤 물건을 들고 있는지 알아보았다. 광장 조각상도 똑같은 물건을 들고 있으니 조각상을 보며 계절을 짐작해 보자.

포폴로 문 방향에는 불길이 솟는 화로를 곁에 둔 겨울과 화관을 쓰고 꽃송이를 든 봄(꽃송이는 떨어져 나가고 줄기만 남았지만)이, 쌍둥이 성당 방향에는 밀 이삭을 든 여름과 포도송이와 풍요의 뿔을 든 가을이 서 있다. 그림과 조각이라는 차이는 있지만, 치기 예배당 천장 그림과 계절을 상징하는 사물은 같다는 것을 알 수 있다. 겨울을 남자 노인으로 표현한 것도 같아서 재미있다.

봄(화관과 꽃송이)   여름(밀 이삭)   가을(포도송이와 풍요의 뿔)   겨울(화로)

보르게세
미술관

'보르게세 미술관Galleria Borghese/Borghese Gallery'은 유럽의 유명 미술관에 비하면 규모가 작은 편이다. 보르게세 가문 출신인 스키피오네 카파렐리 보르게세 추기경의 저택을 미술관으로 개조하였기 때문이다. 그러나 건물 규모가 작다고 무시하면 안 된다. 그 안에 소장된 미술품은 로마에서 바티칸박물관 다음으로 중요하다는 평가를 받기 때문이다. 작품들을 감상하다 보면 '이 작품이 여기에 있었어?' 하며 수시로 놀라게 된다. 그만큼 중요하고 유명한 작품이 많다는 뜻이다.

한 가문에서 이렇게 많은 걸작을 수집했다는 걸 어떻게 이해해야 할까. 그들의 문화 예술 애호에 경의를 표해야 할까, 아니면 권력을 앞세운 탐욕스러운 수집벽으로 이해해야 할까. 보르게세 미술관은 감탄하면서 고민하게 만드는 기이한 곳이다. 그러니 로마 여행시 보르게세 미술관은 반드시

보르게세 미술관

가 보라고 권하고 싶다. (보르게세 미술관은 포폴로 광장에서 핀치오 언덕을 가로질러 갈 수도 있지만, 걷기에는 거리가 멀기 때문에 대중교통을 이용해 방문하기를 권한다. 예약하지 않으면 입장 자체가 어려우므로 예약하는 것도 잊지 말자.)

보르게세 미술관에 소장된 작품들은 하나같이 주옥같으므로 어떤 방식으로 소개할지 고민이 많았다. 소수의 작품을 자세하게 설명할까, 아니면 설명을 간략하게 하는 대신 더 많은 작품을 소개할까 하는 문제를 놓고 선택이 쉽지 않았는데, 결국 후자를 택하기로 했다. 보르게세 미술관에 그 작품이 있다는 사실만이라도 알려주고 싶었기 때문이다.

제1 전시실　제1 전시실인 '파올리나의 방Sala della Paolina'에는 안토니오 카노바의 작품인 '베누스 빅트릭스로 분한 파올리나 보르게세 보나파르트Paolina Borghese Bonaparte as Venus victrix'가 있다. 방 이름은 이 작품 제목에서 따온 것이다. 보나파르트 가문에서 보르게세 가문으로 시집온 파올리나라는 여인을 베누스 빅트릭스(승리의 베누스)처럼 표현한 조각 작품이다. 그녀의 손에 들린 사과는 그리스 신화에서 가장 아름다운 여신 아프로디테(즉, 로마 신화의 베누스)에게 주어진 황금 사과를 떠올리게 한다. 이탈리아 출신 조각가인 안토니오 카노바는 잔 로렌초 베르니니 못지않은 명성을 얻었고, 그의 작품을 유럽 여러 미술관에서 만날 수 있다.

안토니오 카노바, '베누스 빅트릭스로 분한 파올리나 보르게세 보나파르트'

  제2 전시실은 '다비드의 방Sala del David'이다. 방 한가운데에 골리앗에게 돌을 던지기 직전인 다비드가 있기 때문이다. 로마를 여행하는 동안 여러 군데서 그 이름을 듣게 되는 잔 로렌초 베르니니의 작품이다. 골리앗에게 돌팔매를 던지기 직전의 긴박한 긴장감이 앙다문 입과 꽉 움켜쥔 투석끈(돌팔매질에 쓰이는 끈), 그리고 돌멩이에 사실적으로 표현되었다. 바로크 미술의 특징을 잘 보여주는 작품이다. 이 작품은 이전 시대에 유행한 르네상스 양식으로 제작된 미켈란젤로의 '다비드'와 비교되곤 한다. 피렌체 아카데미아 미술관에 소장된 미켈란젤로의 '다비드'는 돌팔매를 던지기 전의 긴장감이 억제된 고요함으로 표현되어 잔 로렌초 베르니니의 '다비드'와 확연히 구분된다.

잔 로렌초 베르니니, '다비드'

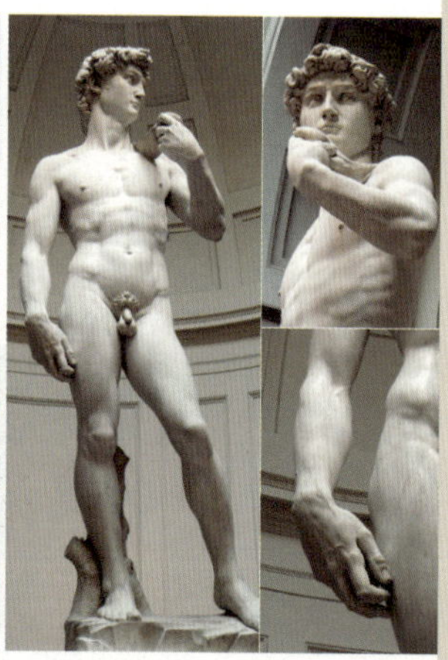

미켈란젤로, '다비드'
(피렌체 아카데미아 미술관)

 제3 전시실은 매우 유명한 작품인 잔 로렌초 베르니니의 '아폴론과 다프네'가 있는 방이다. 거대한 뱀 피톤을 죽인 일을 자랑스럽게 생각한 궁술의 신 아폴론은 앙증맞은 활과 화살을 갖고 다니는 에로스를 놀린 일이 있는데, 그 일에 앙심을 품은 에로스는 아폴론이 다프네라는 소녀를 만났을 때 그에게 황금 촉 화살을 쏘았다. 그 화살에 맞으면 그 순간 눈이 마주친 이를 무작정 사랑하게 되므로, 아폴론은 다프네를 열렬히 사랑하게 되었다. 문제는 에로스가 아폴론을 골탕 먹이려고 다프네에게는 납 촉이 달린 화살을 쏘았다는 점이다. 그것은 맞는 순간 눈이 마주친 이를 무작정 싫어하게 만드는 화살이었다. 그로 인해 아폴론은 다프네를 한없이 사랑하게 되었고, 다프네는 그런 아폴론을 죽어도 싫어하게 되었으니 비극이 아닐 수 없었다. 결국 아폴론으로부터 벗어나고자 다프네는 나무로 변하는 길을 선택하였는데, 그 이야기는 많은 예술가들이 사랑한 주제가 되었다. 그중에서도 가장 유명하고 예술성이 탁월한 작품이 바로 잔 로렌초 베르니니의 대리석 조각상으로, 이 작품을 보기 위해 보르게세 미술관을 찾는 이도 많은 것 같다.

잔 로렌초 베르니니, '아폴론과 다프네'

　　제4 전시실은 저승의 지배자 하데스가 페르세포네를 납치하는 순간을 포착한 조각상이 주인공이다. 이 작품도 잔 로렌초 베르니니의 것이다. 페르세포네는 제우스와 데메테르 사이에서 태어난 매우 아름다운 소녀였다. 그녀를 본 하데스는 한눈에 반해 결혼하고자 하였지만, 데메테르가 단호히 거절하는 바람에 뜻을 이룰 수 없었다. 아무리 신이라고 해도 저승은 마음대로 드나들 수 없는 법이니, 데메테르 입장에서는 사랑하는 외동딸을 저승의 왕에게 시집보내고 싶지 않았을 것이다. 그러자 하데스는 포기하는 것이 아니라 납치하여 데려가는 방법을 택했는데, 그 순간을 포착한 작품이 제4 전시실에 있다. 관람자들의 관심이 뜨거운 작품 중 하나로, 특히 밀가루 반죽으로 빚은 것 같은 말랑한 살결 표현은 감탄을 금할 수 없게 한다.

잔 로렌초 베르니니, '페르세포네를 납치하는 하데스'

　　　제5 전시실에는 '잠든 헤르마프로디테Sleeping Hermaphrodite'가 전시되어 있다. 헤르마프로디테는 헤르메스와 아프로디테 사이에서 태어났으므로 부모 이름을 합쳐서 그렇게 부른다. 원래는 소년이었으나 요정 살마키스가 그를 너무 사랑한 나머지 꽉 끌어안고 하나가 되게 해달라고 신에게 빌었으므로 결국 양성을 갖게 되었다. 그래서 헤르마프로디테는 여성의 가슴과 남성의 성기를 가진 모습으로 표현된다. 그런데 사실 보르게세 미술관의 이 작품은 헤르마프로디테의 양성을 확인하기 어렵게 전시되어 있다. 피렌체 우피치 미술관에 헤르마프로디테의 특징을 알아볼 수 있는 작품이 있어 참고삼아 사진을 싣는다.

'잠든 헤르마프로디테'

'잠든 헤르마프로디테'
(우피치 미술관 소장)
여성의 가슴과 남성의 성기를 가진 헤르마프로디테의 신체적 특징이 잘 표현되었다.

잔 로렌초 베르니니, '트로이 성을 탈출하는 아이네아스 일가'

 제6 전시실에는 잔 로렌초 베르니니의 '트로이 성을 탈출하는 아이네아스 일가'가 전시되어 있다. 포로 로마노의 베누스와 로마 신전에서 설명한 바 있듯이 미의 여신 아프로디테와 트로이의 왕족 안키세스 사이에서 태어난 아들이 아이네아스이다. 트로이 전쟁에서 아이네아스는 헥토르에 버금가는 맹장으로 활약했지만, 결국 그리스 연합군의 목마 작전에 넘어가 트로이가 불바다가 되었을 때 아이네아스는 아버지 안키세스, 부인 크레우사, 아들 아스카니우스를 데리고 트로이 성을 탈출한다. 크레우사는 탈출 중에, 안키세스는 유랑 중에 죽었고, 결국 아이네아스와 아스카니우스만 이탈리아반도에 도착하였으며, 그들의 후손 중에서 로물루스와 레무스가 태어났으므로, 로마 제국에서는 아이네아스를 조상신으로 생각해 각별하게 여겼다. 잔 로렌초 베르니니는 아이네아스가 늙은 아버지 안키세스와 아들 아스카니우스를 데리고 트로이 성을 탈출하는 장면을 새겼다. 탈출 중에 죽은 크레우사는 그림에서는 함께 표현되는 경우가 많지만, 이 작품에서는 조각의 특성상 생략되었다.

 제8 전시실은 중앙에 '춤추는 사티로스' 조각상이 있고, 벽에는 주로 카라바조의 그림들이 전시되어 있다. 그의 그림 중에서 특히 〈골리앗의 머리를 들고 있는 다비드〉, 〈병든 바쿠스〉, 〈성 안나와 함께 있는 성모자〉, 〈과일 바구니를 든 소년〉 등이 유명하다.

카라바조, 〈골리앗의 머리를 들고 있는 다비드〉

카라바조, 〈병든 바쿠스〉

카라바조, 〈성 안나와 함께 있는 성모자〉

카라바조, 〈과일 바구니를 든 소년〉

 2층에는 12개 전시실이 있고, 이탈리아 초기 르네상스 시대부터 바로크 시대 작품이 주로 전시되어 있다. "어, 이 작품이 여기에 있었어?" 하는 소리가 나오는 유명 작품들의 목록만 간략히 소개하기로 한다.

마르첼로 프로벤잘레, <오르페우스>

안토니오 카라치, <제우스와 헤라>

페데리코 바로치, <트로이를 탈출하는 아이네아스>

다 빈치 작품 모방, <레다와 백조>

안토니오 다 코레지오, <다나에>

핀투리키오, <성 제롬과 크리스토퍼가 있는 십자가형>

페테르 파울 루벤스, <수산나와 노인들>　라파엘로 산치오, <십자가에서 내려짐>

버나드 판 오를리의 영향을 받음, <카를 5세의 초상>　라파엘로 산치오, <유니콘을 안은 젊은 여인의 초상>

대 루카스 크라나흐, <비너스와 벌집을 든 큐피드>

조반니 바티스타 피라네시, 〈로마의 풍경〉 판화 시리즈, 1748~1778년경

스페인 광장　　Piazza di Spagna

　　포폴로 광장에서 세 갈래로 뻗은 길 중에서 왼쪽으로 난 바부이노 길Via del Babuino을 따라가면 스페인 광장이 나온다. 세 길 중에서 유명하고 중요한 길은 중앙의 코르소 길이지만, 스페인 광장을 목적지로 정했으므로 먼저 바부이노 길을 걷기로 한다.

　　바부이노 길은 '바부이노(개코원숭이)' 조각상이 있어 붙은 이름이다. 1571년 9월 교황 비오 5세 때 설치한 욕조 형태의 분수대에 비스듬히 앉아 있는 조각상이 마치 바부이노 같다고 조롱한 데서 유

포폴로 광장에서 갈라지는 세 갈래 길
산타 마리아 인 몬테산토 성당
왼쪽으로 난 길이 바부이노 길로
스페인 광장까지 연결된다.

길 이름의 유래가 된 분수대 조각상
이름과는 달리 개코원숭이가 아니라 사티로스이다.

래한다. 그런데 사실 이 조각상은 개코원숭이가 아니라 그리스 신화
속 반인반수족인 사티로스이다. 하반신을 잘 보면 염소 털로 덮여 있
는 걸 알 수 있다. 사티로스는 카피톨리니 박물관에서 보았던, 인간
과 염소가 합쳐진 상상 속 존재이다.

어쨌거나 길가에 설치되어 조롱도 당하고 길 이름의 유래도
된 이 이끼 낀 조각상이 500년 가까이 되었다니 놀랍다. 로마는 별스
럽지 않은 것에서도 사람을 놀라게 하는 도시임을 또다시 실감한다.

난파선 분수

바부이노 길을 걸어 스페인 광장으로 가면 제일 먼저 '난파선
분수Fontana della Barcaccia/Fountain of the Boat'를 만나게 된다. 스페인 계단
아래에 설치된 배 모양의 작은 분수인데, 수압 차이를 이용해 물이
배출되도록 하기 위해서 낮은 지대에 분수를 만들었다고 한다.

난파선 분수

이 분수를 만들도록 지시한 이는 교황 우르바누스 8세(1623~ 1644년 재위)인데, 그는 주요 광장마다 분수를 만들어 로마에 사람이 모일 수 있도록 했다. 난파선 분수에는 그의 공을 기리기 위해 배 앞뒤에 그의 문장을 새겨넣었다. 그는 바르베리니 가문 출신이라 벌 세 마리가 상징이다.

이 분수가 베르니니 작품이라고 하면 언뜻 잔 로렌초 베르니니를 떠올리게 되는데, 이 분수는 그의 아버지 피에트로 베르니니가 제작을 주도했다. 젊은 잔 로렌초 베르니니가 일부 작업을 도왔다고 한다. 자식이 부모를 능가하는 것은 자랑스럽고 보람찬 일이지만, 피에트로의 경우는 너무 잘난 아들을 둔 까닭에 본인의 이름이 희미해졌다. 그는 그것을 어떻게 받아들일까.

분수는 사람만을 위한 것이 아니라, 동물에게도 필수적인 시설이었다. 생명 있는 모든 것은 물 없이 살 수 없기 때문이다. 따라서 분수는 사람과 동물이 함께 이용하는 시설이었는데, 초기 분수는 물 공급이라는 1차적 기능에만 충실했다. 먼 데서 물을 끌어와 필요한 곳에 공급해 주는 것만 해도 고마운 일이었기 때문이다.

그러나 시간이 지나면서 사람들은 동물과 같은 물을 마시는 걸 꺼리게 되었다. 그래서 사람이 마시는 물과 동물이 먹는 물(혹은 빨래 등의 허드렛일에 사용하는 물)을 분리하여 공급하기 시작했는데, 난파선 분수는 후자에 속한다. 배 바깥에 고인 물은 동물용이나 허드렛용이고, 배 안의 물은 동물의 입이 닿지 않아 깨끗한 물로 사람들이 이용했을 것이다. 그만큼 난파선 분수는 위생적으로 진보한 형태라고 할 수 있다. 사람과 동물이 함께 사용하도록 만들어진 바부이노 분수와 비교하면 그 차이가 분명하다.

한편, 로마의 분수들은 트레비 분수에 밀려 어지간해서는 주목받기 힘들다. 규모로 보나 작품성으로 보나 분수대 구석구석에 숨겨진 깊은 의미로 보나, 트레비 분수는 너무나 압도적이다.

그런 로마에서 규모도 앙증맞은 난파선 분수가 사랑받는 것은 이례적이라고 할 수 있다. 스페인 계단 아래라는 위치 때문일 수도 있고, 로마에서는 누구보다도 유명한 잔 로렌초 베르니니의 손길이 닿았기 때문일 수도 있다. 혹은 이 분수가 1598년 홍수로 테레베강이 범람했을 때 이곳까지 밀려와 난파되었던 작은 배에서 영감을 얻었다고 전해지는 재미있는 이야기 때문일 수도 있다.

그러나 누군가는 이 분수에서 흐르는 물소리를 들으며 삶을 마감한 한 시인을 생각하며 이 분수에 가치를 더할 수도 있다. 요양

얀 프란스 솔마케르, <우물가의 여행자와 목동들>
사람과 동물이 같은 분수를 이용하고 있다.

헨리크 시에미라즈키, <분수>
사람들이 물을 긷는 곳과 동물들이 물을 마시는 곳을 분리하여 위생 문제를 해결했다.

폐결핵을 앓던 존 키츠는 로마로 요양 와서 스페인 계단 오른쪽에 있는 집에서 투병하다 세상을 떠났다. 그 집은 현재 키츠와 그의 친구 퍼시 셸리를 위한 기념관으로 쓰이고 있다.

존 키츠의 묘비

묘비 아래쪽에 '여기, 물 위에 이름이 새겨진 한 사람이 누워 있다.'라는 문장이 눈길을 끈다.

차 로마에 왔던 영국 시인 존 키츠는 난파선 분수의 물소리가 들릴 정도로 가까운 집(현재의 키츠-셸리 기념관)에서 몇 개월 지냈다. 그는 끝내 병을 치료하지 못했고, 묘비에 이름을 새기지 말라는 유언을 남겼다. 그리하여 그의 이름 없는 묘비에는 그가 원했던 대로 '여기, 물 위에 이름이 새겨진(즉, 덧없는 이름을 가진) 한 사람이 누워 있다.'라는 문장이 적혔다. 로마 비가톨릭 신자들의 공동묘지에 묻힌(영국인인 키츠는 성공회 신자였음) 그의 무덤가에는 위대한 시인의 것이라고 하기엔 너무 조촐하지만, 마지막 문장만은 슬프도록 낭만적인 글이 새겨진 묘비가 서 있다. 그의 묘비에 등장하는 '물'은 혹시 난파선 분수의 물이 아니었을까.

스페인 계단

영화 <로마의 휴일> 덕을 제일 많이 본 것은 '진실의 입'이 분명하다. 그리고 그 뒤를 잇는 것은 '스페인 계단Scalinata di Piazza di Spagna/Spanish Steps'일 것이다. 주인공인 앤 공주(오드리 햅번)가 의전과 격식 등 자신을 옭아매는 것들을 다 잘라내듯 과감하게 단발로 스타일 변신을 한 뒤, 스페인 계단에서 젤라토를 먹는 장면은 사람들에게 깊은 인상을 남겼다. 그 뒤로 로마를 찾는 사람들마다 그 장소에서 젤라토를 먹는 바람에 계단이 지저분해졌다고 한다. 특히 여름철의 뜨거운 태양 아래에서는 금세 녹아 흘러 계단을 끈적끈적하게 만들었을 것이다. 그래서 지금은 계단에서 젤라토 먹는 게 금지되었다.

흔히 스페인 계단이라고 불리는 이 계단의 정식 명칭은 '트리니타 데이 몬티 계단Scalinata di Trinità dei Monti'이다. 트리니타 데이 몬티 성당에 이르는 계단이기 때문이다. 여기서는 말하기 편하게 그냥 스페인 계단이라고 부르기로 한다.

이 계단은 아래에서 올려다보아도, 혹은 위에서 내려다보아도 진면목을 알아보기 어렵다. 그래서 부득이 공중에서 찍은 옛 사진을 통해 스페인 계단의 생김새를 알아보기로 한다.

1/3 지점쯤 되는 곳에서 양쪽으로 나뉘고, 다시 그 위에서 만난 다음 조금 더 올라가 성당 앞 오벨리스크 앞에서 반원형의 두 갈래 길로 나뉘어 성당 앞 광장에 이르도록 하는 변화무쌍한 형태임을 알 수 있다. 단순히 언덕 위와 아래를 연결하는 통로의 기능으로 그

1938년에 촬영된 작자 미상의 사진 자료

조반니 바티스타 팔다의 그림(17세기 후반) 속 난파선 분수 주변 풍경
아직 계단이 설치되지 않았다.

친 것이 아니라, 오르는 사람들이 지루하지 않게 만드는 매력이 있는 계단이다. 중간에 간이 전망대 역할을 하는 공간을 만들어 계단을 오르다 쉬면서 아래 풍경을 감상할 수 있도록 한 것도 재치 있는 발상이다. 영화 <로마의 휴일> 덕도 보았겠지만, 이 계단은 어디에서도 볼 수 없는 우아하고 실용적인 멋진 길이다.

그러면 스페인 계단은 누가, 언제 만들었으며, 스페인 계단이라는 이름은 어떻게 붙은 것일까. 먼저, 17세기 후반에 그려진 그림에는 1626~1629년에 제작된 난파선 분수가 있지만 계단은 없다. 난파선 분수가 등장하고도 한동안은 계단이 없었다는 뜻이다. 광장에서 성당 쪽으로 올라가는 사람들은 비라도 오면 많은 불편을 겪을 수밖에 없었다. 그래서 계단의 필요성이 대두되었는데, 피에르 게랭 드

텡생 추기경(프랑스의 성직자)이 프란체스코 데 산티스에게 계단 건설을 의뢰했다. 그리하여 계단 건축에 필요한 비용은 프랑스 측이 부담하기로 하고, 프란체스코 데 산티스의 설계에 따라 1723년에 공사를 시작하여 1725년에 완공하였다. 그렇게 완공된 계단은 스페인 대사관 앞에 있어 스페인 광장이라고 부르는 곳 근처에 있으므로, 스페인 계단으로 불리게 되었다.

프랑스는 이 계단 꼭대기에 국왕 루이 14세의 기마상을 설치하고 싶어 했지만, 교황 베네딕투스 13세의 반대에 부딪혀 뜻을 이루지 못했다. 대신 그 자리에는 오벨리스크가 서 있게 되었다. 프랑스로서는 계단 건설 비용을 다 대고도 원하던 기마상은 설치하지 못한 데다가, 계단의 이름마저 스페인에게 양보해야 했으니 억울했겠다.

무염시태 성모 기념 원주

'무염시태 성모 기념 원주Colonna di Immacolata concezione/Column of the Immaculate Conception'를 보기 위해 계단을 다시 내려온다. 그런 다음 계단을 바라보는 위치에서 오른쪽으로 시선을 돌리면 높직한 원기둥이 보인다. 스페인 대사관 앞에 서 있는 그 원기둥을 '무염시태 성모 기념 원주'라고 한다. 그곳으로 가 보자.

무염시태 성모 기념 원주를 살펴보기 전에 먼저, 스페인 국기가 걸려 있는 건물을 살펴보자. 그 건물이 스페인 광장이란 이름을 낳은 교황청(성좌, Holy See) 주재 스페인 대사관이다. 건물 전면에 교황청과 스페인의 국장이 둥근 원 안에 그려져 있어 이곳이 교황청 주

난파선 분수 쪽에서 바로 보이는 무염시태 성모
기념 원주와 주 교황청 스페인 대사관

재 스페인 대사관임을 알 수 있다.

교황청 주재 스페인 대사관이 왜 바티칸시국이 아니라 이탈리아 땅인 로마에 있는지 궁금할 수 있다. 이유는 두 가지로 정리된다. 로마는 교황령 당시의 수도이므로, 그 당시 각 나라의 대사관은 로마에 자리 잡는 것이 당연했다. 바티칸시국이 독립한 다음에는 이탈리아 땅인 로마가 아니라 바티칸시국 안에 대사관을 두는 것이 이론적으로는 맞을지 모르지만, 그럴 수 없는 사정이 있다. 바티칸시국은 0.44㎢의 초미니 국가라서 어느 나라 대사관도 들어갈 공간이 없으니 부득이 로마 신세를 질 수밖에 없는 것이다. 그래서 이탈리아와 바티칸시국 두 나라와 외교 관계를 맺은 나라는 각각의 대사관을 따로 운영하는 게 일반적이다. 우리나라도 그러한데, 주 이탈리아 대사관은 산마리노와 몰타를 함께 담당하고, 교황청 주재 대사관은 독자적으로 운영한다.

스페인 대사관 앞에 세워진 무염시태 성모 기념 원주를 알아보기 위해서는 먼저 '무염시태無染始胎'라는 말의 뜻을 알아야 한다. 무염시태란, 원죄에 물들지 않은 채 잉태되었다는 뜻이다. 다른 말로 '원죄 없는 잉태'라고 한다. '원죄'란 아담과 이브가 하느님의 명을 어기고 선악과를 따 먹으면서 지은 인류사 최초의 죄를 말하며, 그리스도교에서는 아담과 이브의 후예인 인류는 원죄에 물든 채 태어난다고 본다. 그런데 최초로 원죄에 물들지 않고 태어난 이가 바로 예수의 어머니인 마리아라는 주장이 '무염시태 성모'이다. 하느님의 아들 예수를 성령으로 잉태할 몸이기에 마리아도 원죄 없이 태어나도록 하느님이 배려했다는 것이다. 이 주장은 가톨릭에서 주로 통용된다.

교황청에서는 이러한 주장을 놓고 오랫동안 논의한 끝에 1854년 12월 8일에 교황 비오 9세가 공식적으로 선포하여 하나의 교리로 인정받게 되었다. 가톨릭에서는 12월 8일을 '원죄 없이 잉태되신 복되신 동정 마리아 대축일'로 기린다. 그런데 이러한 추상적 개념을 어떻게 구체적으로 형상화할 것인가 하는 문제가 생겼는데, 스페인의 화가였던 프란시스코 파체코는 이렇게 명쾌하게 정리했다.

무염시태 성모 기념 원주와 꼭대기 성모상

프란시스코 데 수르바란,
<원죄 없는 잉태>

　"원죄 없이 잉태된 성모 마리아는 햇살이 가득한 천국에서 티끌 하나 없이 깨끗한 순백의 옷과 푸른 외투를 입고, 머리에는 12개의 별이 빛나는 후광과 왕관을 쓰고, 발밑의 초승달을 딛고 서서 두 손은 가슴 위에 기도하듯이 모은 모습으로 표현되어야 한다."

　그 이후로 원죄 없이 잉태된 성모 마리아는 거의 정형화된 모습으로 표현되었는데, 프란시스코 데 수르바란의 그림을 함께 감상하며 무염시태 성모 기념 원주 꼭대기에 설치된 성모상과 비교해 보자.

　무염시태 성모 기념 원주는 그 선포가 있은 지 3년 뒤인 1857년에 세워졌다. 12월 8일이 되면 무염시태 성모 축일을 기념하여 원주 앞에 꽃을 바치는 전통이 이어지고 있다.

조반니 파올로 파니니, <트레비 분수를 방문한 베네딕투스 14세>, 1753~1756년경

트레비 분수 Fontana di Trevi

스페인 광장에서 '트레비 분수Fontana di Trevi/Trevi Fountain'까지는 포폴로 광장에서 스페인 광장까지의 거리와 비슷하기 때문에 천천히 걸으며 주변 구경을 하다 보면 곧 닿을 수 있다. 꼭 유명한 관광 명소가 아니라 해도, 로마의 호젓한 골목길을 걷는 것은 운치 있으니 느긋한 마음으로 트레비 분수까지 걸어가 보자.

로마에 가 본 적 없는 사람은 있어도, 로마에 가서 트레비 분수를 안 본 사람은 없을 것이다. 콜로세움과 마찬가지로 트레비 분수는 로마를 대표하는 문화유산이다. 그래서 이곳은 항상 여행자들로 북적거린다. 그 많은 로마의 분수들이 다 빛을 잃게 되는 이유를 단번에 이해할 수밖에 없는 현장이다.

한편으로는 그렇기 때문에 여행자들에게 각별한 주의가 요구되는 위험한 곳이기도 하다. 송곳 꽂을 데도 없을 정도로 북적대는 인파 속에서 제일 경계해야 할 것은 무엇일까. 맞다, 그 유명한 로마의 소매치기이다. 그래서 누군가와 슬쩍 부딪히기만 해도 신경이 잔뜩 곤두서는데, 상대방이 소매치기일 때만 문제인 것은 아니다. 나와 부딪힌 상대방이 소지품을 꼭 끌어안은 채 날 노려볼 때, 그 황당하고 억울한 심정을 어디다 하소연할 수 있을까. 트레비 분수에서는 소매치기를 조심하는 것으로 충분하지 않다. 소매치기 취급받는 것을 더 조심해야 하는 몹쓸 곳이 바로 이 멋진 분수이다.

트레비 분수를 딱 마주하는 순간, "우와!" 하는 감탄사가 절로 나온다. 로마의 분수를 '트레비 분수와 기타 등등'이라고 할 수밖에 없음을 순식간에 이해한다. '물만 제대로 공급하면 그만일 텐데, 무엇 하러 저렇게 요란하게 분수대를 만들었을까?' 하는 의문이 들다가도, 그렇게 해서라도 로마의 이미지를 쇄신하고자 했던 교황청의 고뇌를 이해한다. 그다음에는 옥같이 맑은 물에 눈이 호강하고, 그 물들이 내는 청량한 소리에 귀가 호강한다. 전 세계에서 몰려온 사람들이 저마다의 모국어로 떠들어대는 소리조차 음소거시켜 버리는 대단한 물이요, 물소리이다.

사람들은 누가 먼저랄 것도 없이 지갑에서 동전을 꺼내 물로 던진다. 대개 그럴 경우 특정한 목표물을 맞힌다든가, 아니면 정해진 그릇 안에 집어넣든가 하는 미션이 있기 마련인데, 트레비 분수는 그런 것도 없다. 그냥 뒤로 돌아서서 던지면 로마에 다시 온다는 속설

구름처럼 몰려든 인파로 항상 북적거리는 로마의 대표적 명소인 트레비 분수

만 있다. 동전을 오른손에 들고 왼쪽 어깨 너머로 던져야 한다든지, 한 번 던지면 어떻고 두 번 던지면 어떻다든지 하는 속설 따위는 별로 대단한 게 못 된다. 그냥 로마 여행 기념으로, '나도 트레비 분수에 동전 던져봤다.'라는 만족감만 느끼면 되는 듯하다.

그렇게 여행자들이 던지는 동전이 무시 못 할 금액인지라, 로마시에서 그 돈의 소유권을 주장해 논란이 된 적이 있다. 그동안은 가톨릭 자선단체인 카리타스에 기부되어 형편이 어려운 사람들을 위해 쓰였는데 말이다. 결국 비난 여론이 높아지자 로마시가 주장을 철회해 지금도 여전히 자선기금으로 쓰이고 있다니, 분수에 던지는 동전을 너무 아깝게 생각할 필요는 없을 것 같다.

한편, 트레비 분수에 던져진 동전을 욕심냈다가 포기했던 로마시에서 다른 꼼수를 생각해 냈다고 한다. 분수 가까이에서 동전을 던지려는 사람들에게 입장료를 받기로 했다는 것이다. '우리 분수에 돈을 던지려면 입장료를 내고 들어가서 던져라.' 하는 로마시의 기상천외한 배짱이나, 입장료를 내고라도 들어가서 기필코 동전을 던지겠다고 나서는 여행자나, 참 재미있지 않은가. 세상 천지에 로마에서만 볼 수 있는 진풍경이 분명하다. 이 또한 뻔뻔한 이 도시의 불가사의한 매력 때문에 가능한 일인 것 같아 웃고 만다.

아, 분수대에 동전 던지는 전통이 <로마의 휴일>에서 오드리 햅번이 한 행동에서 유래되었다는 설은 잘못된 것이다. 오드리 햅번(앤 공주)이 트레비 분수를 지나쳐 가는 건 사실이지만, 동전을 던지지는 않았다. 그녀는 분수대 옆에 있는 미장원에서 햅번 스타일의 단발머리로 변신할 뿐이다.

트레비 분수의 건설

현재 우리가 보는 트레비 분수는 교황 클레멘스 13세(1758~1769년 재위) 때인 1762년에 완공되어 모습을 세상에 드러냈다. 그러면 그전에는 분수가 없었을까? 남아 있는 그림 자료를 통해 짐작해 보자면, 동네 공동 우물 역할을 하는 아주 기본적인 형태의 분수가 그 자리에 있었다. 그러면 그림 속 분수가 트레비 분수 이전의 분수

작자 미상, <옛 트레비 분수가 있는 풍경>

인 걸 어떻게 알 수 있을까. 분수 오른쪽의 '성 빈센초와 아나스타시오 성당Chiesa dei Santi Vincenzo e Anastasio a Trevi'을 보면 같은 자리임을 알 수 있다.

단순한 분수를 대체할 새로운 분수를 짓자는 논의는 교황 우르바누스 8세(1623~1644년 재위) 때 나왔지만, 그가 사망하면서 논의가 중단되었다. 우르바누스 8세는 스페인 광장의 난파선 분수를 만들도록 한 교황이며, 그는 분수뿐만 아니라 로마의 면모를 새롭게 하는 공사를 많이 추진했다. 로마를 여행하다가 벌 세 마리가 보이면, 바르베리니 가문 출신인 그의 입김이 닿은 건축물이라고 생각해도 될 것이다. 세 마리의 벌은 바르베리니 가문의 상징이자, 그 가문 출신인 우르바누스 8세의 상징이기도 하다.

트레비 분수 공사를 재개한 클레멘스 12세의 문장(분수 꼭대기)

트레비 분수를 완공한 클레멘스 13세의 이름(벽감)

교황 클레멘스 12세(1730~1740년 재위) 때 다시 공모전을 통해 분수 건설이 추진되었는데, 그 공으로 클레멘스 12세는 자신의 문장을 분수 꼭대기에 남기게 되었다. 그러나 그는 분수가 완성되는 것을 보지 못하고 세상을 떠났고, 분수는 클레멘스 13세 때 완공될 수 있었다. 클레멘스 13세의 이름은 넵투누스 뒤편 벽감 안에 기록되었다.

그러면 이런 생각을 해 보자. 분수의 본래 기능은 주민이나 나그네에게 물을 공급하는 것이라고 했다. 그렇다면 그 자리에 있던 그림 속 단순한 분수만으로도 그 기능을 충분히 하지 않았을까. 그런데 구태여 웅장하고 사치스러운 분수를 만든 까닭은 무엇일까.

　로마는 클레멘스 7세 때인 1527년에 신성로마제국 군대의 침략으로 치명적인 파괴를 당했다. 로마 제국의 수도였다는 빛나는 명성도, 유럽 종교의 본산인 가톨릭의 심장이자 교황령의 수도라는 드높은 긍지도 짓밟힌 것이다. 그때의 약탈과 파괴가 어찌나 심했던지, 로마에는 바실리카 양식, 로마네스크 양식, 고딕 양식의 건축물이 드물게 남아 있을 정도이다. 로마에 바로크 양식 교회가 유독 많은 이유도 거기서 찾을 수 있다. 로마 대약탈 이후에 새로 짓거나 재건하면서 당대의 유행이었던 바로크 양식을 선호한 결과인 것이다.

　그러므로 교황령의 수장인 교황으로서는 수도 로마를 일신할 필요가 있었다. 도로를 정비하고, 건물을 새롭게 짓고, 광장을 넓히고, 구석구석 분수를 설치하여 사람이 살 만한 도시로 새롭게 태어났다는 것을 보여줄 필요가 있었다. 그것은 정치적이며 종교적인 판단이었다. 로마가 부흥해야 교회의 영향력도 커질 테니 말이다. 새로 지은 트레비 분수는 단순히 물을 공급하기 위한 공동 우물이 아니었다. 로마가 이만큼 멋진 도시로 새롭게 도약한다는 선전물이었다.

　사람들은 더 이상 트레비 분수에 물을 긷고 가축에게 물을 먹이기 위해 오지 않게 되었다. 나들이복을 화려하게 차려입은 사람들이 소풍 나오는 곳으로 변신하였으니, 교황청의 목적은 훌륭히 달성된 것이다. 게다가 몇백 년이 흐른 현재까지도 트레비 분수를 보기 위해 전 세계에서 사람들이 구름처럼 몰려드니, 확실히 멋진 투자, 성공적인 투자였다.

트레비 분수 구석구석

트레비 분수는 분수대이니 물만 실컷 보고 가도 아까울 것은 없지만, 분수대를 이루고 있는 요소들을 구석구석 살펴보면 더욱 좋다. 바로크 양식의 이 거대한 분수에는, 알고 보면 재미있는 이야깃거리가 많으니 말이다. 트레비 분수는 폴리 궁전Palazzo Poli 벽면에 조각으로 다양한 이야기를 표현했다.

● 계절의 알레고리

클레멘스 12세의 문장 아래 서 있는 네 명의 여인은 계절의 여신(계절의 알레고리)을 의미한다. 왼쪽부터 겨울, 여름, 가을, 봄인데, 그들이 가지고 있는 물건을 가지고 판단한다.

겨울은 풍요의 뿔을 들었다. 산타 마리아 델 포폴로 성당의 치기 예배당과 포폴로 광장에서 우리는 겨울의 상징물로 화로를 보았는데, 트레비 분수의 경우는 다르다는 사실을 알 수 있다. 아마도 겨울의 여신이 풍요의 뿔을 들고 있는 까닭은, 봄부터 가을까지 부지런히 농사지은 것으로 풍요롭게 지내는 계절이라는 뜻이 아닐까 한다. 여름은 밀 이삭을 들었다. 쌀 문화권인 우리와는 달리 밀 문화권인 이탈리아 사람들은 여름에 밀을 수확하기 때문에 여름의 상징물로 밀을 선택했다. 가을은 포도송이와 포도주잔을 들었다. 요즘은 과일에 제철이 따로 없기 때문에 포도가 여름 과일인 줄 알기도 하지만, 원래 포도는 가을에 수확하는 것이 맞다. 봄은 앞자락에도 꽃, 손에도 꽃, 머리에도 꽃, 온통 꽃으로 가득하다. 봄은 역시 꽃의 계절이다.

폴리 궁전 벽면을 활용해 웅장한 바로크 양식
으로 완성된 트레비 분수

❶ 계절의 여신(겨울, 여름, 가을, 봄)
❷ 수도교 건설을 지휘하는 아그리파
❸ 로마 병사들에게 물이 있는 곳을 알려주는 처녀
❹ 대지의 여신 데메테르
❺ 건강의 여신 히게이아
❻ 넵투누스

계절의 여신
a. 겨울(풍요의 뿔) b. 여름(밀 이삭) c. 가을(포도송이와 포도주 잔) d. 봄(화관과 꽃송이)

◦ 아그리파 부조

네 계절의 알레고리 아래로 두 점의 부조가 벽에 부착되어 있다. 오른쪽은 한 처녀가 로마 병사들에게 물이 솟는 곳을 알려주는 장면이고, 왼쪽은 아그리파가 수도교 건설을 지휘하는 장면이다. 이 두 장면을 합쳐 '트레비 분수는 처녀가 가르쳐 준 물이 나오는 곳에 아그리파가 건설한 것이다.'라고 단순하게 정리하는 경우가 있는데, 그것은 사실과 다르다.

아그리파는 팔라티노 언덕에서 이름이 언급된 인물로, 초대 황제 아우구스투스의 친구이자 오른팔이었으며, 나중에는 사위가 되는 인물이다. 그가 만약 아우구스투스보다 더 오래 살았다면 로마 제국의 두 번째 황제가 되었을지도 모르는데, 그에겐 황제가 될 운이 따르지 않았다. 아우구스투스보다 먼저 죽었으니 말이다.

그래도 그는 위대한 장군이자 정치가요, 건축에도 일가견이 있는 사람이었다. 학창 시절 데생 시간에 보았던 석고상 '아그리파' 의 주인공인 그는 황제의 사위라는 신분이 아니어도 로마 제국 초기 역사에 뚜렷한 발자취를 남겼다. 특히 아우구스투스의 딸인 율리아 와의 사이에서 낳은 자식들(즉, 아우구스투스의 외손주들)을 통해 5대 황 제 네로로까지 황위가 이어졌다.

트레비 분수에서 그의 이름이 자주 언급되는 까닭은 벽면에 부착된 부조 때문인데, 마치 그가 트레비 분수를 건설한 것처럼 회자 되는 것은 오류이다. 정확한 사실관계를 알아보자.

아그리파가 정복 전쟁을 마치고 로마로 귀환할 때의 일이다.

수도교 건설을 지휘하는 아그리파   로마 병사들에게 물이 있는 곳을 알려주는 처녀

오랜 행군에 지친 병사들이 목마름을 호소하였지만, 근처에 목을 축일 만한 시설이 없었다. 당황한 아그리파가 병사들에게 주변을 수색하여 물을 구하라고 명했지만, 좀처럼 수원을 찾을 수 없었다. 그때 한 처녀가 나타나 자신이 물이 나올 만한 곳을 안다고 했다. 반가운 마음에 아그리파는 병사들에게 그녀를 따라가 보라고 했다. 처녀를 따라간 병사들이 그녀가 가리키는 곳을 파자 과연 샘물이 솟는 게 아닌가. 병사들은 그 처녀 덕분에 갈증을 해소할 수 있었고, 아그리파는 처녀가 가르쳐 준 수원지를 '처녀의 샘'이라고 이름 붙였다. 그 내용이 트레비 분수 오른쪽 벽 부조에 담겨 있다.

처녀의 샘은 로마 시내로부터 좀 떨어진 곳에 있었는데, 아그리파는 그곳에서 로마 시내까지 수도교를 건설해 물을 끌어오기로 한다. 그게 BC 19년에 완공된 '아쿠아 비르고Aqua Virgo'로, Aqua는 '물', Virgo는 '처녀'이니, 처녀의 샘에서 물을 끌어오는 수도교라는 의미이다.

로마에는 물을 끌어오는 수도교가 10여 개 있었는데, 아쿠아 비르고도 그중의 하나였다. 아쿠아 비르고를 통해 로마 시내로 운반된 물은 군데군데 작은 분수들에 물을 공급하면서 세 갈래 길이 모이는 곳(트레비)까지 도착하였을 것이다. 길이 세 갈래로 모인다는 것은 사람들의 통행이 잦다는 뜻. 당연히 그곳에는 분수가 필요했을 테니, 기본적 기능에 충실한 분수가 설치되어 사람들에게 물을 공급했을 것이다.

그렇지만 그 분수를 아그리파가 만들었다는 뜻은 아니다. 아그리파는 그 분수에 공급되는 물을 운반하는 수도교를 건설한 사람이다. 왼쪽 벽 부조를 보면 아그리파가 둥근 아치로 이루어진 수도교를 가리키며 뭔가를 지시하고 있는데, 그가 수도교를 건설했다는 걸 그렇게 표현한 것이다. 아쿠아 비르고는 서로마 제국이 멸망하면서 기능을 상실하였다가 르네상스 시기에 복원되었고, 그것을 통해 운반되는 물을 활용해 바로크풍의 웅장한 분수를 완성한 것은 클레멘스 13세 때라는 설명을 앞에서 했다.

참고로, 로마 병사들에게 물이 있는 곳을 알려주는 처녀의 부조 옆으로 세 개의 창문이 보이는데, 가장 오른쪽에 있는 창문은 실제가 아니라 그린 것이다. 멀리서 무심코 보면 속게 되는데, 다른 창

가짜 창문이 설치된 오른쪽 벽면

문들과 색과 모양이 다소 다르고 사진을 찍어 확대해 보면 돌벽에 흰 색으로 금을 그어 창문인 척한 걸 알 수 있다. 왜 유독 그곳에만 창문이 없는지는 알 수 없지만, 분수대 양쪽을 대칭으로 균형 맞추려 한 고육지책이 느껴져 재미있다.

◦ 대지의 여신과 건강의 여신

처녀의 샘을 발견하게 된 동기와 그곳에서 샘솟는 물을 로마로 운반하기 위해 아그리파가 수도교를 건설하는 모습을 담은 부조를 본 다음, 시선을 아래로 내리면 두 명의 여신을 볼 수 있다. 대지의 여신과 건강의 여신이다. 정면에서 보면 넵투누스 왼쪽에 대지의 여신 데메테르(로마 신화에서는 곡물의 여신 케레스)가, 오른쪽에 건강의 여신 히게이아가 서 있다.

대지의 여신 데메테르   건강의 여신 히게이아

왼쪽의 여신이 누구인지 판단할 수 있는 근거는 두 가지이다. 밀 이삭을 엮어 머리를 장식한 점과 손에 풍요의 뿔을 들고 있다는 점이다. 풍요의 뿔에 대해서는 캄피돌리오 광장에서 설명한 바 있는데, 대개 강의 신, 대지의 여신, 풍요의 여신, 조화와 협력의 여신(콩코르디아) 등이 지니고 있는 걸 볼 수 있다. 대지의 여신이 풍요의 뿔을 들고 있는 까닭은, 그 안에서 쏟아져 나오는 곡식, 과일, 꽃 등이 대지에서 생산되는 것이기 때문이다. 여신의 발치에 물이 흘러나오는 단지가 놓여 있는데, 물은 대지를 풍요롭게 만들기 때문에 데메테르에게 꼭 필요한 요소이다. 이 조각상은 물이 풍부한 대지에서 온갖 것들이 풍요롭게 생산되기를 바라는 마음을 담은 것으로 이해할 수 있다.

오른쪽의 여인이 건강의 여신 히게이아인 걸 알게 해주는 단서는 뱀이다. 그녀가 오른손에 들고 있는 물그릇에 입을 대고 물을 먹고 있는 뱀은 히게이아의 상징이다. 히게이아는 위생, 치료 등을 담당하는 여신으로, 보건학의 시조라고 할 수 있다. 히게이아는 의술의 신 아스클레피오스의 딸이며, 아스클레피오스는 태양신 아폴론의 아들이다. 그런데 이 3대는 다 뱀을 상징물로 갖기 때문에 알아보기 쉬운 편이다. 카피톨리니 박물관(263쪽)에서 살펴본 바와 같이 거대한 뱀 피톤을 죽인 아폴론은 자신이 제압한 피톤(뱀)을 상징물로 삼았다. 아폴론의 아들인 아스클레피오스는 죽은 사람도 살려낸 의술의 신으로, 뱀이 감고 있는 지팡이를 들고 있는 모습으로 표현된

피에트로 벤베누티, <거대한 뱀 피톤을 제압한 아폴로>　　작자 미상, <아스클레피오스>

다. (지팡이를 든 그의 옆에 뱀이 있는 경우도 있다.) 뱀이 죽은 사람도 살려낸 아스클레피오스의 상징이 된 까닭은, 뱀이 허물 벗는 모습을 보고 재생을 연상한 까닭이기도 하고, 겨울잠을 잔 뱀이 봄에 땅속에서 나오는 것을 보고 부활을 연상한 까닭이기도 하다. 고대 그리스인은 뱀이 땅속 세상인 저승에서 땅 위 세상인 이승으로 되돌아온다고 생각해 부활과 연결지었던 것이다.

그러면 트레비 분수에 데메테르와 히게이아 조각상을 설치한 까닭은 무엇일까? 풍요로운 삶과 건강한 삶은 동서고금을 막론하고 인간이 가장 염원하는 바이다. 그러니 트레비 분수에 오는 사람마다 분수대에 설치된 데메테르와 히게이아의 가호를 받아 건강하고 풍요로운 삶을 누리길 바라는 마음을 담아 설치했음이 분명하다.

○ 넵투누스

그리스 신화에서 제우스는 6남매의 막내로 태어났다. 아버지 우라노스를 거세하고 하늘 신 자리를 차지한 크로노스는, 자신 또한 아버지 꼴이 날까 봐 늘 두려워했다. 그래서 아내 레아 여신이 자식을 낳으면 삼켜버리는 것으로 후환을 없애려 했다. 5명의 자식이 남편 크로노스의 뱃속으로 들어간 뒤, 레아 여신은 더 이상 자식을 빼앗기지 않기 위해 꾀를 낸다. 여섯 번째 자식이 태어나자 신생아 크기의 돌을 아기 이불에 싼 다음 크로노스에게 주고, 아기는 뒤로 빼돌린 것이다. 그렇게 어머니의 기지 덕분에 무사히 청년으로 자란 신이 제우스라는 이야기를 포로 로마노의 사투르누스 신전에서 했다.

제우스는 우연한 기회에 자신의 출생의 비밀을 알게 되었고, 신분을 속인 채 아버지 크로노스에게 음료수를 수발하는 시종이 되어 접근한다. 미량의 토하는 약을 음료수에 타 크로노스에게 꾸준히 먹인 결과, 크로노스는 그동안 먹은 걸 다 토하게 되는데 다섯 명의 자식도 이때 세상 밖으로 다시 나오게 된다. 포세이돈, 하데스, 데메테르, 헤라, 헤스티아가 막냇동생 제우스 덕분에 세상 구경을 하게 된 형과 누나들이다. 제우스의 형제들은 세상을 나누어 다스리기로 하고 제비뽑기를 했는데, 포세이돈은 세상의 모든 물을 담당하게 되었다. 제우스는 하늘 세계를, 하데스는 저승 세계를, 데메테르는 땅 위에서 생산되는 모든 것을, 헤라는 가정의 평화를, 헤스티아는 가정의 불을 각각 맡았다.

이들은 로마 신화로 넘어오면서 이름은 바뀌지만, 맡은 역할은 거의 그대로이다. 제우스는 유피테르, 포세이돈은 넵투누스, 하데스는 플루토, 데메테르는 케레스, 헤라는 유노, 헤스티아는 베스타로 이름이 바뀐다. 그리스를 여행할 때는 제우스 신전이니, 포세이돈 신전이니 하는 그리스 신화 속 이름을 보게 되지만, 로마 제국에 속했던 나라를 여행할 때는 로마 신화 속 이름으로 바뀌는 것을 이해해야 한다.

포세이돈은 흔히 바다의 신이라고 하지만, 바다로 들어오는 물들도 포함하기 때문에 강도 따지고 보면 포세이돈 담당이라고 할 수 있다. 다만 세상에는 수많은 강이 있기 때문에 혼자서 다 담당할 수 없어 강마다 강의 신을 두어 다스리게 하였다.

포세이돈은 물을 지배하는 으뜸 신이므로, 분수대에서 제일 흔하게 볼 수 있다. 트레비 분수에 넵투누스가 보이는 것은 그런 이유에서이다. 트레비 분수의 넵투누스 조각은 피에트로 브라치의 작품이다.

어떤 이는 넵투누스가 아니라 대양의 신 오케아누스라고 하기도 하는데(심지어 이 분수의 설계자인 니콜라 살비가 오케아누스라고 했다고 하는데), 넵투누스(포세이돈)로 보는 것이 맞다. 왜냐하면 포세이돈은 히포캄푸스라는 흰색 바다 말이 끄는 마차(커다란 조개껍데기 형상인 경우가 많음)를 타고 다니며 삼지창을 휘두르는 것으로 알려져 있는데, 트레비 분수 중앙의 조각상에는 삼지창(조각의 특성상 창 자루만 표현됨), 히포캄푸스, 조개껍데기 모양의 마차, 소라 나팔을 부는 트리톤 등, 넵투누스의 특징이 고스란히 표현되었기 때문이다. 포폴로 광장에서 보았던 넵투누스 분수와 비교해 보면 공통점(소라 나팔을 부는 트리톤, 손에 든 삼지창)이 발견될 것이다.

트리톤은 포세이돈과 암피트리테 사이에서 태어난 아들로, 반인반어(상반신은 인간이고, 하반신은 물고기인 존재)인 존재이며 대개 아버지 포세이돈을 수행하며 소라 나팔을 불어 바다를 잔잔하게 만드는 역할을 한다. 이 조각상에서도 트리톤은 아버지 옆에서 바다를 통제하기 위해 애쓰는 모습을 보인다. 이곳의 트리톤은 양쪽에서 히포캄푸스를 데리고 있는데, 말이 얌전한 오른쪽은 잔잔한 바다를, 말이 마구 날뛰는 왼쪽은 성난 바다를 표현한 것이다. 포세이돈의 아들 트리톤이 두 명인 게 아니라, 서로 다른 바다 상황을 표현한 것일 뿐이

트레비 분수의 주인공인
넵투누스

잔잔한 바다

성난 바다

다. 바다란 어떤 때는 잔잔하기도 하고, 또 어떤 때는 거칠게 요동치기도 한다는 것을 보여주는 것이다.

이 조각상을 넵투누스로 보는 이유는 또 있다. 올림포스 신의 일원인 포세이돈은 조상신인 티탄 신보다 상대적으로 젊기 때문인지 역동적인 자세(혹은 당당하게 서 있는 자세)로 표현되는 경우가 많다. 그에 비해 대양의 신 오케아누스는 누이동생 테티스와의 사이에서 수많은 아들(강의 신)과 딸(바다의 요정과 샘의 요정들)을 낳았다. 그는 때때로 강의 신처럼 물단지에 몸을 기대앉은 모습으로 표현되기도 하고, 또 때로는 배를 저을 때 사용하는 노를 들고 있기도 하다. 이마에 새우나 게 모양 장식이 붙어 있는 경우도 많다. 또한 티탄 신에 속하는 오케아누스는 올림포스산의 신인 포세이돈의 조상신이다 보니 노인의 모습으로 표현되는 경우가 대부분이고, 대개 앉아 있는 정적인 자세로 표현된다.

니콜라 살비가 굳이 오케아누스라고 밝혔다고 하는데, 그가 왜 그랬는지는 알 수 없는 일이다. 분수대에 대양을 지배하는 티탄 신 오케아누스를 설치하는 것이야 이상할 것이 없지만, 그러려면 신들의 상징물에 대한 고려를 했어야 하는데, 그러지 않은 이유를 알 수 없다. 혹시 자신이 넵투누스를 오케아누스라고 말해도 사람들이 믿을까 확인하고 싶은 장난기에서 그런 건 아닌가 모르겠다.

야콥 요르단스, <폭풍 속의 넵튠과 암피트리테>
넵투누스의 상징인 삼지창, 히포캄푸스, 조개 형상의 마차,
소라 나팔을 부는 트리톤이 잘 나타나 있다.

<오케아누스와 테티스>
상징물인 노를 들고 이마에 새우 꼬리(혹은 게의 집게발)로 보이는 장식을 달고 있는 오케아누스가
부인 테티스와 함께 있다. 주변에는 수많은 자식들 중 일부가 표현되었다.

연인의 분수와 살비의 항아리

영화 <로마의 휴일>에는 당연히 트레비 분수도 등장한다. 마치 로마를 홍보하기 위해 만든 것처럼 로마의 유명한 장소는 거의 다 등장하니, 트레비 분수가 빠질 수 없는 일이다. 다만, 앤 공주(오드리 헵번)는 트레비 분수에는 변변히 눈길도 주지 않고 오른쪽으로 난 길을 걸어간다. 그녀가 걸어갔던 길의 오른쪽을 보면, 벽면에 두 천사가 성모자 이콘을 지키고 있는 조각상이 있다. 이 시설의 명칭이 무엇인지, 언제 설치되었는지에 대한 자료는 찾을 수 없었다. 다만 그림 자료를 보면 그 앞에 무릎 꿇고 간절한 기도를 올리는 사람들이 많았던 듯하니, 분수대에 찾아오는 사람들이 신앙심을 표현할 수 있도록 설치한 것이 아닐까 추측할 뿐이다.

두 천사가 성모자 이콘을 지키고 있는 조각상

요한 하인리히 람베르크, <로마 트레비 분수>

이 시설을 본 다음 앤 공주가 걸어간 길을 바라보면 두 갈래로 나뉜다. 분수대 경계를 따라 왼쪽으로는 '연인의 분수'로 갈 수 있는 길이 있고, 오른쪽으로는 '살비의 항아리'가 있는 곳으로 가는 길이 있다. 여기서는 먼저 왼쪽으로 난 길을 걸어 연인의 분수 쪽으로 가 보자. 이곳은 트레비 분수 쪽으로 내려가야만 갈 수 있다.

연인의 분수는 넵투누스 분수의 위용에 가려져 아는 사람이 많지 않지만, 연인들에게는 의미 있는 이야기가 전하는 곳이다. 예전부터 로마의 젊은 연인들은 부득이한 사정으로 헤어져 지내야만 할 때, 이곳으로 와 유리잔에 물을 받아 나누어 마신 다음 그 잔을 깨 분수대에 던지는 풍습이 있었다고 한다. 왜 물을 나누어 마신 잔을 깨는 것으로 다시 만난다는 약속을 대신했는지는 모르지만, 그렇게 하

사각형 수반에 물이 고이는 형태의 '연인의 분수'
넵투누스 분수를 왼쪽으로 끼고 안쪽으로 들어가면 볼 수 있다.

면 다시 만난다는 이야기가 전하는 것은 사실이다. 사람들은 후에 이 것이 분수대에 동전을 던지면 로마로 다시 돌아온다는 이야기로 와 전된 것이 아닐까 추측한다.

워낙 분수대가 작고 형태가 소박한 데다가 위치마저도 사람들의 눈에 띄기 어려운 곳에 있어 아는 사람만 찾는 곳이지만, 기왕 트레비 분수에 간 김에 한 번 찾아가 보자. 지금도 로마의 청춘남녀들은 밸런타인데이에 두 손 잡고 와서 분수의 물을 나눠마신다고 한다. 일부러 그렇게 만든 것이겠지만, 양쪽 벽에서 뿜어나오는 물줄기가 수반 위에서 만나는데 아마도 두 줄기 물이 합쳐지는 지점에서 한 잔에 받아야 효력이 있는 게 아닐까 싶다.

연인의 분수 위쪽으로 살비의 항아리가 있다. 트레비 분수 건설을 책임졌던 니콜라 살비가 만든 항아리 형태의 조각이라 그렇게 부른다. 연인의 분수에서는 잘 안 보이므로 다시 성모자 성화가 있는 곳으로 나가 상가를 오른쪽으로 끼고 앞으로 가야 한다.

이 항아리 형태의 돌 조각에는 재미있는 이야기가 전한다. 니콜라 살비가 한창 트레비 분수 건설에 바쁠 때, 근처 이발소 주인이 분수대 조각을 보며 자꾸 잔소리를 해댔다고 한다. 그게 듣기 싫었던 살비는 이발소에서 분수대 조각이 보이지 않을 위치에 항아리 모양의 조각을 세웠다고 하는데, 그렇다면 이 항아리로 인해 시야가 가려지는 위치에 있는 이발소였던 게 분명하다.

'연인의 분수'와 그 위로 살짝 보이는
'살비의 항아리'

살비의 항아리

　　어쩌면 그 이야기가 사실이라서 <로마의 휴일> 감독인 윌리
엄 와일러도 앤 공주가 굳이 트레비 분수 옆에 있는 미장원에서 헤어
스타일을 바꾸는 것으로 설정했을지 모른다. 로마에 미장원이 그곳
뿐이었을 리 없는데, 굳이 트레비 분수 옆으로 가게 했으니 말이다.

하드리아누스 신전 유적

트레비 분수를 본 다음 판테온 방향으로 이동하다 보면 '하드리아누스 신전 Tempio di Adriano/Hadrianeum' 유적이 나타난다. 포로 로마노와 황제들의 포룸 이외의 지역에서는 보기 힘든 그리스 신전 양식으로 지어진 커다란 건물이라 특이하게 다가온다. 코린트식 열주가 건물 바깥을 지탱하고, 그 안쪽의 벽이 신전 내부 공간을 만드는데, 내부는 입구 쪽 벽면만이 원형이 남아 있

하드리아누스 신전 외관. 원래는 13개의 기둥이 있었다고 하는데, 현재는 11개만 남아 있다.

하드리아누스 신전 내부. 입구 쪽 벽만이 원래의 모습을 간직하고 있다.

어 다소 아쉽다. 그래도 그가 새로 지은 판테온을 보러 가는 길에 그에게 봉
헌된 신전을 만나는 건 반가운 일이다.

이 신전은 138년에 사망한 하드리아누스를 위해 145년에 지어 봉헌
한 것으로, 그가 죽은 뒤 신으로 인정받았음을 알려준다.

하드리아누스 황제는 오현제 중의 한 명으로, 포로 로마노의 베누스와
로마 신전에서 이름이 언급되었던 인물이다. 오현제 시대는 로마 제국 당시
가장 평화로운 시절이자 가장 방대한 영토를 차지한 시절이었다. 그중에서
도 특히 하드리아누스 황제는 잉글랜드 중부 지방에 120km에 달하는 성
벽(하드리아누스 성벽)을 쌓을 정도로 영토 방비에 진력한 인물이었다.

그는 로마에 존재감이 뚜렷한 건축물을 남겼다. 포로 로마노의 베누스
와 로마 신전이 그렇고, 판테온이 그렇다. 그런가 하면 하드리아누스 신전
과 아피아 가도 근처의 하드리아누스 성문에 이름을 남겼는데, 그의 이름을
명예롭게 하기 위한 후대인의 호의가 느껴진다. 그가 훌륭한 황제였다는 인
정을 백성들로부터 받은 증거일 것이다.

아피아 가도 근처에 있는 하드리아누스 성문

빌라 메디치 정원의 안티누스 오벨리스크

그럼에도 불구하고 그는 현대인의 시각으로 보면 이해하기 힘든 일화를 남겼다. 그 이야기를 잠깐 소개하기로 한다.

포폴로 광장 옆에 있는 핀치오 언덕에는 빌라 메디치가 있고, 그곳 정원에 그리 크지 않은 오벨리스크가 하나 있다. '안티누스 오벨리스크 Antinous obelisk'라고 부르는 이것은 하드리아누스 황제가 자신이 사랑한 소년 안티누스가 죽자 그를 신격화하여 세운 것이다. 안티누스는 하드리아누스의 총애를 받았는데, 그가 19세의 젊은 나이에 이집트 나일강에서 익사하자 황제는 그가 사망한 곳에 안티노폴리스 Antinoöpolis를 세우고 그를 신격화하였다.

황제의 총애를 받아 죽은 뒤 신의 지위까지 얻은 안티누스는 많은 조각상으로 남았는데, 이집트 신화 속 으뜸 신인 오시리스로 표현한 경우, 의술의 신 아스클레피오스로 표현한 경우, 포도주의 신 디오니소스로 표현한 경

우 등, 다양한 신의 모습으로 나타난다. 그만큼 하드리아누스의 애정이 깊었고, 그의 죽음에 깊은 슬픔을 느꼈다는 의미일 것이다.

죽은 애인을 위해 도시를 세우고 신격화한 일은 유례가 드문 것 같아 하드리아누스 신전을 지나가는 길에 소개했다.

하드리아누스 신전은 인간에게 봉헌된 신전이라는 측면에서 로마적이다. 로마가 모방하려고 애쓴 고대 그리스에서는 '신전神殿'이라면 진짜로 신(혹은 신의 혈통을 물려받은 존재)에게 바치는 공간이었으니 말이다.

인간도 훌륭한 업적을 남기면 신의 반열에 들 수 있다고 믿었던 로마 사람들의 의식이 반영된 하드리아누스 신전을 본 다음, 판테온으로 이동하자. 불가사의한 게 많은 로마에서도 독보적으로 불가사의한 건축물을 보러 가자.

조반니 파올로 파니니, <판테온 및 기타 기념물>, 1735

판테온

Pantheon

'판테온 Pantheon'은 그리스어 'pan(πὰν, 모든)'과 'theoi(θεοί, 신들)'에서 유래한 말로, '모든 신들에게 바치는 신전'이라는 뜻이다. 하드리아누스 신전처럼 인간을 위한 신전도 로마적이지만, 모든 신들을 위한 신전도 고대 그리스 관점에서 볼 때는 예외적인 형태다. 왜냐하면 신전은 기본적으로 '하나의 신전에 하나의 신'을 모시는 게 원칙이었기 때문이다. 제우스 신전, 포세이돈 신전, 아폴론 신전처럼 말이다.

판테온은 원래 입장료를 받지 않았는데, 몇 해 전부터 유료 입장으로 변경되었다. 사실 판테온처럼 귀한 문화유산을 무료로 공개한 것이 여행자에게는 고마운 일이었다. 판테온 유료 입장에는 볼멘소리를 하기 어렵다. 다들 그렇게 생각하는지, 판테온 입구에는 입장권을 든 사람들의 줄이 끝없이 이어진다. 이제 로마의 실내 시설 중에서 무료로 관람할 수 있는 것은 성당들뿐인 듯하다.

판테온의 역사

현재 자리에 모든 신들을 위한 판테온을 지은 이는 로마 제국 초기의 마르쿠스 빕사니우스 아그리파_{Marcus Vipsanius Agrippa}였다. 그는 로마를 여행하다 보면 이곳저곳에서 이름을 들을 수 있는 인물이다. 존재감 없는 어정쩡한 황제보다 더 뚜렷한 발자취를 남긴 이가 아그리파이다. 그러나 BC 27년에 그가 지은 판테온은 80년에 발생한 로마 대화재로 소실되고 만다. 목조 건축물이었기 때문에 화마를 피할 수 없었던 것이다. 이때의 화재가 티투스 황제(79~81년 재위)가 즉위한 다음 해에 일어나 그를 절망케 한 바로 그 화재이다. 그 뒤 도미티아누스 황제가 판테온을 재건한 것으로 보이는데, 그 건물 또한 110년에 벼락을 맞고 불타 없어졌다고 한다.

현재 우리가 보는 판테온은 하드리아누스 황제 때 건축된 것이다. 두 차례나 소실되는 불운을 겪은 뒤, 판테온은 불에 타지 않는 튼튼한 건물로 다시 태어난다. 오죽이나 튼튼하게 지었던지, 현재까지 거의 원형을 유지하고 있다. 그런데 하드리아누스는 판테온을 재건하면서 건물 페디먼트 아래에 '루키우스의 아들 마르쿠스 아그리파가 세 번째 집정관 임기 때 세웠다(M·AGRIPPA·L·F·COS·TERTIVM·FECIT).'라는 문장을 남겼다. 이 말은 Mārcus Agrippa Lūciī fīlius cōnsul tertium fēcit의 약자로, 최초의 판테온에 있었던 문장을 되살린 것으로 보인다. 물론 그 자리에 처음으로 판테온을 지은 것은 아그리파가 맞지만, 현재의 건물을 짓도록 명한 것은 하드리아누스 자

정면에서 바라본 판테온
페디먼트 아래에 '아그리파가 이 건물을 세웠다'는 문장이 보인다.

신이니 거기에 자신의 이름을 새로 새겨도 이상할 것이 없었다. 명예를 목숨보다 중히 여겼던 로마 사람으로서 불후의 건축물에 자신의 이름을 남기고 싶은 욕심이 분명히 있었을 텐데, 하드리아누스는 아그리파에게 명예를 양보한 셈이다.

왜 그랬는지 그의 속내를 짐작하기 어려운 일이다. 아그리파를 존경하는 마음에서 그랬을까?

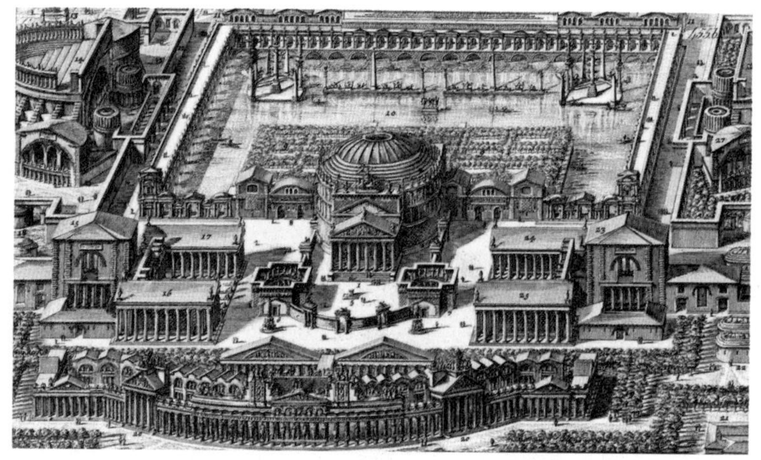

조반니 바티스타 피라네시, 〈판테온과 주변 건물들〉

하드리아누스가 세운 판테온도 처음의 모습을 명확하게 알긴 어렵지만, 기록화를 통해 대강이나마 짐작할 수 있다. 다만 이 기록화가 사실을 얼마나 제대로 반영하였는지는 모르겠다. 그림에 따르면, 현재의 판테온 건물을 회랑이 둘러싸고 있는 형태였던 것으로 보인다. 그리고 주변에는 중요한 신들에게 봉헌된 신전들이 모여 있는, 이를테면 '집단 신전촌' 같은 곳이 아니었나 싶다. 그러니까 단독 신전을 봉헌 받은 주요 신들과는 달리, 자신만의 공간을 얻지 못한 수많은 신들을 달래기 위한 신전이 바로 판테온이었던 것 같다.

'하나의 건물에 어떻게 모든 신들을 모셨을까?' 하는 의문이 드는데, 작자 미상의 옛 그림들에 따르면 판테온 안에 여러 신들의 조각상을 설치하는 방식이었을 듯하다. 현대인의 눈으로 보면 조각

작자 미상, 판테온 내부 상상도

전시실처럼 보일 것 같다. 신전이란 그 신을 숭배하는 사람이 찾아가 경배드리고 공물을 바쳐야 의미가 있는 법인데, 판테온에는 수많은 신들의 신상이 자리 잡고 있어 사람마다 자신이 필요로 하는 신을 찾아가 복을 비는 방식이 아니었을까 싶다.

판테온의 위대함과 불가사의함

앞에서 판테온은 '불가사의한 것이 많은 로마에서도 독보적으로 불가사의한 건축물'이라는 표현을 썼다. 어떤 측면에서 그럴까.

첫째, 그리스 신전 양식의 현관과 로마식 원통형 홀이 결합된 독특한 건물 형태가 불가사의하다. 포로 로마노의 베스타 신전과 로물루스 신전에서 보았듯이 로마 건축에서 원통형 건물은 낯설지 않은 형태였다. 전혀 다른 배경을 갖는 건축 양식이 함께 나타날 경우, 후대에 새로운 양식이 덧붙어 이루어지는 예가 대부분이다. 그러나 판테온은 처음부터 이질적인 두 양식을 결합했는데, 그 당시로서는 매우 획기적이고 독창적인 발상이었을 것이다. 기존에 존재하지 않는 것을 과감히 시도했다는 측면에서 판테온은 특별한 건축물이다.

둘째, 판테온의 돔 지붕은 지금도 여전히 불가사의하다는 평가를 받는다. 돔 지붕을 가진 건축물의 효시에 해당하는 판테온은 현재까지도 비보강(기둥 등으로 지탱하지 않은) 콘크리트 돔으로는 세계 최대를 자랑한다. 지탱해 주는 부자재가 전혀 없음에도 43.4m 직경의 거대한 돔 지붕이 2,000년 가까이 버티고 있으니 불가사의하다고 할 수밖에 없다. 판테온의 돔 지붕은 뒤에 나타나는 비잔틴 양식의 지붕에 영향을 미쳤다.

셋째, 돔 지붕 중앙에 뚫린 둥근 구멍(오쿨루스Oculus)도 판테온을 불가사의하게 만드는 건축 요소이다. 돔 지붕이 붕괴하지 않도록 뚫었다고 알려진 이 구멍은 채광과 환기를 위해서도 꼭 필요한 요소이다. 지붕 한가운데 뚫린 구멍으로 푸른 하늘이 보일 때나 햇살이 쏟아져 들어올 때, 혹은 비 오는 날 빗방울이 안으로 들이칠 때는 신비한 느낌을 주기도 한다. 지붕에 구멍을 냄으로써 그런 다양한 효과를 얻을 수 있다는 걸 그 당시 사람들이 이미 알고 있었다니, 놀라운 일이다.

넷째, 판테온이 무엇보다도 특별한 점은 이 건물이 2,000년 가까이 원형을 고스란히 보존하고 있다는 사실이다. 숱한 전쟁과 재해

a. 그리스 신전 양식 현관과 로마식 둥근 원통형 건물이 결합된 판테온의 독특한 외관
b. 세계 최대 크기인 판테온의 거대한 돔 지붕
c. 햇살이 쏟아져 들어오는 돔 지붕의 오쿨루스
d. 2,000년의 세월을 견디면서 여전히 원형을 유지하고 있는 판테온의 외관
e. 정확한 구형 공간을 구현한 판테온의 내부

로 로마 제국의 영화를 보여주는 고건축물이 거의 사라진 로마에서, 판테온은 파괴되지 않고 살아남았다. 그럴 수 있었던 이유는 판테온을 현대의 콘크리트를 능가하는 고품질 건축 자재로 튼튼하게 지었기 때문이며, 벽체를 아주 두껍게 만들었기 때문이다. 아래쪽 벽의 두께가 대략 6.2m(위로 올라갈수록 얇아짐)라고 하니, 한 채의 건물이라기보다는 요새나 성벽을 방불케 한다고 할 수 있다. 그래서 그렇게 오랜 세월을 꿋꿋이 버텨낸 불가사의한 건물이 될 수 있었던 것이다.

마지막으로 불가사의한 점은, 내부가 커다란 공을 넣는다고 치면 딱 들어맞을 정도로 완벽한 원형으로 되어 있다는 점이다. 지름과 높이가 모두 43.3m로 설계되어 정확한 구형 공간을 이루는데, 고대 로마인의 뛰어난 수학적, 기하학적 수준을 보여주는 사례이다. 다시 보아도 그 당시에 어떻게 이 정도로 정확한 원형 건물을 지을 수 있었는지 감탄을 자아내는 건물이다.

판테온을 보며 궁금한 것이 또 있다. 코린트 양식의 우람한 기둥들로 이루어진 현관(포르티코)의 페디먼트에 어떤 장식이 있었을까 하는 점이다. 현재 그곳에는 아무것도 남아 있지 않아 원래의 모습이 어땠을지 짐작하기 어렵다. 그리스 신전 양식 건물에서 처음부터 페디먼트를 비워두는 경우는 거의 없다. 세월이 흐르면서 설치된 조각상이 훼손되는 경우는 많았지만 말이다. 파리 팡테온의 페디먼트를 참고하면 이해가 쉬울 것이다.

판테온의 페디먼트 또한 마찬가지였을 것이다. 옛사람들도 그곳에 장식이 있었을 거라는 점에는 의견이 같았지만, 어떤 장식이었을지는 그저 상상에 맡길 수밖에 없었던 듯하다. 몇 점의 그림에서 페디먼트 장식을 볼 수 있는데, 다 제각각이라 재미있다. 아마도 모든 신들을 위한 신전이라는 판테온의 특성상, 여러 신들이 자연스럽게 어울린 모습의 조각상이 설치되어 있지 않았을까 짐작해 본다.

판테온은 콜로세움보다 규모가 작은 건물이기는 하지만, 보존 상태를 보면 비교가 안 될 정도로 압도적인 문화유산이다. 원래의 절반도 안 되게 남았다는 콜로세움에 비한다면, 판테온은 거의 완벽하게 원형을 보존하고 있기 때문이다.

이것은 원체 튼튼하게 지었기 때문이겠지만, 중세 이후 성당

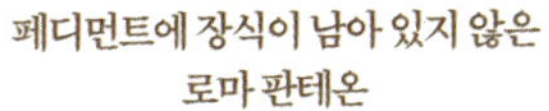

페디먼트에 장식이 남아 있지 않은
로마 판테온

페디먼트에 장식이 있는
파리 팡테온

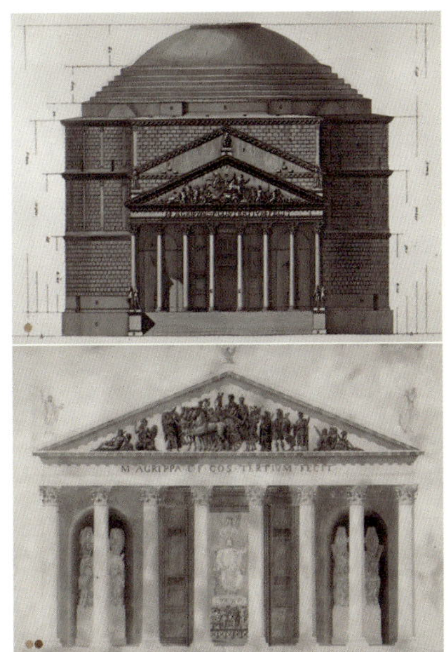

판테온을 묘사한 옛 그림들
● 프란체스코 피라네시, <판테온 전면부의 장식>
●● 그랑장 드 몽티니, <판테온 포르티코>

으로 이용된 것도 중요한 이유가 될 것이다. 609년에 교황 보니파키우스 4세가 성모 마리아와 모든 순교자에게 봉헌하며 이름을 '산타 마리아 아드 마르티레스 성당Basilica di Santa Maria ad Martires'이라고 하였다. 현재도 내부에는 벽면을 따라 설치된 여러 개의 종교 시설이 남아 있다. 그리스도교를 박해한 하드리아누스가 세운 판테온을 그리스도교도들이 성전으로 사용했으니 아이러니한 일이다.

현재는 철거되었지만, 옛 그림을 보면 판테온에 두 개의 종탑이 설치되었던 것을 알 수 있다. 종탑을 설치한 이는 우르바누스 8세이고, 1883년에 철거되었다.

현재도 종교 시설이 제 기능을 하고 있기는 하지만, 판테온은 유명 인사들이 영면을 취하는 곳으로 더 유명하고 중요하다. 통일 이탈리아 왕국의 초대 국왕이었던 비토리아 에마누엘레 2세와 2대 국왕 움베르토 1세 부처가 판테온에 묻혔고, 르네상스 시대의 천재 화가 라파엘로, 바로크 미술의 거장 안니발레 카라치, 작곡가 아르칸젤로 코렐리, 건축가 발다사레 페루치 등도 판테온에 묻히는 영광을 안았다.

프랑스는 조국을 빛낸 영웅들의 안식처를 만들 때 로마 판테온을 모방하여 팡테온이라고 하였다. 판테온의 특별함을 그것만 보아도 짐작할 수 있다.

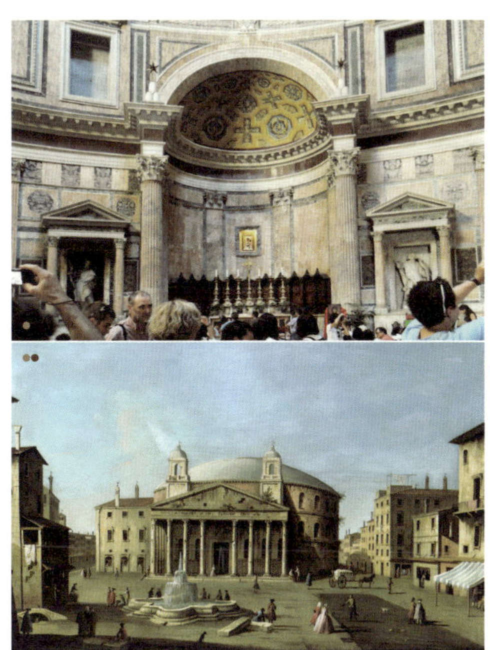

종교 시설로서의 판테온
● 성모자 이콘이 설치된 제단과 그
리스도교 성인 조각상이 제단 양
쪽에 설치된 판테온 내부 소성당
●● 종탑이 있었음을 알게 해주는
작자 미상의 그림

**유명 인사들이 영면을 취
하는 곳으로서의 판테온**
● 초대 국왕 비토리오
에마누엘레 2세의 무덤
●● 성모자상 아래
라파엘로의 무덤

로톤다 광장

판테온 앞 공간을 '로톤다 광장Piazza della Rotonda'이라고 하는데, 로톤다는 원형 건물, 원형 광장을 뜻한다. 이곳 광장의 생김새는 사각형이므로, 원형 건물인 판테온 앞에 있는 광장이라는 의미로 보인다. 혹은 판테온이 종교 시설로 쓰일 때 원형 건물에 들어선 까닭에 '산타 마리아 로톤다 성당'이라고도 했는데, 그 성당 앞 광장이라 로톤다 광장이라고 하였는지도 모르겠다.

로톤다 광장에서 제일 눈길을 끄는 것은 중앙의 '판테온 분수Fontana del Pantheon'이다. 분수대의 오벨리스크는 람세스 2세가 헬리오폴리스 신전 앞에 세웠던 것을 가져온 것으로, 진품이다. 원래 판테온 뒤쪽에 있던 이시스 신전(현재의 산타 마리아 소프라 미네르바 성당) 터에서 발견되어 판테온에서 약 200m 떨어진 산 마쿠토 광장으로 옮겨졌다가, 1711년에 클레멘스 11세(1700~1721년 재위)의 명으로 로톤다 광장으로 옮겨 왔다. 그 사실을 오벨리스크 하단에 기록해 두었고, 클레멘스 11세의 문장을 함께 새겼다. 클레멘스 11세가 오벨리스크를 옮겨오면서 분수대를 새로 정비하기 전에는 1575년에 그레고리우스 13세(1572~1585년 재위)가 자코모 델라 포르타에게 맡겨 건설한 분수가 있었다. 이 분수는 주민에게 물을 공급하는 기본적인 기능을 했던 것으로 보이는데, 분수대의 물은 트레비 분수와 같이 아쿠아 베르지네Acqua Vergine(로마 제국 초기에 사용했던 아쿠아 비르고를 수리하여 복원한 수도교)을 통해 운반된 물을 사용했다. 현재의 분수대에는 돌고래를 제외하고 사방에 물을 뿜어내는 네 개의 인물상이 있다.

판테온 앞의 로톤다 광장

로톤다 광장의 오벨리스크

로톤다 광장 분수의
물 배출 장치

산 루이지
데이
프란체시 성당

판테온에서 나보나 광장으로 가는 길에 성당 하나를 둘러보기로 하자. 이 성당은 로마에 있지만, 프랑스 사람들이 자신들을 위해 세운 프랑스 성당이라는 점이 독특하다. 성당의 이름조차도 '산 루이지 데이 프란체시 성당Chiesa di San Luigi dei Francesi'인데, 이는 '프랑스의 성 루이 성당Church of St. Louis of the French'이라는 의미이다. 프랑스 왕 루이 9세에게 봉헌된 성당이라서 이런 이름이 붙었다.

신앙심이 돈독했던 루이 9세는 성지 회복을 기치로 내건 십자군 전쟁에 직접 참여했다가 1270년에 튀니지 근처 카르타고에서 사망했다. 생전에 성왕, 용맹왕으로 불렸던 그는 죽은 지 27년 만인 1297년에 시성되었다. 프랑스 국왕 중에서는 유일한 성인인데, 그의 모습은 산 루이지 데이 프란체시 성당 안팎에서 볼 수 있다.

이 성당 파사드에는 네 명의 조각상이 설치되어 있는데, 프랑스 성당이니만큼 네 사람 다 프랑스인이다.

먼저 위쪽에 보이는 두 조각상은 성 클로틸드와 성 쟌느 드 발루아이다. 클로틸드는 프랑크 왕국의 국왕 클로비스 1세의 부인으로 자신이 돈독한 신앙을 갖기도 했지만, 남편을 신앙의 길로 이끌었다고 전해진다. 특히 클로비스 1세는 당시 이단으로 몰린 아리우스파를 버리고 아타나시우스파를 선택함으로써 프랑크 왕국과 가톨릭의 관계를 돈독하게 만들었는데, 거기에 클로틸드가 중요한 역할을 했다고 보아 성인으로 존중한다. 파사드 왼

a. 산 루이지 데이 프란체시 성당 파사드 b. 클로틸드 c. 잔느 드 발루아 d. 샤를마뉴 e. 루이 9세

쪽의 여인이 왕비관을 쓰고 있으므로 클로틸드로 본다. 잔느 드 발루아는 루이 12세의 부인이었으나, 남편이 왕이 된 후 브르타뉴의 안과 결혼하기 위해 결혼 무효를 선언한 탓에 버림받았다. 그녀는 수녀원에 들어가 신앙생활을 하였고, '축복받은 동정 마리아 수태고지 수도회'를 창설하여 수도자들을 이끌다가 1505년에 죽었다. 1950년 비오 12세에 의해 시성되었다. 파사드의 오른쪽 여인이 잔느 드 발루아로 보인다.

아래쪽에는 왼쪽에 샤를마뉴, 오른쪽에 루이 9세가 서 있다. 샤를마뉴는 프랑크 왕국 역사상 가장 위대한 왕이며, 800년 12월 25일에 교황 레

콘타렐리 예배당 앞에 모여든 사람들

오 3세로부터 황제의 관을 받는 모습을 연출할 정도로 교회와의 관계가 좋았다. 루이 9세는 앞서 말한 대로 이 성당을 봉헌 받은 프랑스의 왕이다.

그러면 사람들이 이 성당을 찾는 중요한 이유는 무엇일까. 아마도 카라바조의 그림을 보고자 함이 아닐까 싶다. 성당 안으로 들어온 사람들이 제일 많이 모이는 곳이 바로 카라바조의 그림 석 점이 소장된 '콘타렐리 예배당Cappella Contarelli' 앞이니 말이다.

콘타렐리 예배당은 프랑스 출신의 추기경 마테오 콘타렐리가 자신이 죽은 뒤 묻힐 곳으로 정한 다음 막대한 헌금을 내고 공간을 할애받은 곳이다. 마테오 콘타렐리는 그곳에 자신의 수호성인인 마태(『신약성서』〈마태복음〉의 저자)의 일생을 주제로 한 그림을 그리도록 카라바조에게 의뢰했고, 카라바조는 그의 부탁에 따라 마태를 주제로 한 그림을 완성했다.

카라바조가 바로크 미술의 거장으로 워낙 유명하다 보니 그의 그림을 보기 위해서 많은 사람들이 이 성당을 찾는 것이다.

a. 예수가 마태를 제자로 부르심: 왼쪽 벽에 그려졌으며, 세리였던 마태를 찾아와 자신의 제자가 되라고 말하는 예수를 그렸다. 손을 뻗어 마태를 가리키는 이가 예수(머리에 후광이 보임)이다.

b. 마태의 순교: 오른쪽 벽에 그려졌으며, 마태가 죽음을 맞는 순간을 표현했다. 마태가 에티오피아에서 선교하던 중, 그에게 앙심을 품은 왕이 보낸 자객의 손에 죽는 내용으로 보인다.

c. 마태가 복음서를 집필함: 정면 벽에 그려졌으며, 천사와 교감하며 복음서를 집필 중인 마태를 그렸다. *아래 흑백 사진은 <마태가 복음서를 집필함>의 처음 버전으로 소실되기 전 찍어둔 것이다. 이 그림은 마태가 너무 천사에게 의존하는 것처럼 보이고, 천사가 관능적으로 보인다는 이유로 퇴짜맞았다고 한다.

가스파르 반 비텔, <나보나 광장>, 1699

나보나 광장   Piazza Navona

로마에는 크고 작은 광장이 무수히 많다. 우리 기준으로는 대 갓집 앞마당 정도 되는 공간도 광장이라고 하는 경우가 있다. '나보 나 광장Piazza Navona'은 그런 소규모 광장과 비교하면 '광장'이라는 표 현이 아깝지 않은 시원스러운 규모를 자랑한다.

그러나 이곳의 진정한 매력은 규모에 있지 않다. 광장을 둘러 싼 단정한 건물들과 여행자들이 망중한을 즐기는 노천카페의 운치도 멋스럽고, 광장에 자리 잡은 거리 예술가들의 다채롭고 진지한 활동 도 발길을 멈추게 한다. 자유분방하고 활기 넘치는 이 광장은 로마가 단지 오래된 역사 유적만 있는 도시가 아니라고 주장하는 것만 같다. 나보나 광장은 로마가 매력적인 이유가 하나 더 추가되는 곳이다.

나보나 광장의 역사

　나보나 광장은 보는 순간, '아, 이곳은 예전에 전차 경기장이었겠다.'라는 생각이 절로 든다. 좁고 긴 공간이 대전차 경기장(치르코 마시모)을 떠올리게 하기 때문이다. 대전차 경기장은 주변에 건물이 없어 들판처럼 보이고, 나보나 광장은 건물들로 둘러싸인 차이가 있을 뿐이다. 실제로 나보나 광장은 86년경에 도미티아누스 황제(81~96년 재위)가 조성한 고대 경기장이었다. '키르쿠스 아고날리스 Circus Agonalis(라틴어)', '치르코 아고날레 Circo Agonale(이탈리아어)', 혹은 '도미티아누스의 경기장 Stadio di Domiziano/Stadium of Domitian'이라고 불린 이곳은 30,000명의 관중을 수용할 수 있었다고 한다.

　경기장을 일컫는 말로 암피테아트르 amphitheatre와 치르코 circo가 있는데, 콜로세움처럼 원형에 가까운 경기장은 암피테아트르, 나보나 광장처럼 기다란 타원형으로 된 경기장은 치르코로 구분한다. 암피테아트르에서는 검투사 경기 등이 열리고, 치르코에서는 전차 경주 등이 열린 것으로 보인다. 치르코 아고날레는 다른 전차 경기장들과 약간 달랐는데, 육상 경기, 창 던지기, 복싱, 검투사 경기 등의 종목이 상설로 열렸다고 전해진다. 고대 그리스의 올림피아 대회와 비슷하였던 것으로 보인다. 나보나 광장 지하에는 옛 경기장 유적이 있어, 유료로 관람할 수 있다.

　치르코는 경기장 가운데에 분리대를 설치하였는데, 그곳에 오벨리스크를 세운 그림을 많이 볼 수 있다. 치르코 아고날레 또한 마찬가지였으며, 아고날레에 세워진 오벨리스크라고 하여 '아고날레

나보나 광장

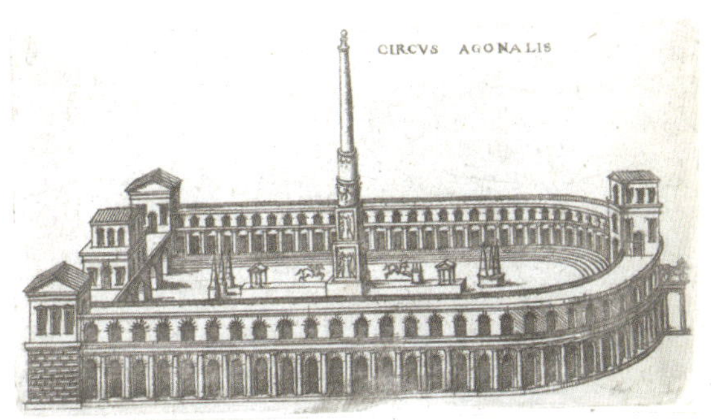

자크 앙드루에, <로마의 도미티아누스 경기장> 판화, 1584년

오벨리스크Obelisco Agonale'라고 한다. 이곳에 세웠던 오벨리스크는 이집트 아스완에서 가져온 돌에다 도미티아누스 황제가 자신의 업적을 새겨 세웠는데, 막센티우스가 아피아 가도에 있는 자신의 경기장(로물루스 영묘 근처에 있었던 막센티우스 경기장)으로 옮겼다.

이곳에 경기장을 만든 도미티아누스는 그리스도교도들을 가혹하게 박해한 10명의 황제 중 한 명이다. 그래서 이곳에서 그리스도교도에 대한 처형이 이루어졌다고 전한다.

그리스도교를 최초로 탄압한 네로 황제가 죽은 후 즉위한 세 명의 황제(갈바, 오토, 비텔리우스)는 그리스도교를 박해할 시간이 없었다. 세 명의 재위 기간을 다 합쳐도 겨우 1년 남짓에 불과하니 말이다. 9대 황제인 베스파시아누스는 재위 기간이 10년으로 비교적 오래 황위를 지켰는데, 그는 평민 출신으로 황제가 된 인물이라 신하들과 백성들의 심기를 거스르려 하지 않았던 듯하다. 오히려 콜로세움 건설이라는 거대 프로젝트를 내세워 환심을 사려 한 것으로 보아 굳이 그리스도교 박해라는 악수惡手를 둘 필요가 없었다. 10대 황제인 티투스는 즉위하자마자 베수비오 화산이 폭발하고, 그다음 해에는 로마에 큰 화재가 발생하고, 또 그다음 해에는 전염병이 창궐하여 많은 사람들이 죽어 나가는 등 악재가 겹쳤으므로, 종교 문제까지 신경 쓸 겨를이 없었다.

티투스의 뒤를 이어 황제가 된 도미티아누스는 사정이 달랐다. 그는 강력한 황제의 권력을 기반으로 스스로를 신격화했으며, 로마의 전통 신들을 숭배하는 기풍을 확립하려 했다. 그리스도교와의 충돌을 피할 수 없는 상황이 된 것이다. 그는 네로 황제의 뒤를 이어 그리스도교를 탄압한 두 번째 황제로 역사에 이름을 남겼다. 도미티아누스의 박해 때 사도 요한(예수의 제자이며, <요한복음>의 저자)이 체포되어 파트모스섬으로 유배를 갔다. 자신을 신으로 인정하기를 강요하는 도미티아누스에게 굴복하지 않고 끝내 신앙심을 지킨 요한은, 황제가 측근들에 의해 암살당하는 것을 보면서 자신의 믿음

헨드리크 프란스 반 린트, <나보나 광장 전경>, 1730
현재의 나보나 광장 모습과 유사하다.

에 더욱 확신을 가졌을 것 같다. 로마의 신자들 중에서 많은 이가 치르코 아고날레에서 순교했는데, 대표적인 이가 아그네스로, 그녀에게 봉헌된 성당이 광장에 접한 '성 아그네스 인 아고네 성당Chiesa di Sant'agnese in agone'이다. 다만 아그네스의 순교는 도미티아누스 치세가 아니라 디오클레티아누스 황제 때로 여겨진다.

나보나 광장을 현재와 같은 모습으로 단장하도록 한 이는 교황 인노첸티우스 10세(1644~1655년 재위)였다. 그의 재위기인 17세기 중반은 바로크 건축의 전성기였기 때문에, 나보나 광장의 분수도 바로크 양식 특유의 웅장하고 역동적인 장식이 두드러진다. 이때 막센티우스 경기장으로 옮겨졌던 아고날레 오벨리스크를 다시 나보나 광장으로 가져왔고, 피우미 분수를 만들 때 분수대에 설치하였다. 바로크 건축의 대가로 손꼽히는 이가 잔 로렌초 베르니니인데, 피우미 분수가 바로 그의 작품이다.

나보나 광장의 분수들

트레비 분수와 비교하기에는 좀 부족할지 모르지만, 나보나 광장의 '피우미 분수Fontana dei Quattro Fiumi/Fountain of the Four Rivers'는 광장의 유명세를 더해주는 역할을 한다. 그리고 규모는 아기자기하지만 피우미 분수 양쪽의 모로 분수Fontana dei Moro와 넵투누스 분수Fontana di Nettuno도 광장을 찾은 사람들에게 쉼터를 제공해 준다.

나보나 광장의 세 분수 중 먼저 만들어진 분수는 넵투누스 분수와 모로 분수이다. 훗날 장식이 더해지기는 했지만, 넵투누스 분수는 1574년에, 모로 분수는 1575년에 기본적인 분수대를 만들어 물을 공급하기 시작했다. 둘 다 자코모 델라 포르타가 작업했다.

넵투누스 분수는 바다의 신 넵투누스가 창으로 문어를 찌르는 장면을 표현하고 있다. 주변에 보이는 바다의 말 히포캄푸스와 그것을 통제하려 애쓰는 트리톤은 트레비 분수를 떠올리게 한다. 그리고 바다의 요정과 물고기 등이 바닷속 세상임을 알려준다. 분수의 소재로 어울리는 것들이다. 넵투누스를 제외한 부분은 자코모 델라 포르타가 1574년에 만들고, 문어와 싸우는 역동적인 넵투누스는 1878년에 안토니오 델라 비타가 제작하였다.

모로 분수는 '무어인 분수'라고도 하는데, 무어인이란 북아프리카 지역에서 사는 이슬람교도를 가리키는 말이다. 유럽인들은 무어인을 피부색이 검고 다소 야만적인 존재로 여기는데, 이 분수 중앙에 서 있는 남자를 무어인이라고 보아 그렇게 부르는 것이다. 분수 중앙에 남자가 잡고 있는 커다란 물고기와 그가 딛고 서 있는 커다란

넵투누스 분수

모로 분수

소라, 나팔을 불어대는 트리톤, 돌고래 등이 물을 공급하는 시설인 분수와 어울리는 소재들이다. 무어인은 1653년에 잔 로렌초 베르니니가 추가한 것이며, 주변의 나머지 조각상은 1575년에 자코모 델라 포르타가 제작하였다.

나보나 광장 분수의 백미는 뭐니 뭐니 해도 중앙에 우뚝 선 피우미 분수이다. Fiumi는 '강'을 뜻하는데, 이 분수가 4개 강을 담고 있으므로, 흔히 '4대 강 분수'라고 한다. 이 분수의 제작자인 잔 로렌초 베르니니는 로마를 여행하는 동안 중요한 곳에서 자주 이름을 들을 수 있는 대표적인 이탈리아 건축가이다. 나보나 광장 또한 그의 덕에 품격 있는 공간으로 대접받는다고 해도 지나친 말이 아니다.

베르니니는 이 분수에 4대륙의 대표적인 강을 의인화하여 장식하였는데, 유럽의 도나우강, 아프리카의 나일강, 아시아의 갠지즈강, 아메리카의 라플라타강이 그것이다.

분수대에 보이는 문장은 이 광장의 재정비를 명했던 인노첸티우스 10세의 것이다. 인노첸티우스 10세의 문장을 보면 올리브 가지를 물고 있는 비둘기가 있는데, 피우미 분수에 설치된 오벨리스크 꼭대기에도 같은 형태의 조각상이 보인다. 로마에 있는 대부분의 오벨리스크 꼭대기에는 십자가가 설치되어 있는데, 이곳은 특이한 예이다. 아마도 인노첸티우스 10세가 이 광장을 새로이 정비했음을 기리기 위함이 아닌가 싶다.

피우미 분수
a. 인노첸티우스 10세의 문장 b. 오벨리스크 꼭대기의 올리브 가지를 물고 있는 비둘기
c. 도나우강 d. 갠지즈강 e. 나일강 f. 라플라타강

로마 황제(권력자) 연대표

* 이 책에 등장하는 장소와 관련된 황제(권력자)를 연대순으로 정리하였습니다.

인물	지위		재위	관련 설명
로물루스	전설적 건국자		BC 753~BC 716년(추정)	• 팔라티노 언덕에 로마를 세움 • 관련 장소: 로물루스의 집터, 카피톨리니 박물관(로물루스와 레무스 조각상)
율리우스 카이사르	공화정 말기 종신 독재관		BC 1세기	• 공화정 말기의 군인이자 정치가. 암살로 생을 마감하며 공화정의 종언과 제정의 서막을 열었음 • 관련 장소: 바실리카 율리아, 카이사르 신전과 화장터, 쿠리아 율리아, 카이사르 포룸
아우구스투스	율리우스-클라우디우스 왕조	초대 황제	BC 27~AD 14년	• 카이사르의 양자이자 후계자. 로마 제국(제정)의 시작. 팍스 로마나의 기초 마련 • 관련 장소: 아우구스투스의 집, 아우구스투스 포룸, 아우구스투스 영묘
티베리우스		2대 황제	14~37년	• 아우구스투스의 의붓아들이자 사위 • 관련 장소: 도무스 티베리아나
칼리굴라		3대 황제	37~41년	• 티베리우스의 종손자(동생의 손자)이자 아우구스투스의 외증손자(딸의 외손자). 근위대장에게 암살당함 • 관련 장소: 클라우디우스 수도교(건설 시작)
클라우디우스		4대 황제	41~54년	• 티베리우스의 조카이자 칼리굴라의 숙부. 네 번째 아내인 소 아그리피나(네로의 어머니)에 의해 암살당한 것으로 여겨짐 • 관련 장소: 클라우디우스 수도교(완공)
네로		5대 황제	54~68년	• 클라우디우스의 양자. 폭군으로 몰려 축출된 후 자살 • 관련 장소: 도무스 아우레아, 포폴로 광장 주변

인물	지위		재위	관련 설명
베스파시아누스	플라비우스 왕조	9대 황제	69–79년	■ 로마 제국 최초의 평민 출신 황제. 두 아들이 모두 황제로 즉위함(플라비우스 왕조의 초대 황제) ■ 관련 장소: 콜로세움(건설 시작), 베스파시아누스와 티투스 신전, 베스파시아누스 포룸(평화의 신전)
티투스		10대 황제	79–81년	■ 베스파시아누스의 장남. 유대 항쟁 진압 ■ 관련 장소: 콜로세움(완공), 티투스 개선문, 베스파시아누스와 티투스 신전
도미티아누스		11대 황제	81–96년	■ 베스파시아누스의 차남. 철권통치 후 암살당함 ■ 관련 장소: 도무스 플라비아, 도무스 아우구스타나, 나보나 광장
네르바	오현제 시대	12대 황제	96–98년	■ 오현제 시대의 시작. 양자 트라야누스를 후계자로 삼아 권력 기반을 안정시킴 ■ 관련 장소: 네르바 포룸
트라야누스		13대 황제	98–117년	■ 원로원으로부터 '최고의 통치자'로 인정받은 유능한 황제. 로마 제국의 영토를 크게 확장시킨 정복 군주 ■ 관련 장소: 트라야누스 포룸
하드리아누스		14대 황제	117–138년	■ 트라야누스의 조카이자 양자. 로마 제국 최대 영토를 지키기 위한 성벽 구축. 관료 제도 확립과 행정 제도 정비 ■ 관련 장소: 베누스와 로마 신전, 하드리아누스 신전, 판테온, 하드리아누스 성문, 빌라 메디치 정원
안토니누스 피우스		15대 황제	138–161년	■ 하드리아누스의 조카사위이자 양자. 지극히 평화로운 시대를 열어 진정한 '어진 황제'로 평가됨 ■ 관련 장소: 안토니누스와 파우스티나 신전
마르쿠스 아우렐리우스		16대 황제	161–180년	■ 안토니누스 피우스의 양자로, 루키우스 베루스와 공동 황제. 친아들 콤모두스가 제위를 계승했으나 폭정 끝에 암살당해 오현제 시대가 막을 내림 ■ 관련 장소: 캄피돌리오 광장(기마상), 콜론나 광장(원주)

인물	지위		재위	관련 설명
셉티미우스 세베루스	세베루스 왕조	21대 황제 (세베루스 왕조의 초대 황제)	193–211년	● 세베루스 왕조의 초대 황제. 북아프리카 출신 군인으로 황제로 추대됨. 성공적인 동방 원정으로 권력 기반을 다짐. 두 아들을 공동 후계자로 정함 ● 관련 장소: 셉티미우스 세베루스 개선문, 도무스 세베리아나
아우렐리아누스	군인 황제 시대	35대 황제	270–275년	● 로마 방비를 위해 아우렐리아누스 성벽을 건설함. 근위대 장교들에게 암살당함 ● 관련 장소: 아우렐리아누스 성벽
막센티우스	사두정치 붕괴기	공동 황제	306–312년	● 사두정 체제 당시 막시미아누스 황제의 아들. 매부 콘스탄티누스 1세에 패해 역사에서 사라짐 ● 관련 장소: 막센티우스의 바실리카, 로물루스 신전, 아피아 가도 로물루스 영묘, 막센티우스의 경기장
콘스탄티누스 1세(대제)	사두정치 붕괴기 / 콘스탄티누스 왕조 시작	공동 황제 후 단독 황제	306–337년	● 밀비우스 다리의 전투에서 막센티우스를 격파하고, 단독 황제 체제를 확립함. 사두정의 종말. 밀라노 칙령으로 기독교 공인. 콘스탄티노플을 새 수도로 삼아 제국의 중심을 동방으로 옮김 ● 관련 장소: 콘스탄티누스 개선문, 콘스탄티누스의 바실리카(막센티우스의 바실리카), 카피톨리니 박물관(조각상)
비토리오 에마누엘레 2세	근대 이탈리아	국왕	1861–1878년	● 통일 이탈리아 초대 국왕 ● 관련 장소: 비토리오 에마누엘레 2세 기념관, 판테온 묘지

위키피디아 사용 그림 목록

17p. 네로의 궁전터에서 발견된 그로테스크한 장식 그림 @sébastien amiet;l

17p. 비너스 칼리피게 @Miguel Hermoso Cuesta

20p. 이슈타르의 문 @Hahaha

31p. 콜로세움 옆에 네로의 거상이 서 있는 모습이 담긴 상상도 @http://www.pontuali.com

71p. 안토니누스 피우스가 죽기 전까지 발행했다는 금화 @cgb

83p. 풍요의 뿔을 들고 있는 콩코르디아 @Giorces

85p. 폼페이의 베스파시아누스 신전 @Mentnafunangann

99p. 3D 기술로 복원한 바실리카 율리아 이미지 @L.VII.C

103p. 카이사르 신전 상상도 @L.VII.C

111p. 로마 공화정 시대의 동전 @고전 화폐 그룹

121p. 팔라티노 언덕에 자리 잡은 여러 궁전들의 상상도 @Cassius Ahenobarbus

133p. 리비아의 집 내부 @Carole Raddato

133p. 아우구스투스의 집 내부 @Carole Raddato

196p. 2010년에 찍은 마메르티눔 @fortherock

227p. 마드리드 승리의 개선문 @Gonzalo Fernández

231p. 뱃머리에 서서 나팔을 불고 있는 니케가 새겨진 BC 3세기의 동전 @cgb.fr

259p. 가시를 뽑는 소년 @Talmoryair

312p. <로마의 풍경> 판화 시리즈 @Rijksmuseum

347p. 오케아누스와 테티스 @Klaus-Peter Simon

354p. 빌라 메디치 정원의 안티누스 오벨리스크 @Warburg

355p. 오시리스로 분한 안티누스 @Deiadameian

355p. 아스클레피오스로 분한 안티누스 @Deiadameian

356p. <판테온 및 기타 기념물> @Sailko

377p. <로마의 도미티아누스 경기장> 판화 @Rijksmuseum

단점이 오만가지인 주제에!
뻔뻔한 로마

1판 1쇄 펴냄　2026년 5월 20일

지은이　신양란(글), 오형권(사진)

펴낸곳　(주)북핀
등록　제2021-000086호(2021. 11. 9)
주소　경기도 부천시 조마루로385번길 92
전화　032-240-6110 / **팩스**　02-6969-9737

ISBN　979-11-91443-50-9　03920
값　22,000원